이스라엘 사회와 구약해석

이스라엘 사회와 구약해석

초판 1쇄 인쇄 2017년 6월 27일
초판 1쇄 발행 2017년 6월 30일

지 은 이 정중호
펴 낸 이 신일희
펴 낸 곳 계명대학교 출판부
출판등록 제347-1998-1호(1970. 9. 1)
주 소 대구광역시 달서구 달구벌대로 1095
대표전화 053-580-6233
팩 스 053-580-6235
홈페이지 www.kmupress.com

ISBN 978-89-7585-793-5 93230 정가 18,000원

이 도서의 국립중앙도서관 출판예정도서목록(CIP)은 서지정보유통지원시스템 홈페이지(http://seoji.nl.go.kr)와 국가자료공동목록시스템(http://www.nl.go.kr/kolisnet)에서 이용하실 수 있습니다.(CIP제어번호: CIP2017015155)

이스라엘 사회와 구약해석

정중호 지음

계명대학교 출판부

책 머리에

구약성경의 역사적 배경은 3,000여 년 전으로 거슬러 올라간다. 한국의 역사에 비교한다면 고조선 시대다. 따라서 고대 이스라엘의 사회와 경제에 대해서는 모르는 부분이 너무나 많다. 비록 구약성경이 전해주는 이야기 가운데 고대 이스라엘의 사회적 면모를 짐작해 볼 수 있는 단서들이 있기는 하지만 충분하지 않은 것이 사실이다. 본 저서에서는 아직도 풀리지 않은 사회적 혹은 경제적 의문점들에 대한 해답을 찾기 위해 새로운 시도를 하려고 한다.

우선적으로 유다와 블레셋과의 경제 관계를 분석하려고 한다. 블레셋이라면 이스라엘과는 원수지간이라는 선입관이 있다. 블레셋과 이스라엘은 인접해 있었기 때문에 갈등도 많았다. 동시에 가장 교류가 빈번한 상대라는 사실을 주목할 필요가 있다. 특히 주전 7세기에는 앗수르의 우산 아래서 광역 경제권을 형성할 정도로 긴밀한 교류가 있었다는 사실을 연구할 것이다.

그리고 바벨론 유배 시절에 관해서는 성전이 없었고 회당이 있었다는 주장이 있다. 그러나 본 연구를 통해 그러한 주장이 타당하지 않다는 점을 밝힐 것이다. 비록 조국을 떠나 이방땅에 살고 있었지만 종교적 박해도 없었고 자치적인 마을을 이루며 바벨론에서 살았는데 왜 전통적인 제사의식을 버렸겠는가? 이집트에도 야웨 성전이 있었는데 왜 바벨론에는 불가능하다고 미리 단정 짓는가?

또한 고대 이스라엘 사회는 다문화 사회이며 이주자들로 구성된 사회였다. 이러한 사회의 신학적 기반을 어디서 찾을 수 있었는가? 바로 하나님의 이동성에서 신학적 기반을 찾았다는 점을 연구할 것이다.

제2부에서는 구약을 한국의 경우와 비교하면서 도전해 보려고 한다. 한국인이라면 한국적인 시각에서 구약을 해석할 필요가 있다. 이제까지 구약과 비교하는 대상은 주로 중동 지역이었지만 좀 더 폭을 넓힐 필요가 있다. 우리가 살고 있는 한국과 이스라엘은 동일한 아시아 권역 안에 있다. 그리고 사고방식과 관습 면에 있어서도 유사한 점이 있다. 본 저서에서는 고대 이스라엘의 도피성과 한국의 소도를 비교하여 연구할 것이다. 그리고 잠언 31장의 여성 활동과 고려시대의 여성 활동을 비교하면서 연구할 것이다.

제3부 구약 번역과 해석 부분에서는 먼저 세계성서공회연합회 번역 핸드북 시리즈를 분석할 것이다. 이 시리즈는 세계 오지에서 그 지역 언어로 성경을 번역하려는 선교사들을 돕기 위해 저술된 가이드 북이다. 물론 성경의 원어인 히브리어나 헬라어에 능숙하지 않고 신학교육도 깊지 않은 선교사들이기에 그 분들의 어려움을 덜어드리고 보다 더 쉽게 성경을 번역할 수 있도록 안내하려는 의도는 충분히 이해를 할 수 있다. 그러나 번역할 때 자칫 성경을 왜곡시킬 염려가 있기 때문에 주의해야 할 점들이 있음을 지적하게 될 것이다.

제3부의 대부분을 시편 해석에 할애했다. 시편은 방대한 책이기에 그 가운데 대표적인 시편을 선정해서 새로운 해석방법으로 해석

을 시도하려고 한다. 특히 친숙한 시편인 23편을 해석할 때는 위치감각언어 중심 해석 방법을 동원해서 새롭게 해석할 것이다. 그리고 제왕시의 핵심 시편인 89편을 해석해서 다윗 계약이 깨어진 상황에서 제왕시가 어떤 방향을 선택하고 있는지를 살펴볼 것이다. 그리고 신뢰와 희망을 노래한 62편과 개인 감사시인 116편을 해석할 것이고 토라에 대해서도 연구할 것이다.

고대 이스라엘의 사회와 경제를 연구하면서 구약을 새롭게 해석하려는 본 저서는 한국적 해석 방법과 사회과학적 해석 방법, 그리고 위치감각언어 중심 해석 방법을 활용하여 새로운 도전을 할 것이다. 그리하여 오늘 우리의 삶 가운데 하나님의 뜻을 구현하려는 모든 노력에 본 저서가 미력하나마 힘을 보탤 수 있기를 희망한다. 그리고 본 저서의 출판을 위해 성심을 기울여 주신 계명대학교 출판부 여러분께 깊이 감사드린다.

2017년 4월

계명대학교 연구실에서

차례

제3부 구약 번역과 시편 해석

서론

Introduction

서론

구약성경은 갑자기 하늘에서 뚝 떨어진 책이 아니다. 고대 이스라엘이 있었던 그 시대에 그 상황에서 주신 하나님의 말씀이요 깨달음이다. 그 시대에 이스라엘 백성을 인도하셨던 하나님의 고민과 기쁨과 안타까움이 녹아 있는 이야기가 이어져 가고 있으며, 이러한 하나님의 마음을 느끼면서 하나님 앞에서 살아간 이야기가 엮여져 있다. 한 시대가 아니라 천년을 이어져 가면서 점점이 박혀 있었던 이야기가 한 장소에 모아져 있으며, 시대가 흐름에 따라 다시금 이야기 되어져 가고 있었던 그 흔적들이 고스란히 담겨 있다.

이러한 말씀이기에 그 말씀이 태어났던 역사와 사회적 배경을 이해하는 일은 무엇보다 중요하다. 그리고 경제는 먹고 살아가는 일상생활의 모습을 반영하고 있기에 경제를 파악하는 것이 사회를 이해하는데 지름길이 될 것이다. 특히 역사가와 사회 사상가는 왕실과 엘리트 중심의 역사관을 가지기 십상이다. 왜냐하면 그들의 이야기가 문헌이나 유물로 많이 남아 있기 때문이다. 그런데 역사와 사회 전체를 흐르는 도도한 물결은 왕실과 엘리트 만으로 이루어지는 것이 아니다. 오히려 다수의 백성들의 흐름이 주도적 흐름이 될 수 있다. 이러한 흐름을 알기 위해서도 경제를 살펴볼 필요가 있다.

본 저서에서는 "주전 7세기 블레셋과 유다의 광역 경제권"이라는 주제로 앗수르 제국이 강성했을 때 앗수르의 국제 교역망 안에서 유다의 경제 활동이 어떠한 양상을 보였지를 연구할 것이다. 이러한 연구를 하게 된 배경에는 성경을 읽는 독자들이 블레셋을 원수인양 취급하는 편견을 깨뜨려 보려는 의도가 있었다. 물론 족장시대부터 사사시대, 그리고 사울과 다윗 시대에 이르기까지 부단히 이스라엘과 블레셋은 마치 앙숙처럼 갈등을 겪었고 전투를 해왔던 상대였다. 그러나 지리적 상황을 살펴본다면 블레셋과 유다가 서로 결별할 수 없는 사이임을, 서로가 상부상조할 수밖에 없는 처지임을 금방 눈치 챌 수가 있다. 므낫세 왕이 통치하던 주전 7세기의 유다는 산지를 차지하고 있었고, 블레셋은 해안 지대를 차지하고 있었다. 그리고 국제무역로인 해안도로(via maris)도 블레셋이 장악하고 있었던 상황이었다. 따라서 유다가 국제무역을 통해 경제부흥을 계획한다면 블레셋과 손을 잡아야 그 물꼬를 틀 수 있다. 그리고 블레셋과는 국경을 접하고 있었기에 이웃 마을처럼 교류가 빈번하였다. 굳이 국제무역을 거론하지 않아도 일상생활 가운데서도 유다와 블레셋은 물자를 교류하면서 살아 온 가장 가까운 이웃이었다.

주전 7세기 블레셋과 유다를 연구함에 있어서 또 다른 중요한 변수는 강대국 앗수르 제국의 국제교역망이다. 이 무역망 안에서 지역적인 협업이 가능했던 것이다. 이 제국의 국제교역망 속에서 블레셋과 유다는 어떻게 하나의 광역경제망을 유지해갔는지 그 내막에 대해서 연구할 것이다. 이러한 연구를 통해서 경제구조가 변화되고 산업 배치가 재조정되면서 일반 백성들의 삶도 덩달아 변화를 겪게 된다는 사실을 발견하게 될 것이다. 강대국의 교역망 속에서 이권을 챙기려는 졸부들의 횡포 속에서 일반 백성들은 소외되고 차별당하는 일이 일어난 것이다. 예언자들은 바로 이러한 변화를 민감하게 느끼면서 정의와 공의를 부르짖었던 것이다.

고대 이스라엘 사회의 격변기라 할 수 있는 사건은 북왕국 이스라엘이 앗수르에게 멸망당하고(주전 722년), 남왕국 유다가 바벨론에 의해 멸망당한 사건이다(주전 586년). 특히 유다가 멸망하고 예루살렘이 점령당한 사건은 큰 충격으로 다가왔다. 많은 사람들이 바벨론으로 끌려갔는데 과연 그들은 거기서 어떻게 살았을까? 주전 537년 페르시아 왕 고레스가 칙령을 발표하면서 유대인들은 비로소 고국으로 귀환할 수 있었는데 50여 년간 바벨론에서 어떻게 살았는지에 대해서는 의견이 분분하다. 특히 바벨론에는 야웨 성전이 없었고 회당만 있었다는 주장이 있다. 그러나 종교적인 박해도 없었고 유대인들이 자치적으로 마을을 이루어 살았는데, 굳이 이제까지 지켜왔던 종교적인 관습인 희생제사 의식을 중단할 필요가 있었을까? 에스겔 11장의 '마콤'과 스가랴 5장을 재해석 하면서 성전기물과 성전인원도 함께 분석할 것이다. 이러한 연구를 통해 이집트의 엘레판틴 야웨 성전과 더불어 바벨론에도 야웨 성전이 있었음을 주장하게 될 것이다.

고대 이스라엘 사회의 또 다른 면모는 이스라엘이 이주자들의 공동체였다는 사실이다. 아브라함의 자손이라는 전통적인 정체성이 있기는 하지만 실제로는 각 지역에서 이주해 온 이주자들이 이스라엘 사회를 구성하고 있었다. 그래서 신앙고백 가운데도 조상을 '떠돌아다니면서 사는 아람 사람'(신 26:5)이라고 고백한 것이다. 이주자로 이루어진 사회이었기에 신학적 기반을 구축할 때에도 '이동하시는 하나님'을 강조하였는데 성전을 건축할 때도 그러한 정신을 새겨 넣었다.

본 저서에서 새롭게 시도할 부분은 한국적 성경해석 부분인 제2부이다. 그동안 서명수, 박종수, 왕대일, 박신배 등의 구약학자들이 한국적 성경해석을 시도해 왔으며 본 저자도 노력을 계속해 왔지만, 한국적 성경해석 분야는 아직도 미개척 분야로서 해석방법론이 정립되지 않은 상태다. 본 저서에서는 도피성과 잠언을 연구할 터인데 한국과 연결해서 새롭게 해석해 보려고 한다. 한국에는 별읍(別邑)과 소도(蘇塗)가 도피성에 상응하는 제도로 볼 수 있다. 주목할 것은 이러한 제도가 어떤 시기에 사라져 버렸다는 사실이다. 왜 이러한 제도가 사라져 버렸는지 그 이유를 한국의 제도를 통해 밝힐 것인데, 이러한 연구를 통해서 구약의 도피성 제도의 역사적 정황을 파악할 수 있을 것이다.

잠언 31장에는 지혜로운 여인이면서 동시에 능력있는 여인의 모습이 나타난다. 이 여인은 가정의 경제와 대소사를 주도하면서 남편과 아이들과 이웃의 칭찬을 받는 여인으로 묘사되어 있다. 언뜻 보기에는 과도한 노동과 책임을 지고 있는 것 같아 여성학대의 현장이 아닌가 오해할 여지가 있지만, 고려시대 여인들의 활동을 분석하면 그러한 오해를 풀 수 있을 것이다. 오히려 책임감 있고 지혜로우면서 존경을 받는 여인상을 발견하게 될 것이다. 특히 히브리어로 지혜를 '호크마'라고 하는데 여성형이다. 따라서 지혜의 책인 잠언을 마무리하는 31장에 알파벳 시로 지혜로운 여인상을 제시한 것은 고대 이스라엘의 지혜의 표상으로서의 여인상을 보여준 것이라 할 수 있다. 비교 연구를 통해 유사한 점과 차이점을 분석하면서 잠언 31장을 새롭게 해석하게 될 것이다.

제3부는 세계성서공회연합회 번역 핸드북 시리즈에 대하여 먼저 살펴보고, 주로 시편을 해석하게 될 것이다. 아직도 성경이 번역되지 않은 수많은 언어들이 있는데 헌신적인 번역 전문 선교사들이 소수의 사람들을 위해 성경을 번역하고 있다. 문제는 이 선교사들이 신학교육을 이수했지만 성경번역을 위한 전문적인 교육을 받

지 못한 사람들이 대부분이라는 사실이다. 이러한 문제를 해결하기 위해 세계성서공회연합회에서 성경을 번역할 때 쉽게 안내해 줄 수 있는 성경 해석서를 저술하여 출판하였다. 본 저자는 이 시리즈 가운데 열왕기상.하 부분을 중심으로 분석하면서 새로운 대안을 제시하게 될 것이다.

시편 가운데 23, 62, 89, 116편을 선정해서 새롭게 해석할 것이다. 특히 시편 23편의 경우 사회과학적 해석방법과 위치감각언어 중심의 해석방법을 활용하여 새로운 도전을 하게 될 것이다. 마지막으로 토라는 시편을 이해하는데 필수적인 개념이기에 토라에 대해서 연구하게 될 것이다. 시편은 찬송가이기도 하지만 마지막 편집 과정에서 토라로 읽도록 편집되어 있다. 이러한 취지는 시편 1편부터 나타나며 시편 119편에서 그 절정을 이룬다.

고대 이스라엘의 사회와 경제 분야에는 아직도 알지 못하는 많은 부분들이 남아있다. 따라서 신고고학이나 새로운 발굴을 통해서 그 미지의 세계를 열어볼 수 있는 방법이 중요하지만, 각 지역의 제도와 문헌들과 비교연구를 함으로서 새로운 사실을 발견할 수 있는 가능성도 있다. 그리고 한국인은 한국인의 시각으로 구약을 다시 해석할 필요가 있기에 한국적 구약해석을 위한 연구를 멈출 수 없다. 새로운 해석방법이 제시되기를 기대하면서 본 저서가 이러한 여정에 작은 디딤돌이 될 수 있기를 바라는 마음이다.

제1장 주전 7세기 블레셋과 유다의 광역 경제권

제2장 바벨론에 야웨 성전이 있었는가?

제3장 하나님의 이동성과 이스라엘의 다문화 사회

제1부

이스라엘 사회와 성전

제1장

주전 7세기 블레셋과 유다의 광역 경제권

I. 서론

블레셋과 이스라엘의 관계는 우호적이라기보다 적대적인 관계로 알려져 있다. 삼손부터 사무엘, 사울, 다윗에 이르기까지 성경에서 묘사하는 블레셋은 이스라엘을 괴롭히는 침략자요 원수로 묘사되어 있다. 그러나 남북분열 이후 블레셋과 유다와의 관계는 좀 다른 양상을 보여주고 있다. 우선 블레셋이 자주 등장하지 않는 면이 특이하고 나타나더라도 갈등만 있는 것이 아니고 평온한 관계를 보여주는 장면도 있으며, 특히 주전 8-7세기에는 대

본 장은 「구약논단」 Vol.17 No.3 (2011), 180-200에 게재한 본인의 논문을 일부 수정한 것이다.

부분 평화적인 관계를 맺고 있었다는 점이다.[1)]

후기예언서 가운데 블레셋과 관련된 내용들을 검토한 하아크(R. D. Haak)는 결론짓기를 주전 8세기에는 블레셋과 유다 사이에 갈등이 미미하였는데 8세기 말에 갈등이 증폭되었다고 하였다.[2)] 즉 주전 8세기말 히스기야가 영토확장을 도모하여 블레셋과 갈등이 일어났다는 것이다. 그러나 산헤립이 히스기야가 점령한 블레셋 지역을 돌려준 이후 블레셋과 유다는 평온한 관계를 유지하였는데 이러한 관계가 깨어진 계기는 주전 7세기 말 바벨론의 등장으로 인한 것이었다.

유다에게 있어서 블레셋은 가장 인접해 있으며 바다로 통하는 길이기에 경제적으로 밀접히 연관되어 있다. 그리고 국제무역로인 해안도로(via maris)도 블레셋을 통과하고 있기에 유다의 경제를 이야기할 때 블레셋을 가장 주목할 수 밖에 없다. 만약 군사적으로 충돌이 일어난다면 문제가 달라지지만 그렇지 않는 경우라면 지정학적 위치를 볼 때 유다와 블레셋은 마치 하나의 광역 경제권으로 움직일 수 밖에 없는 위치에 놓여져 있는 것이다. 특히 주전 8세기 후반부터 앗수르가 제국의 국제무역망을 강화시키면서 지중해 연안에 특별한 관심을 기울인 점을 감안한다면 유다와 블레셋 관계를 파악할 때 경제적인 관점에서 파악할 필요가 있다.[3)] 스테

---

1) S. Gitin, "Tel Miqne-Ekron: A Type Site for the Inner Coastal Plain in the Iron Age II Period," in S. Gitin and W. G. Dever eds., *Recent Excavations in Israel: Studies in Iron Age Archaeology* (Annual of the American Schools of Oriental Research 49, 1989), 48.

2) Robert. D. Haak, "The Philistines in the Prophetic Texts," in Ernest S. Frerichs, Jodi Magness, and Seymour Gitin eds., *Hesed ve-emet: Studies in Honor of Ernest S. Freichs*, (Atlanta : Scholars Pr, 1998), 46-47.

3) Avraham Faust and Ehud Wiess, "Judah, Philistia, and the Mediterranean World: Reconstructing the Economic System of the Seventh Century B.C.E.," *BASOR* 338(2005), 71-92.

거(L. E. Stager)는 청동기 초기와 중기에도 해안 지역과 산간 지역 사이에 이러한 교역관계가 형성되었다고 하면서 그 배후에는 해상무역이 큰 역할을 하고 있음을 지적하였다.[4] 특히 주전 7세기에는 블레셋과 페니키아 지역과의 해상무역이 활발했던 시대인 만큼 블레셋 항구도시의 배후지역으로서의 유다의 역할을 살펴볼 필요가 있다.

본 장의 목적은, 이러한 필요성을 염두에 두면서 블레셋과 유다가 비교적 평온한 관계를 유지했던 주전 7세기에 블레셋과 유다가 앗수르 제국의 국제무역망의 한 부분으로서 광역경제권을 형성하고 있었던 그 실태를 파악하려는 것이다.

II. 앗수르의 국제교역망의 한 부분으로서의 블레셋과 유다

주전 9세기 중엽부터 지중해 연안 지역을 침공하기 시작한 앗수르의 원정은 주로 약탈전쟁이었으며 지중해 연안 국가들과 봉신관계를 수립하여 조공을 바치도록 하였다. 지중해 연안의 국제무역권에 대한 앗수르 제국의 본격적인 진출은 티글랏빌레셀 3세(Tiglath-pileser III)부터였는데 먼저 페니키아 지역의 국제

4) L. E. Stager, "Port Power in the Early and the Middle Bronze Age: The Organization of Maritime Trade and Hinterland Production," in S. R. Wolff ed., Studies in the *Archaeology of Israel and Neighboring Lands in Memory of Douglas L. Esse*, Studies in Ancient Oriental Civilization 59; ASOR Books 5. (Chicago: Oriental Institute of the University of Chicago, 2001), 625.

무역권을 장악하기 위해 막대한 노력을 기울였다.[5]

그리고 티글랏빌레셋은 이집트 국경 부근, 아마도 가자 지역에, 국제무역센터인 "앗수르 카루(Karu)"를 세웠다.[6] 앗수르의 의도는 이집트의 북상을 차단하려는 의도도 있었지만 보다 더 관심을 기울인 것은 앗수르 제국의 국제무역망을 확충하려는 것이었다.[7] 가자 지역은 아시아와 아프리카를 연결하는 지점이기도 하지만 아랍과도 연결되는 지점이었다. 또한 주변의 블레셋 항구들과 연결시켜 해상무역과도 연결시킬 수 있는 국제무역의 요충지였다.

사르곤 2세는 지중해 연안 지역에 앗수르 군대와 관리들을 상주시켰으며 페니키아와 블레셋에도 관리를 임명하여 상주시켰다. 이 앗수르 관리들을 케푸(qepu)라 불렀으며 앗수르의 경제적 이익을 위해 핵심적인 지역을 치밀하게 통제하는 역할을 담당하였다.[8]

그런데 산헤립 시대(주전 704-681)에 이르러 여러 가지 변화가 일어났다. 우선 지중해 연안에 대한 앗수르의 통제력이 다소 약화된 현상이 나타났다. 이집트는, 정확히 말하면 이디오피아 태생인 제25왕조의 타하르카는 레바논의 목재를 자유롭게 가져올 수 있었다.[9] 이러한 사실은 곧 페니키아에 대한 앗수르의 통제가 약화되었다는 증거이며 앗수르가 지중해연안 지역에서 큰 힘을 발휘하지

---

5) ND 2715; H. W. Saggs, "The Nimrud Letters, 1952-Part II: Relations with the West," *Iraq* 17 (1955), 127-128, 149-150.

6) 티글랏빌레셀의 "앗수르 카루"에 대한 언급은 ND4301+4305문헌의 13-16줄에 기록되어 있다; D. J. Wiseman, "A Fragmentary Inscription of Tiglath-pileser III from Nimrud," *Iraq* 18 (1956), 117-129.

7) Moshe Elat, "The Economic Relations of the Neo-Assyrian Empire with Egypt," *JAOS* 98 (1978), 27.

8) N. Na'aman, "The Brook of Egypt and Assyrian Policy on the Board of Egypt," *Tel Aviv* 6 (1979), 84.

9) 정중호/최기수, "앗수르와 이집트 관계에 관한 역사적 연구," 「구약논단」 제4집(1998) 199-200쪽.

못하고 있었다는 증거로 볼 수 있다.

이러한 틈을 이용하여 유다 왕 히스기야와 블레셋이 동참한 지중해 연안 국가들의 반앗수르 반란이 일어났다. 앗수르 제국을 정비한 산헤립은 주전 701년 서부원정을 단행하여 아스겔론을 정복하고 시드카를 폐위시켰으며 사룰루다리(Sharruludari)를 왕위에 앉혔다. 이 때 아스돗은 미리 머리숙여 복종의 예를 표시하였다. 그리고 산헤립은 에그론을 점령하고 예루살렘을 포위하였다.[10] 그러나 산헤립은 바벨론의 반란으로 인해 급히 회군해야 했기에 예루살렘을 점령하지 못하였고 만족할만한 승리를 얻지 못하였다.[11] 이러한 결과에도 불구하고 산헤립의 서부원정은 블레셋과 유다에 심대한 영향을 미쳤다.

산헤립은 유다와 블레셋의 지역들을 점령하면서 수 많은 포로들과 물자들을 약탈하였다. 산헤립은 이 원정에서 200,150명의 포로를 잡아왔다고 자랑하기까지 하였다.[12] 그리고 블레셋과 유다 지역을 앗수르 제국의 복안대로 재조정하는 정책을 시행하였다. 즉 반앗수르 반란을 충동질하는 이집트의 북상을 차단시킬 수 있는 지역이 될 수 있도록 블레셋과 유다를 안정시켰다. 즉 블레셋과 유다의 세력균형을 위해 산헤립은 히스기야가 장악한 블레셋 영토를 다시 아스돗, 에그론, 가자, 아스겔론 등에 반환하도록 하였으며 블레셋 도시들 가운데도 서로 세력 균형을 이룰 수 있도록 영토를 재조정하였다.[13]

---

10) 정중호, "산헤립의 팔레스틴 원정과 히스기야," 「신학사상」 21 (1993 봄), 7-20.

11) Nadab Na'aman, "Sennacherib's 'Letter to God' on His Campaign to Judah," *BASOR* 214 (1974), 25-39.

12) *ANET*, 288.

13) *ARAB II*, §312.

결국 주전 7세기 앗수르는 주전 8세기만큼 지중해연안 지역에 대한 강력한 통제를 할 수 없게 되었지만 여전히 앗수르의 국제무역망은 활발히 움직였고 앗수르의 세력이 블레셋과 유다 지역을 관할하고 있었다. 예를 들어 욥바 항구 북쪽 야르콘 강 입구에 있는 텔 쿠다디(Tell Qudadi)는 앗수르 제국의 국제무역망 거점이었는데 주전 8세기 후반부와 7세기 전반에 건설된 것임을 확인할 수 있었다.[14] 이 거점은 이집트와 페니키아 사이에 위치하여 해상과 육상무역을 관할하는 요새였다.

주전 7세기 앗수르는 제국을 효과적으로 통치하기 위해 앗수르에서 지도자를 양성하여 봉신국의 통치자로 임명하는 방법을 사용하였다. 예를 들면 에살하돈은 아랍 여왕 타부아(Tabua)와 아스겔론 왕 미틴티(Mitinti)를 앗수르에서 교육시켜 임명하였다.[15] 이러한 방식은 역사상 자주 활용되었던 방식으로 친앗수르 정권을 수립하여 군사적으로나 경제적으로 이득을 얻기 위한 치밀한 장기적 전략이라 할 수 있다.[16]

앗수르가 지중해 연안을 통치할 때 경제적 이득을 무엇보다 중요시했다는 것은 반란을 일으킨 통치자를 제거하지 않고 재임명하는 방식에서 찾아볼 수 있다. 주전 734년 반앗수르 반란을 일으킨 가자의 하눈(Hanun)을 티글랏빌레셀 3세는 다시 가자의 왕으로 임명하였다.[17] 아스돗의 왕 야마니의 경우도 주전 712년 반앗수르 반란을 일으켰지만 사르곤 2세는 야마니를 다시 아스돗의 왕으로

14) A. Fantalkin, "Re-discovering the Iron Age Fortress at Tell Qudadi in the Context of Neo-Assyrian Imperialistic Policies," *Palestine Exploration Quarterly* 141, no. 3 (2009), 199-201.

15) *ANET*, 291-292.

16) H. Tadmor, "Philista Under Assyrian Rule," *BA* 29 (1966), 98.

17) 윗글, 88.

임명하였다.[18]

앗수르 전성시기에 아스겔론은 여러번 앗수르에 반기를 들었다. 그런데 이상하게도 앗수르는 아스겔론을 멸망시키지 않았다. 아스겔론이 반역을 했지만 앗수르 통치 하에서 살아남았던 이유는 강대국 사이의 완충지역이었기 때문이었다.[19] 그리고 아스겔론이 앗수르의 군대 주둔지였기 때문이기도 하였다.[20] 또 다른 이유는 경제적 요충지여서 앗수르가 국제무역을 활성화시키기 위해 아스겔론이 반역을 하더라도 경제활동을 유지할 수 있도록 파괴하지는 않았다는 것이다.[21] 앗수르는 지중해 연안의 국제 무역망을 활성화시키기 위한 특별한 조치를 다양하게 시행한 것이다. 이러한 환경 속에서 블레셋과 유다는 광역 경제권을 형성시키고 발전시켰다.

---

18) 야마니를 다시 임명했는지에 대해서는 확실한 증거를 찾기 힘들지만, 주전 712년 이후 아스돗의 왕으로 거명된 다른 왕이 없었고 주전 701년에 미틴티(Mitinti)가 아스돗의 왕으로 나타나는 것으로 보아 야마니를 재임명한 것으로 추정된다.

19) Daniel M. Master, "Trade and politics: Ashkelon's balancing act in the seventh century B.C.E.," *BASOR* 330 (2003), 60.

20) B. Otzen, "Israel under the Assyrians," in M. T. Larsen ed., *Power and Propaganda: A Symposium on Ancient Empires* (Dopenhagen: Akademisk, 1979), 256.

21) Moshe Elat, 윗글, 33-34.

III. 블레셋과 유다의 광역 경제권 실태

1. 아스겔론

주전 7세기에 나타난 특징 중 하나는 블레셋 지역의 인구가 증가했는데 이스라엘 지역에서 이주해온 숫자도 상당하였다는 사실이다.[22] 아스겔론을 발굴하는 가운데 유다의 곡물인 밀이 발견되었다.[23] 이것은 아스겔론이 다량의 곡식을 유다에서 수입했다는 증거이다.

또한 아스겔론은 중요한 어업기지이기도 하였다.[24] 그런데 예루살렘에서 다양한 종류의 생선뼈와 조개 등 해산물이 많이 발굴되었다.[25] 예루살렘에서 발견된 생선뼈와 조개들을 분석한 결과 생선과 조개 등 해산물을 일상적으로 먹은 것으로 볼 수 있으며 해산

---

22) Avraham Faust, and Ehud Weiss, 윗글, 72.

23) Ehud Weiss and Mordechai E. Kislev, "Plant remains as indicators for economic activity: a case study from Iron Age Ashkelon," *Journal of Archaeological Science* 31 (2004) 1-13.

24) P. J. King and L. E. Stager, *Life in Biblical Israel* (Louisville: Westminster John Knox, 2001), 122.

25) H. Lernau and O. Lernau, "Fish Remains," in A. de Groot and D. T. Ariel eds. *Excavations at the City of David 1978-1985*, Vol. 3: *Stratigraphical, Environmental, and Other Reports*, Qedem 33. (Institute of Archaeology, the Hebrew University of Jerusalem, 1992), 136쪽; Oded Borowski, *Every living thing: daily use of animals in ancient Israel* (Walnut Creek, CA: AltaMira, 1998), 172-176.

물 유통이 활발했다는 점을 알 수 있다.[26] 해산물은 매일 매일 먹는 음식이며 반복해서 거래되는 물품이기 때문에 아스겔론을 비롯한 지중해 연안의 항구도시들과 유다가 서로 긴밀하게 계속적으로 교역하고 있었다는 증거로 볼 수 있다.[27]

유다와 블레셋이 함께 공생하고 있는 경제권을 좀 더 세밀하게 분석해보면 다음과 같다.

우선 아스겔론은 이 경제권 가운데 가장 큰 무역항구이며 도시 자체도 거대 도시였다. 아스겔론의 인구는 주전 7세기경 약 10,000-12,000명 정도였으며 60헥타르의 큰 도시였다.[28]

아스겔론의 국제무역 상황을 알기위해 1988년부터 주전 7세기 층 가운데 186 세라믹 표본을 암석분석(Petrographic analysis) 기법으로 연구하였는데 이 연구를 통해 당시 경제의 해상활동과 육상활동의 면모를 확인할 수 있었다. 분석결과를 보면 아스겔론을 비롯한 블레셋 지역 암석이 77%, 쉐펠라 지역이 13%, 페니키아 지역이 5%, 네게브 지역이 3%, 그리스 지역이 1%, 사이프러스/북 시리아 지역이 1%, 이집트 지역이 0% 로 나타났다.[29] 이 분석을 통해 알 수 있는 것은, 외국과의 교역에 있어서 페니키아와 그리스

---

26) H. K. Mienis, "Molluscs," in A. de Groot and D. T. Ariel eds. *Excavations at the City of David 1978-1985*, Vol. 3: *Stratigraphical, Environmental, and Other Reports*, Qedem 33. (Institute of Archaeology, the Hebrew University of Jerusalem, 1992), 129쪽; H. Lernau and O. Lernau, 윗글, 136.

27) 참고로 국제무역의 증거인지는 확실치 않지만 유다의 가정 집에서 저울 추가 많이 발굴된 것으로 보아 유다 지역의 상거래가 활성화되었음을 알 수 있다. Hayah Katz. "Commercial Activity in kingdoms of Judah and Israel," *Tel Aviv* vol. 31, no. 2 (2004) 268-277.

28) L. E. Stager, "Ashkelon and the Archaeology of Destruction: Kislev 604 BCE," *Eretz-Israel* 25 (1996), 62.

29) Daniel M. Master, 윗글, 52.

그리고 사이프러스 지역과 해상무역을 활발히 했다는 점이다. 또한 에그론의 왕의 이름인 '아기스'와 아스돗의 왕위 찬탈자인 '야마니'라는 이름이 헬라어 이름들이라는 사실에서도 발견할 수 있듯이 블레셋과 그리스와의 관계가 밀접했음을 알 수있다.[30]

페니키아의 것으로 확인된 세라믹 종류는 주로 운반과 저장용 옹기였는데 이러한 것을 통해 알 수 있는 것은 페니키아와 아스겔론과의 교역이 아주 왕성했다는 것이다.[31] 또한 스페인 연안에서 침몰된 페니키아 선박을 1993년에 발굴하였는데 이 선박은 주전 7세기 경의 것으로 추정되었고 조사한 결과 아스겔론과 에그론의 저장용기가 다량 발견되었다.[32] 페니키아 무역상들은 아스겔론과 에그론의 포도주를 수입해서 지중해 여러 나라들에 수출했음이 확인된 것이다.

이처럼 아스겔론 항구에서 국제무역을 주도하고 있었던 상인들은 주로 페니키아 상인들이었는데 당시 페니키아는 지중해 여러 곳에 식민지를 건설할 정도로 해상무역의 강자였으며 무역 판도를 넓히고 있었다.[33] 유다의 경우는 아스겔론 항구를 통해 페니키아 무역상들과 거래할 수 있었다. 때로는 유다 사람들이 페니키아 사람들과 어울려서 먼 나라로 무역을 하는 예도 있었다.[34]

해상무역을 하려면 배를 건조하는 고도의 기술이 필요하고 건조비용이 비싸다는 어려움이 있지만 바람에 의지해서 싼 비용으로 대

---

30) S. Gitin, T. Dothan, and J. Naveh, "A Royal Dedicatory Inscription from Ekron," IEJ 47 (1997), 11쪽; *ANET*, 285-286.

31) Daniel M. Master, 윗글, 58.

32) 윗글, 59.

33) 정중호, "고대 이스라엘의 국제무역에 관한 연구,"「구약논단」제5집 (1998), 28-29.

34) C. H. J. De Geus, "The Material Culture of Phoenicia and Israel," *Phoenicia and The Bible* (Leuven: Uitgeverij Peeters, 1991), 15-16.

량상품을 원거리 항해해서 무역할 수 있었다. 두로와 시돈은 일찍부터 선박건조 기술과 선박 항해 기술을 발달시켜 지중해의 해상 무역권을 주도하였다. 블레셋과 유다의 경제권에 기본적인 활력을 불어넣은 주체도 바로 페니키아 무역상들이었다.[35]

페니키아 상인들의 무역품목 가운데 단연 으뜸을 차지하는 것은 은(silver)이었다.[36] 두로와 시돈 등 페니키아 무역 상인들은 스페인 지역의 광산에서 은을 수입하였는데 은은 앗수르 제국에서 화폐로 유통되기도 하였다.[37] 또한 에그론을 비롯한 블레셋 도시에서 은이 다량 발굴되었는데 이러한 발굴물을 통해 알 수 있는 것은 블레셋과 두로와의 교역이 활발했다는 것이다. 그리고 블레셋 항구를 통해 유다로 은이 들어 온 것으로 짐작할 수 있다. 예를 들어 산헤립의 침공을 받은 유다 왕 히스기야는 산헤립에게 800탈렌트의 은을 조공으로 바쳤다.[38] 유다에는 은 광산이 없었다. 당시 화폐로 통용되던 이러한 막대한 은은 어디서 수입되었는가? 그 해답은 페니키아와 블레셋 그리고 유다로 이어지는 무역망에서 찾을 수 있다.

아스겔론의 경우, 무역 상품 가운데 단연 으뜸을 차지하고 있었던 물품은 포도주였다. 아스겔론 발굴을 통해 포도주 생산 시설이 다량 분포 되어 있음을 확인할 수 있었다.[39] 당시에 가장 이윤이

---

35) Daniel M. Master, 윗글, 52.

36) M. E. Aubet, *The Phoenicians and the West: Politics, Colonies and Trade*. Trans. M. Turton, (Cambridge: Cambridge Univ., 1993), 219, 238-241.

37) J. N. Postgate, "The Economic Structure of the Assyrian Empire," in Mogens Trolle Larsen ed. *Power and propaganda: a symposium on ancient empires* (Akademisk Forlag : [eksp. DBK], 1979), 218.

38) *Oriental Institute Prism* in ANET, 288.

39) L. E. Stager, 윗글, 62-65.

많이 남는 상품인 포도주를 집중 생산하고 교역하고 있었다는 증거이다. 그리고 항구도시이기 때문에 어업활동도 활발하여 생선을 내륙으로 제공하기도 하였다.[40]

그런데 특이한 점은 아스겔론의 세라믹 표본, 즉 옹기들을 암석분석(Petrographic analysis) 기법으로 연구한 결과 므깃도, 이스르엘 계곡, 사마리아와 예루살렘을 비롯한 산간고지대의 암석을 발견할 수 없었다는 점이다. 아스겔론과 가까운 쉐펠라 지역과의 교역만 나타나고 앗수르 통치지역과의 육로 교역이 나타나지 않는다는 점이다. 그러나 산간고지대의 암석이 발견되지 않았다고 해서 아스겔론과 산간고지대와의 상품교역이 없었다고 단정할 수 없다.

산간지역을 이동하는 육로 교역은 사람이 등짐을 지고, 혹은 가축의 등에 짐을 싣고, 혹은 우마차를 이용하여 상품을 운반하는 형태로 이루어졌다. 물론 산간고지대의 저장용 용기가 발견되지 않았지만 곡식일 경우 자루에 담아 운반할 수도 있었다. 자루는 나귀들이 운반할 때 주로 사용되며 용기 자체의 무게가 가벼워 운반비용도 절감할 수 있다. 그리고 쉽게 부서지지 않는다는 점도 자루를 사용하게 된 이유로 볼 수 있다.[41] 또 다른 이유도 있다. 예를 들어 예루살렘과 사마리아에서 직접 아스겔론까지 왕래하지 않았다하더라도 쉐펠라의 라기스, 그리고 게셀, 에그론 등이 중간 기지가 되어 상품을 상호유통시킬 수 있었다.[42] 그리고 삭아 없어지는 용기나 상품들은 고고학 발굴을 통해 확인할 수 없다. 따라서 이러한 상품들에 대한 교역이 있었을 것이라는 가능성은 열어두어야 한다. 특히 산간고지대에서 발굴되는 그리스 질그릇이나, 레바

40) P. J. King and L. E. Stager, *Life in Biblical Israel*. (Louisville: Westminster John Knox, 2001), 122.

41) Avraham Faust, and Ehud Weiss, 윗글, 84.

42) Daniel M. Master, 윗글, 56-60.

논의 목재, 지중해 식품들(생선뼈) 등을 통해서도 아스겔론과 산간 고지대의 교역활동을 충분히 짐작할 수 있다.[43]

이러한 교역을 통해 아스겔론에서 예루살렘에 들어온 다양한 상품들을 살펴보면, 예루살렘의 부유층들이 시리아에서 수입한 목재와 가구, 홍해에서 온 장식용 조개, 그리스 혹은 사이프러스에서 수입한 포도주 용기, 그리고 지중해 연안에서 수입한 생선 등이 확인되었다.[44] 이 가운데 목재의 경우 예루살렘의 목재 가운데 8%가 수입품인 것으로 확인되었다.[45] 그리고 유다의 중요한 수출품은 곡물이었는데 주로 아스겔론으로 수출되었다.[46]

2. 에그론

에그론은 주전 8세기에 크게 확장되었고, 주전 7세기에는 30헥타아르 넓이로 팽창하였으며 앗수르의 국제교역망의 중

43) E. Stern, Archaeology of the Land of the Bible, Vol. 2: *The Assyrian, Babylonian, and Persian Periods (732-.332 b.c.e.)*. (New York: Doubleday, 2001), 214, 216.

44) G. Auld and M. Steiner, *Jerusalem I: From the Bronze Age to the Maccabees*. (Cambridge: Lutterworth, 1996), 63-64.

45) N. Liphschitz, "Dendroarchaeological Studies 150: The Ophel (Jerusalem), 1986," in E. Mazar and B. Mazar ed. *Excavations in the South of the Temple Mount: The Ophel of Biblical Jerusalem*, Qedem 29. (Institute of Archaeology, Hebrew University of Jerusalem. 1989), 142-143.

46) I. Finkelstein, "The Archaeology of the Days of Manasseh," in M. D. Coogan, J. C. Exum, and L. E. Srager eds., *Scripture and Other Artifacts* (Louisville; Westminster John Knox Press, 1994), 178.

요한 거점으로 자리매김하였다.[47] 에그론은 항구 도시인 아스겔론과 내륙도시들을 연결하는 중간 지점에 있었기에 주로 감람유가 집합되는 도시였고 감람유를 가공하는 기지였다. 에그론을 발굴한 결과 115 곳에서 감람유생산 시설을 발견할 수 있었다.[48] 아마도 주전 7세기 경에는 에그론을 중심으로 생산되는 감람유가 연간 1,000톤 규모에 육박했을 것으로 추정되며 이러한 규모는 고대 근동에서 가장 큰 감람유 생산기지였다. 이러한 생산량은 48,000 옹기에 저장할 량이었다. 그리고 이 정도의 감람유를 생산하려면 12,000 에이커의 농장이 필요하고 적어도 2,000명의 노동자가 필요한 것으로 추정된다.[49] 도단과 깃틴(T. Dothan and S. Gitin)은 이 정도의 생산량은 이스라엘 지역 전체의 20%에 해당한다고 추정하였다.[50]

원래 감람나무가 많이 자란 곳은 중앙산지 지역이었으며 지중해 연안을 바라보는 산기슭에 자리잡은 여러 지역에서 감람나무가 재배되었다. 그리고 이렇게 생산된 감람유는 게셀, 벳세미스, 텔 베이트 미르쉼 등 쉐펠라 지역에 집합되어 유통되었다.[51] 그런데 앗수르 왕 산헤립의 침공으로(주전 701년) 쉐펠라 지역이 파괴되었기 때문에 감람유는 국제무역로인 '해안도로'와 가까운 에그론에 집

---

47) I. Finkelstein은 주전 7세기에 갓이 에그론에 편입되었다고 주장하였다. I. Finkelstein, "The Philistines in the Bible: A Late-Monarchic Perspective," *JSOT* 27, no. 2 (2002), 140.

48) Avraham Faust, and Ehud Weiss, 윗글, 73.

49) D. Eitam and A. Shomroni, "Research on the Oil Industry during the Iron Age at Tel Miqne: A Preliminary Report," in M. Heltzer and D. Eitam eds., *Olive Oil in Antiquity* (Heifa: University of Haifa, 1987) 37-56.

50) T. Dothan and S. Gitin, "Ekron," *ABD*, vol. 2, 420.

51) S. Gitin, 윗글, 48-49.

합되었다. 이로인해 주전 7세기에는 에그론이 거대한 감람유 생산 기지가 된 것이다.[52] 에그론의 감람유는 주로 항구인 에스겔론으로 운반되어 수출되었는데 앗수르에 조공으로 바쳐지기도 하였다.[53]

에그론의 감람유 생산 공정은 일년 중 4개월에 걸쳐 진행되었다. 따라서 나머지 8개월 동안 다른 산업에 종사할 수 있었다. 에그론의 감람유 생산시설에서 베틀 추가 발견되었는데 아마도 8개월의 기간 동안 옷감을 짜는 일도 했을 것으로 짐작된다.[54]

3. 유다

주전 7세기 국제무역 판도에서 두로와 블레셋은 유다에 비해서 월등한 우위를 차지하고 있었다. 유다는 주로 농산물 수출에 의존하였는데 곡물과 포도주와 감람유를 주로 수출하였다. 약속의 땅을 이야기할 때 "밀과 보리의 소산지요 포도와 무화과와 석류와 감람들의 나무와 꿀의 소산지라"(신 8:8)고 표현할 정도로 유다 지역은 농산물을 생산하는 지역이었다. 유다 왕 웃시야가 농업에 특별한 힘을 기울인 것도(대하 26:10) 농산물이 주요 수출 품목이었기 때문이었다. 유다의 곡물이 앗수르 시장까지 진출하였는데 이것은 앗수르 시장에서 유다의 단위로 곡물거래가 이루어지고

---

52) S. Gitin, "The Neo-Assyrian Empire and Its Western Periphery: The Levant, with a Focus on Philistine Ekron," in S. Parpola and R. M. Whiting eds., *Assyria 1995: Proceedings of the 10th Anniversary Symposium of the Neo-Assyrian Text Corpus Project, September 7-11, 1995*, (Helsinki: University of Helsinki. 1997), 94.

53) I. Finkelstein, 윗글(1994), 178-180.

54) S. Gitin, 윗글(1997), 89-90.

있었다는 기록을 통해서도 확인할 수 있는 것이다.[55]

유다와 두로와의 교역을 살펴보면, 백향목과 잣나무 등 목재와(왕상 5:10) 금(왕상 9:14) 등이 두로에서 수출한 것이었고 유다는 보리와 밀 그리고 감람유(왕상 5:11) 등 농산물을 주로 수출하였다(겔 27:17; 스 3:7).[56] 그리고 예루살렘 주변을 중심으로 포도를 생산하였다. 이러한 교역은 육상으로도 가능했지만 주전 7세기의 경우 블레셋 항구도시를 통한 해상과 육상의 교역이 주를 이루었다.

또 한가지 주목할 것은 예루살렘의 변화이다. 예루살렘이 크게 확장된 것이다. 이것은 히스기야 시대에 갑자기 확대된 것이 아니라 아하스 시대부터 서서히 확대되었다. 다만 사마리아가 함락되었을 때 히스기야가 이스라엘의 피난민을 받아들이면서 예루살렘의 인구가 급격히 증가했으며 산헤립의 침공으로 인구가 또다시 급격히 불어났다. 그러나 전쟁이 끝난 후에는 다시 각 지역으로 인구가 분산되어 돌아갔기 때문에 예루살렘의 인구가 감소하였다.[57]

주전 7세기 이후에 나타난 또 다른 점은, 즉 므낫세 왕 시대에 유다 남부 네게브지역이 집중적으로 개간되면서 곡물생산이 급격히 증대되었고 인구가 많이 늘어났다는 점이다. 또한 예루살렘 동쪽 광야 지역도 곡물생산 지역으로 변모하게 되었다.

---

55) ADD 148, quoted in M. Elat, "The Monarchy and the Development of Trade in Ancient Israel," in Edward Lipinski ed. *State and Temple Economy in the Ancient Near East*, (Louvain: Departement Oriëntalistiek, 1979), 538.

56) S. D. Waterhouse, "The Land of Milk and Honey," *Andrews University Seminary Studies* 1 (1963) 161-166쪽; F. C. Fensham, "An Ancient Tradition of the Fertility of Palestine," *PEQ* 98 (1966) 166-168.

57) N. Na'aman, "When and How Did Jerusalem Become a Great City? The Rise of Jerusalem as Judah's Premier City in the Eighth-Seventh Centuries B.C.E.," *BASOR* 347 (2007), 47-48.

주전 7세기에 이렇게 버려진 땅들이, 광야가 개간되고 농작물을 재배하기 시작한 이유에 대해 살펴볼 필요가 있다. 예루살렘 동쪽 광야 지역이 개간된 이유에 대해서 스테거(L. E. Stager)는 사해 지역에 있는 소금이라든가 역청같은 자연자원을 취득하기 위해 정착민이 이 지역에 증가하였기 때문이라는 주장을 하였다.[58] 그러나 이 주장은 땅이 개간되고 곡물생산이 증가한 이유를 설명하기에는 설득력이 부족하다. 더구나 이 주장은 사해지역에 대해서는 어느정도 타당할 수 있지만 네게브 지역의 인구증가까지 설명할 수는 없다.

또 다른 설명은 유다 자체의 곡물 수요를 충당하기 위한 것이라는 핑켈쉬타인(I. Finkelstein)의 설명이다. 즉 주전 701년 산헤립의 침공으로 쉐펠라 지역을 블레셋에 양도하게 되어 곡물 생산이 감소했기 때문에 다른 개간지를 물색할 수 밖에 없었다는 것이다.[59] 에반스와 알스트룀과 할펀(C. D. Evans, G. W. Ahlström, B. Halpern) 등 여러 학자들이 므낫세가 앗수르의 충성스러운 봉신이었기에 앗수르의 허락을 받아 잃어버린 쉐펠라를 도로 찾았을 것이라 추측했지만 핑켈쉬타인(I. Finkelstein)은 므낫세가 쉐펠라를 회복하지 못했다고 주장하였다.[60] 그러나 산헤립의 침공으로 인해 대규모 인구가 포로로 잡혀갔다는 것을 감안하면 유다 지역의 곡물부족으로 네게브 지역을 개간하였다는 주장은 충분한 설득력을 얻지 못하고 있다. 비록 산헤립의 원정이 승리했음을 과장해서 기록한 문헌이기는 하지만 산헤립이 서부원정에서 200,150명을 포로로 잡아갔다면 유다의 인구는 상당히 감소했을 것으로 보이기

58) L. E. Stager, "Farming in the Judean Desert during the Iron Age," *BASOR* 221 (1976), 145-158.

59) I. Finkelstein, 윗글(1994), 169-187.

60) 윗글, 180-181.

때문에 므낫세 시대에 유다에 곡물부족 현상이 일어났다고 보기는 어렵다.[61]

보다 더 설득력있는 이유를 아스겔론에 곡물을 수출할 수 있었다는 사실에서 찾을 수 있다. 아스겔론 주위는 고부가가치가 있는 포도생산 지역으로 변모했기 때문에 아스겔론 주민들은 곡물을 수입할 수 밖에 없었다.[62] 브엘세바를 중심으로 하는 네게브가 곡물생산 지역으로 변모하게 된 것은 아스겔론에서 곡물을 필요로 하고 있었고 수출할 수 있는 경제권이 형성되었기 때문이다.[63] 핑켈쉬타인(I. Finkelstein)은 고고학 자료를 종합하여 발표하기를 므낫세가 브엘세바 계곡에 행정력을 강화하였다고 주장하였다.[64] 네게브 지역의 곡물생산이 증대되고 인구가 증가할 때 행정력이 강화된 것은 자연스러운 현상이다. 이렇게 인구와 행정력이 증대되면서 이 지역이 신속하게 곡물생산 지역으로 변모하게 되었다. 핑켈쉬타인(I. Finkelstein)은 추정하기를 브엘세바 지역에서 적어도 연간 5,000톤의 곡물이 생산되었을 것이라 주장하였다.[65] 또한 헤르쪼그(Z. Herzog)는 풍작일 경우 5,250톤까지 곡물을 생산할 수 있는 지역으로 약 17,500명이 먹을 수 있는 곡물을 생산할 수 있었

61) 산헤립의 팔레스틴 원정에 대한 기록에는 다음과 같은 내용이 들어있다; " 나는 200,150의 사람들, 젊은이와 노인, 남자와 여자, 말들, 노새들, 나귀들, 낙타들, 그리고 헤아릴 수 없는 많고 적은 짐승떼들을 약탈하여 끌고 왔다"(*ANET*, 288)

62) Avraham Faust, and Ehud Weiss, 윗글, 78.

63) Ehud Weiss and Mordechai E. Kislev, 윗글, 1-13.

64) I. Finkelstein, 윗글(1994), 177-181.

65) 윗글(1994), 177.

다고 하였다.[66]

그리고 자연조건이 열악한 사마리아 기슭 지역도 곡물 생산 기지가 되었다. 주전 8세기 말과 7세기 초에 지중해를 바라볼 수 있는 사마리아 산 기슭의 촌락들의 인구가 급격히 증가하였다. 이곳은 블레셋과의 접경 지역이었고 자연적인 조건이 열악하여 인구가 희소하였는데 이처럼 증가한 것은 앗수르에 의한 사마리아의 멸망으로 인해 피난민들이 이주한 것으로 보인다.[67] 그리고 아스겔론에서 곡물을 필요로하는 국제무역이 왕성했기 때문에 이 지역이 집중적으로 개간되면서 곡물생산 기지의 역할을 감당한 것으로 보인다.[68]

4. 네게브 무역로

블레셋 도시들과 유다가 함께 관여하는 교역망 가운데 네게브 지역을 통과하는 국제무역망이 있다. 그리고 이 무역망을 통해 직접 교역하고 있는 집단은 낙타를 활용하는 아랍족이었다.

그런데 앗수르 왕 사르곤이 주전 716년 직후 아랍족을 사마리

66) Z. Herzog, "The Beer-Sheba Valley: From Nomadism to Monarchy," in N. Na'aman and I Finkelstein eds., *From Nomadism to Monarchy: Archaeological and Historical Aspects of Early Israel*, (Jerusalem: Israel Exploration Society, 1994), 126-167.

67) Avraham Faust, and Ehud Weiss, 윗글, 80.

68) A. Faust, "Settlement on the Western Slopes of Samaria," in Z. H. Ehrlich and Y. Eshel. eds. *Judea and Samaria Research Studies: Proceedings of the Fourth Annual Meeting, 1994*, (Kedumim-Ariel: Eretz [Hebrew], 1995), 23-30.

아에 이주시켰다.[69] 농경지대인 사마리아에 유목민인 아랍족이 이주한 것은 특이한 일이었다. 사르곤은 아랍족을 이집트 국경 부근에 이주시켜 국제무역에 도움이 될 수 있도록 배치한 적이 있음을 살펴볼 때 사마리아에 대한 아랍족의 이주 목적을 이해할 수 있다. 사르곤의 목적은 이스라엘을 통과하는 국제무역에 협력할 수 있도록 아랍족을 배치한 것이었다.[70] 이스라엘과 유다가 아랍인들을 활용하여 육상무역에 깊이 관여했다는 것은 라기스에서 낙타뼈가 발굴된 것만 보아도 짐작할 수 있다. 또한 산헤립이 라기스를 점령할 때의 광경을 그린 벽화에도 낙타가 짐을 싣고 나오는 장면이 그려져 있었다.[71]

므낫세 시대에 네게브 지역의 행정력이 강화됨에 따라 유다는 네게브를 통과하는 국제무역로를 효율적으로 관리할 수 있게 되었다. 특히 므낫세는 아랍인들이 차지하고 있었던 국제무역에 관심이 많았으며 실제 국제무역에 깊이 관여하고 있었다.[72] 므낫세의 아랍과의 국제무역에 대한 관심은 아랍여인을 왕비로 맞이한 것과도 관련이 있었을 것으로 보인다. 므낫세의 왕비는 욧바 하루스의 딸 므술레멧이었다. 욧바가 갈릴리 지역 도시인지 혹은 아카바 만 주변 사막에 있는 도시(민 33:33)인지에 대한 논란이 있지만 하루스라는 이름이 아랍 이름인 점을 감안하면 왕비가 아랍여인이었을

---

69) *ANET*, 286.

70) I. Eph'al, *Ancient Arabs: Nomads on the Borders of the Fertile Crescent 9th-5th Centuries B.C.* (Jerusalem: The Magnes Press, 1982), 105-109쪽; K. L. Younger, Jr., "The Deportations of the Israelites," *JBL* 117/2 (1998), 226-227.

71) R. D. Barnett, "The Siege of Lachish," IEJ 8 (1958), 161-164.

72) I. Finkelstein, 윗글(1994), 177-181.

가능성이 높다.[73]

블레셋에도 네게브를 통과하는 아랍과의 무역이 왕성했다는 증거를 발견할 수 있다. 에그론의 경우 주전 7세기에 갑자기 분향단이 많이 나타났다.[74] 즉 네 귀퉁이에 뿔이 있는 제단은 주로 향단인데 이러한 향단이 주전 7세기 층에서 많이 발굴되었다는 것은 이 시기에 '향료길(incense road)'이 활성화 되었다는 것을 말해준다. 이 '향료길'은 앗수르 제국의 핵심적인 유통망으로 제국의 경제적 이득을 증대시키는 무역로였다.[75] 또한 유다도 유향을 수입하고 있었다. 곡식제사인 소제에 유향을 첨가하도록 규정한 제사관련 규정(레 2:2)을 보아도 아랍인을 통한 국제무역에 이스라엘과 유다가 깊이 관여하고 있음을 알 수 있다. 그리고 유다는 아랍지역으로부터 유향을 수입하여 두로에 재수출하였다(겔 27:17).

브엘세바와 아랏을 중심한 네게브 지역에도 부유층들이 살았는데 그들이 사용한 목재의 10%가 외지에서 수입한 고가의 목재였다.[76] 그리고 이들은 그리스에서 온 도자기들을 사용하였다.[77] 이러한 것들은 아스겔론 항구를 통해 네게브 지역에 들여온 물품들인 것이다.

---

73) J, McKay, *Religion in Judah under the Assyrians* (SBT Second Series 26; London: SCM Press, 1973), 23-24.

74) S. Gitin, 윗글(1989). 33, 46.

75) S. Gitin, 윗글(1997), 81-82, 84-85.

76) N. Liphschitz and G. Biger, "Cedar of Lebanon (*Cedrus Libani*) in Israel during Antiquity," *Israel Exploration Journal* 41 (1991), 172.

77) Y. Tahareani Sussely, "Core and Periphery-A Case Study: The Arad-Beersheba Valley at the End of the Iron Age," M. A. thesis, Tel Aviv University (Hebrew), 2002, 140-141.

IV. 결론

비록 서로 전투를 하는 경우도 있었지만 역사를 통해서 블레셋과 유다는 가장 가까이 있는 사이였으며 하나의 광역 경제권을 형성하며 공생하여 왔다. 지정학적 위치를 볼 때 유다는 블레셋 항구도시들의 배후지역으로서 특별한 역할을 감당하였던 것이다.

본 장에서 블레셋과 유다가 비교적 평온한 관계를 유지했던 주전 7세기에 블레셋과 유다가 앗수르 제국의 국제무역망의 한 부분으로서 광역 경제권을 형성하고 있었던 그 실태를 파악하였다.

앗수르는 지중해 연안의 국제 무역망을 활성화 시키기 위한 특별한 조치를 다양하게 시행하였다. 앗수르는 국제무역센터인 카루(karu)를 설치하였고 앗수르 관리들인 케푸(qepu)를 상주시켰다. 그리고 비록 반란을 일으켜도 국제무역을 감안해서 다시 지도자로 임명하는 예외적인 조치도 시행하였고 지도자를 앗수르에서 교육시켜 왕으로 임명하는 사례도 있었다. 또한 불레셋과 유다의 세력 균형을 위해 영토의 경계를 재조정하여 지중해 연안 지역의 안정을 도모하였다. 이러한 앗수르 제국의 경제정책 속에서 블레셋과 유다는 광역 경제권을 형성시키고 발전시킨 것이다.

블레셋과의 광역 경제권 안에서 왕성한 경제활동을 한 도시는 아스겔론과 에그론이었다. 에그론은 감람유로 유명하였고 아스겔론은 항구도시로 해상무역과 육상경제활동의 중심지였다. 아스겔론은 페니키아 지역을 비롯해서 사아프러스와 그리스 지역까지 해상무역 활동을 하였으며 이러한 사항은 암석분석(Petrographic analysis)을 통해서도 확인할 수 있었다. 아스겔론의 교역상품은 다양하였지만 그 가운데서도 포도주는 가장 중요한 주력상품이었다.

유다는 주로 곡물을 수출하였는데 주전 7세기에는 그동안 개발되지 않았던 네게브 지역과 예루살렘 동쪽 지역, 그리고 사마리아 기슭까지 개간활동이 활발히 전개되어 곡물을 생산하였고 이러한 농산품은 아스겔론으로 수출되었다.

네게브 지역이 개간되고 인구가 증가하면서 동시에 이 지역 행정력도 강화되었는데 이러한 환경 속에서 무역활동도 번창하게 되었다. 네게브 지역은 아랍인들에 의해 육상무역이 발달하였는데 유다와 블레셋에 항료를 제공하는 '향료길(incense road)'이 통과하는 지역이 되었다.

제2장

바벨론에 야웨 성전이 있었는가?

I. 서론

본 연구는 바벨론 유배 기간 동안 바벨론에 유대인 성소가 존재하고 있었는지, 그 가능성에 초점을 맞추어 연구한 것이다. 엘레판틴 야웨 성전을 증명했던 엘레판틴 파피루스와 같은 직접적인 증거는 없지만 본 연구의 목적을 위해 제시할 수 있는 몇 가지 간접적인 증거는 있다. 비록 바벨론에 끌려갔지만 그 곳에는 종교적인 박해도 없었고 자치적 공동체인 마을을 이룰 수 있었다. 이러한 상황에서 바벨론에 있는 유배자들이 뚜렷한 이유 없이 고

본 장은 다음의 논문을 일부 수정하여 번역한 것이다; Joong Ho Chong, "Were There Yahwistic Sanctuaries in Babylon?" *Asia Journal of Theology* Vol.10, No. 1 (1996), 198-217.

국에서 지켜졌던 희생 제사를 갑자기 중단했을 가능성은 희박하다. 또한 페르시아가 들어서고 팔레스타인으로 다시 돌아온 후에 그동안 중단했던 희생제사를 드리는 방식을 회복했다고 추측하는 것도 비합리적이다.

본 연구의 목적을 위해 논의할 내용을 개괄해 본다면, 본 주제에 대한 연구사를 먼저 살펴보고(II), 예루살렘 외부에 있었던 유대인의 성소들을 조사한 후(III), 성전 기물들에 대해서 추적하여 조사할 것이다(IV). 그리고 성전 인원에 대해 분석한 후(V), 바벨론에서 유대인들이 어떠한 종교 활동을 했는지에 대해 연구할 것이다(VI).

II. 연구사

Archibald H. Sayce와 Arthur E. Cowley가 1906년에 엘레판틴 파피루스에 대해 처음으로 출판 한 이래[78], 몇몇 학자들이 앗수르와 바벨론에 포로가 된 이스라엘인들과 유대인 공동체들에게도 성전이 있었다고 주장하였다. 마치 이집트의 아스완(Assuan) 맞은 편 엘레판틴 섬(Elephantine Island)에서 발견 된 성전과 같이 야훼를 섬기기 위해 성전을 건축했다는 것이다.

1910년에 C. C. Torrey는 중앙 성소에서만 제사를 드려야 한다는 신명기법이 팔레스타인 외부의 성소에도 해당되는 법이 아니라

78) A. H. Sayce and A. E. Cowley, *Aramaic Papyri Discovered at Assuan* (London: Oxford University Press, 1906).

고 주장했다.[79]

그는 예루살렘의 중앙 성소와 외국 땅의 지역 성소와의 관계는 좋은 관계였고 확고한 관계라고 지적하였다. 그는 이집트에 있었던 엘레판틴 성전에서 성전 재건을 위해 예루살렘 성전에 도움을 요청했을 때 예루살렘의 대제사장이 응답을 하지 않았던 이유는 엘레판틴 성전의 존재에 대해 반대하고 거부했기 때문이 아니라고 주장하였다. 당시 예루살렘 성전에는 제사장 요하난과 예수아가 대제사장직을 놓고 권력 투쟁을 벌이고 있었기 때문에 제 때 답신을 보낼 수 없었다는 것이다.[80]

따라서 토레이는 가설을 세워 주장하기를, "다른 유사한 식민지에서 유사한 종교적 조건이 있었고, 언젠가는 바빌로니아와 또 다른 곳에서 번성하는 유대인의 성전이 있음을 발견하게 될 것이다. 그곳에서 전통적인 방식으로 야웨께 희생 제물이 바쳐졌을 것이다."고 예측하였다.[81]

1916년 Laurence E. Browne은 바빌로니아의 카스피아(Casphia)에 유대인 성소가 있었다고 주장했다. 그는 "성경 히브리어 단어 maqom은 동등한 현대 아랍어 mukam(성소)과 마찬가지로 '성소'를 의미한다고 주장했던 A. Cowley의 제안을 받아들여 그의 주장을 발전시켰다. 그는 이러한 사용법이 구약 (창 12:6; 13:14; 왕하 7 장 등)에서 발견할 수 있다고 주장했다. 그는 '마콤'(에스라 8:17)을 '성소'로 번역하고 '하로쉬'를 '대제사장'으로

---

79) C. C. Torrey, *Ezra Studies* (Chicago: Chicago University Press, 1906), 316.

80) C. C. Torrey, *Ezra Studies*, 317.

81) Ibid.

번역했다(대하 24:6).[82]

1970년 P. R. Ackroyd는 제안하기를, 에스겔 11장 16절의 '작은 성전'은 "바벨론에 있었던 임시 성전이었거나 혹은 예루살렘 성전의 그림자로만 인식되었던 성전을 암시한 것이다"라고 하였다.[83]

1971년 M. Smith는 스가랴 5장 5~11절을 기초로, 카스피아의 성소 외에(에스라 8장 17절) 바벨론에 또 다른 성전이 있었다고 주장했다. 그는 예루살렘에 성전을 재건 할 당시 이미 바빌로니아에 성전이 세워져 있었다고 주장했다.[84]

1984년 E. J. Bickerman은 토라가 이방인들의 우상 숭배를 죄라고 결코 간주하지 않았다는 견해를 지지하였다. 그는 바벨론 유배지에서 유대인들이 아마도 바빌로니아 신들과 야훼를 함께 숭배했을 것으로 생각하였고, 아람 사람들이 식민지 Syene에서 Nabu, Banit, Bethel 및 하늘의 여왕의 제단을 세웠듯이 일부 유대인들이 자신들만의 개인적인 제의를 행하고 있었을 것이라 주장했다.[85]

---

82) L. E. Browne, "A Jewish Sanctuary in Babylonia," *JTS* 17(1916), 400-401.

83) P. R. Ackroyd, *Israel under Babylon and Persia* (London: Oxford University Press, 1970), 21.

84) M. Smith, *Palestinian Parties and Politics that Shaped the Old Testament* (New York: Columbia University Press, 1971), 90-91.

85) E. J. Bickerman, "The Babylonian Captivity," in W. D. Davies (ed.), *The Cambridge History of Judaism* (Cambridge: Cambridge University Press, 1984), 352-53.

III. 예루살렘 외부에 있었던 유대인 성전

역사상 여러 시대에 걸쳐 팔레스타인의 바깥에 유대인 성소가 있었다. 이 중 처음으로 알려진 것은 이집트에 있었던 성전인데 이집트의 유대인 공동체는 오랜 역사를 지니고 있었다. 이사야 11장 11절은 유대인과 이스라엘인들이 이집트, 패트로스, 에티오피아에 흩어져 있다가 다시 돌아오는 이야기를 하고 있다. 이집트에 대한 이사야의 예언에서(사 19: 19-22), (1) 야웨를 위한 제단이 이집트 중심부에 있을 것이며, (2) 야웨 기둥이 이집트 국경에 있게 될 것이라고 말한다. 그리고 (3) 이집트인들은 야웨께 희생과 서원을 드릴 것이라 말한다.

이사야 19장은 유다가 히스기야 시대(사 19:18)에 이집트에 여러 유대인 식민지를 가지고 있다고 가정하고 있는 것으로 보인다. 그렇다면 유대인 공동체가 있었던 엘레판틴(Elephantine)의 유대인 군대 식민지(Judaean military colony)에는 제단, 아마도 성전이 있었을 것이다. 유대인과 이집트인이 함께 경제적, 정치적 동맹 관계를 맺었다면 아마도 특별한 제사를 통해 야웨께 제물을 바쳤을 것이다.[86]

비록 신명기 법전이 중앙 성소에서 제사를 드리도록 제한하고 있음에도 불구하고, 이사야는 이집트에 있는 야웨 성전에 관해 이야기하는 것을 주저하지 않았다. 그러므로 이사야 시대에는 신명기의 법이 알려지지 않았을 가능성이 있다. 이사야의 예언의 빛이 팔레스타인 이외의 신전을 비판하는 데 사용되지 않았던 것으로 보인다. 따라서 예루살렘에 있는 성전과 이집트에 있는 유대 성전들 사이의

---

86) John H. Hayes and S. A. Irvine, *Isaiah, the eighth century prophet: his times and his preaching* (Nashville : Abingdon Press, 1987), 264-66.

관계가 우호적 인 것으로 생각하는 것은 자연스러운 일이다.

엘레판틴 파피루스에 의하면 이집트에 있는 엘레판틴 섬의 유대인들에게는 'YHW (Yahu or Yaho)'라고 쓰여진 성전이 있었고 거기서 희생 제물을 바쳤다고 기록되어 있다. 이 성전은 캄비세스가 이집트를 침략하기(주전 525년) 전부터 있었다.[87] 엘레판틴 성전은 예루살렘에 있는 성전과 구조적으로 유사하였다. 이들이 드린 제사는 혼합주의적이었는데 몇몇 시리아-팔레스타인 신들이 엘레판틴에서 존경받기도 하였다. 개별 유대인들은 법적인 상황에서 AnathYHW라는 이름을 사용했다.[88]

아마도 예루살렘에서 하늘 여왕을 경배했던 유대인 이민자들에 의해 AnathYHW 신이 숭배 받았을 것으로 보인다 (렘 7:16-20; 44:15-19). 아마도 므낫세 시대에 하늘 여왕에 대한 예배가 유다에 도입되었을 것다(왕하 21:5; 고린도 전서 33: 3, 5). 다른 신인 베델과 나부는 시리아 사람들과 아마도 유대인들로부터 경배를 받았을 것으로 보인다.[89]

주전 401년경 이 성전은 크눔(Khnum) 제사장들의 계략에 말려 파괴되었다. 엘레판틴의 유대인들은 이 사건에 대해 보고하면서 예루살렘에 있는 유대인 당국과 사마리아의 산발랏(Sanballat) 자손인 델라야와 셀레먀에게 성전을 재건할 수 있도록 도와달라고 요청했다.[90] 야후 성전은 분명히 재건되었지만 동물을 제사드리는 희생제의는 재개되지 않았을 것이다. 이 야후 성전이 얼마나 오래 있

87) J. B. Pritchard, *ANET* 3rd Ed. (New Jersey: Princeton University Press, 1974), 491-92, 548-49.

88) A. E. Cowley, *Aramaic Papyri of the fifth century B.C.* (London: Oxford University Press, 1923), 148.

89) B. Porten, "The religion of the Jews of Elephantine in light of the Hermopolis Papyri," *JNES* 28(1959), 116-21.

90) J. B. Pritchard, *ANET*, 492.

었는지는 알 수 없지만 엘레판틴 유대인과 예루살렘, 심지어 사마리아의 종교 당국 간의 관계는 좋은 관계였고 확고한 관계로 보인다.

기원전 2 세기 전반부에, 대제사장 Onias 4세가 Alcimus에 동조하는 대제사장이 되었다. 그는 이집트로 가서 Leontopolis에 그의 성전을 건축했는데 그 성전을 Bubastis-of-the-Fields(Ant XII 387-88; XIII 62-73; XX 235-36; War VII 426-36)라고 불렀다. 그는 유대인 성전을 지을 수 있는 권한을 위해 프톨레마이오스 왕과 클레오파트라 왕에게 청원하였다. 그는 이사야의 예언(사 19:19)을 청원의 기초로 언급하면서 청원하였다.

그 청원서에 그가 기록하기를, "... 내가 유대인들과 함께 헬리오폴리스의 명칭인 레온토폴리스와 우리 민족이 정착한 다른 곳으로 왔을 때, 그 대부분 지역에 성전이 있음을 발견했다."(Ant XIII 65-66). 그는 폐허가 된 성전 부지에 유대인의 성전을 지었고 정기적으로 유대인 희생 제사를 드렸다. 이 성전은 예루살렘 성전이 파괴된 것과 같은 시기에 문을 닫았다. Mishnah에 의하면 랍비들도 이 성전이 신성하다고 인정받은 것으로 보인다(Menahot, XIII 10).

이집트 이외의 지역에도 유대인 보호지가 존재했을 가능성이 있다. 요르단 강변에는, 초기부터 르우벤과 갓 사람들이 사용했던 야웨의 제단이 있었다. 여호수아(22: 13-14)에 따르면, 제단은 희생 제물을 드리기 위한 것이 아니라 증거로 만들어졌다고 기록되어 있다. 아마도 실제 제물이 드려진 제단이었지만 그 당시 상황을 감안해서 변명한 것으로 보인다. 2세기 초기에는 Tobiad 가족의 Hyrcanus가 요단강 건너편 Araq el-Emir(Ant XII 228-36)에 성전을 지었다. 이 성전 부지에서 발굴 된 소위 'Qasr el-Abd'(노예

의 성)는 성전인 것으로 알려졌다.[91]

Josephus(Ant XIV 59-61)에 따르면, Hyrcanus II(주전 63-40년) 당시, 소아시아의 유대인들에게는 희생제사를 드릴 수 있는 성소가 있었다. 사데(Sardis) 사람들의 법령에 보면 유대인들은 그들의 조상들의 기도와 희생(thysias)을 하나님께 바칠 수 있는 허락을 받았음을 알 수 있다. 그들은 또한 희생을 드릴 수 있는 '한 장소'를 받았다.

예루살렘 밖의 다른 야웨 성전들이 팔레스타인에 건설되었다. Y. Aharoni는 헬라 시대에 라기스 (Lachish)에 태양 야웨 (Solar Yahwistic) 성전이 있었다고 제안했다. 그는 태양 숭배가 '침입하는 종파'의 산물이 아니라 아라드 성소와 예루살렘의 솔로몬 성전과 비슷한 것이라고 말했다. 특히, 그는 분향 제단에 새겨진 비문이 포로 후기 시대에 라기스에서 야웨 제의가 행해졌다는 것을 확인한다고 주장했다. 그 비문에는 다음과 같이 새겨져 있다: "라기스 출신의 마할야의 아들 Iyosh의 향(제단)".[92]

요세푸스에 의하면, 그리심 산의 사마리아 성전은 산 발랏 총독이 알렉산더의 허락을 받아 건설하였다고 한다. 이 성전은 예루살렘 성소의 모델을 따라 지어졌는데 예루살렘 대제사장 자두아(Jaddua)의 형제인 산발랏(Sanballat)의 사위 마나스(Manass)를 위해 건축되었다. 이 성전은 기원전 128년에 존 히르카누스(John

91) M. J. B. Brett, "The Qasr el-'Abd : A proposed reconstruction," *BASOR* 171(1963), 39-45. P. W. Lapp, "The second and third campaigns at Araq el-'Emir," *BASOR* 171(1963), 8-38.

92) Y. Aharoni, *Lachish* V, 7.

Hyrcanus)에 의해 파괴되었다(Ant. XIII 254-58).[93]

E. F. Campbell Jr.는 고고학 연구를 바탕으로 해서 결론을 내리기를 성막(Tabernacle) 이후에 패턴화 된 영원한 성소가 그리심 산(Gerizim) 위에 세워졌다고 하였다.[94] F. M. Cross와 J. D. Purvis는 Hyrcanus가 그들의 성소를 파괴할 때까지 사마리아 사람들과 예루살렘 사이의 갈등이 없었다고 주장했다.[95] 그래서 팔레스타인 내부에서도 사마리아 성전과 같은 다른 성전은 분명히 예루살렘의 종교 당국이 허용 할 수없는 성전건축은 아니었다. 팔레스타인 지역이나 혹은 다른 지역에 있는 이 성전들을 볼 때 바빌로니아에 건설 된 유대인의 성전이 전례 없는 현상이 아님을 짐작하게 한다.

IV. 성전 기물

P. R. Ackroyd는 포로로 잡혀 나중에 예루살렘으로

---

93) L. E. Browne은 사마리아 성전이 주전 332년에 세워졌다고 주장하였다. 그는 그 근거를 에스겔 4:5에서 찾았는데 사마리아가 멸망당한 주전 722년부터 390년 후에 사마리아 성전이 세워졌다는 것이다. L. E. Browne, *Ezekiel and Alexander* (London: S.P.C.K., 1952), 23. 그러나 R. J. Coggins는 Browne의 주장이 추측일 뿐이라고 일축하였다. R. J. Coggins, *Samaritans and Jews* (Atlanta: John Knox Press, 1975), 113.

94) E. F. Campbell Jr., "Jewish shrines of the Hellenistic and Persian periods," *Symposia*. F. M. Cross ed. (ASOR, 1975), 160-62.

95) F. M. Cross, "Aspects of Samaritan and Jewish History in Late Persian and Hellenistic Times," *HTR* 59(1960), 201-11. J. D. Purvis, *The Samaritan Pentateuch and the Origin of the Samaritan Sect* (Cambridge: Harvard University Press, 1968), 88-118.

돌아온 성전 용기가 깨어진 전통 속에서도 계속성을 유지하는 데 중요한 역할을 했다는 사실에 주목하였다.[96] 보존 된 성전 기물은 연속성에 대한 희망의 원천이었고 반환 된 기물은 과거를 복원하는 것의 상징이었다.

느부갓네살은 597년 3월에 예루살렘에 있는 성전의 보물들을 탈취하였다. 열왕기하 24장 13절에 의하면 솔로몬이 만든 성전의 모든 금 기물들이 모두 부서져서 조각조각 난 상태가 되었다고 한다. 이것은 예루살렘이 함락되었을 때 바벨론 왕이 금으로 만든 성전 기물들을 탈취한 것을 말하는데 은과 청동 기물에 대한 언급은 없다. 예레미야(렘 27: 16-22, 28: 3-6)는 바벨론 왕 느부갓네살이 성전 기물의 일부를 빼앗아갔는데 다른 기물들도 계속해서 예루살렘 성전에서 옮겨졌다고 말한다. 예레미야는 그 기물들이 끊임없이 바벨론으로 옮겨졌다고 이야기하는데, 역대기 기자(대하 36: 7-10)는 느부갓네살이 기물들(야웨의 집의 귀중한 기물)을 들고 가서 그의 궁전에 두었다고 하였다.

비록 역대기 기록(대하 36: 7-10)에 대해서 종종 의문을 제기 하기는 하지만 이 본문은 기원전 597년에 성전 기물의 운명에 관해 다음과 같은 결론을 제시하고 있다; (1) 금으로 만든 귀중한 기물은 부서졌거나 광물로 녹여졌을 것이다. (2) 아마도 기물의 일부는 깨지지 않은 상태로 바벨론으로 옮겨졌을 것이다. (3) 느부갓네살이 시드기야를 유다의 왕으로 임명하고 유대인들이 평소와 다름없이 경제적, 정치적, 종교적 생활을 계속하도록 허용 한 이후로 값이 싼 기물들이 예루살렘 성전에 남아 있었을 가능성이 크다.

주전 586년에 예루살렘이 멸망함에 따라 성전 기물들은 완전히

---

96) P. R. Ackroyd, "The Temple Vessels — A Continuity Theme," In *Studies in the Religion of Ancient Israel*, G. W. Anderson et al. eds. VTSup. 23 (Leiden: E. J. Brill, 1972), 166-167.

분산되었다. 열왕기하(25: 13~17)와 예레미야(52: 17-23)에 의하면, 광범위한 파괴가 있었는데 가마들과 부삽들과 부집게들과 주발들과 숟가락들, 그리고 향 그릇과 모든 청동 기물들이 바벨론으로 끌려갔다. 다른 모든 기물들은 부서지고 금속처럼 사라졌습니다. "불 옮기는 그릇들과 주발들 곧 금으로 만든 것이나 은으로 만든 것이나 모두 가져갔으며"(왕하 25:15).

특히 많은 청동 기물들이 이 때 사라졌다. 역대기에는(대하 36: 18-19) 소중한 기물들이 파괴되거나 바벨론으로 옮겨졌다는 사실을 간단히 언급하였다. 유다가 멸망당한 주전 586년의 사건에 대해 기록된 특징들을 살펴보면 다음과 같다: (1) 많은 청동 기물들이 바벨론으로 옮겨졌다. (2) 기물의 일부가 탈취당했지만 나머지 모든 기물들은 성전과 함께 파괴되었다. 이 두 사건에서 우리는 (1) 많은 청동 기물들과 아마도 다른 몇 개의 기물들이 바벨론으로 옮겨졌다. (2) 다른 모든 것은 수송 목적으로 조각조각 절단되었거나 성전과 함께 타 버렸다고 결론지을 수 있다.

이제 우리는 바벨론에서 돌아온 기물들의 이야기를 살펴보자. 성전 기물 목록(에스라 1: 9-11a)에 따르면, 총 5400개의 기물들이 세스바살에게 넘겨졌다.[97] 이들은 금 은 기물들과 또 다른 것들이었다. 주전 597년과 주전 586년에 있었던 약탈과 광범위한 파멸의 그림을 살펴볼 때, 5400 개의 기물들이 모두 예루살렘 성전으로부

---

97) K. Galling, "Das Protokoll über die Ruckgabe der Tempelgerate," *Studien zur Geschichte Israels im persischen Zeitalter* (Tübingen: J. C. B. Mohr[Paul Sieback], 1964), 88. K. Galling은 이 기물 리스트가 주전 538년 공식적인 아람어 문헌에 근거하여 작성된 리스트라고 주장하였다. 한편 P. R. Ackroyd는 이 리스트가 공식적인 문헌에 근거하여 작성된 것이기는 하지만 에스라가 이 리스트를 활용한 시기는 다를 수 있다고 보았다. 우리가 알기에도 페르시아 시대에 유다로 귀환한 경우는 한 번이 아니고 여러 번이었다. 아마도 이 리스트는 공식적인 문헌에 근거하여 작성하기는 하였지만 성전기물이 돌아 온 경우는 여러 번이었을 것으로 추정된다.

터 옮겨져 온전히 보존되었다고 기대할 수 없다.

예루살렘의 솔로몬 성전에서 나온 것이 아니라면, 이 엄청난 양의 성전 기물은 어디에서 왔는가? 에스라 1장 7절에는 페르시아 왕 고레스가 느부갓네살이 주전 597년에 유다를 침공하여 탈취한 성전 기물들을 바벨론 성전에서 꺼내었다고 기록되어 있다. 그리고 주전 586년에(참조, 에스라 5:14, 단 1: 2, 에스드라 1서 2:10) 느부갓네살이 이 기물들을 오랜 세월 동안 단순히 보관하고만 있었을까? 아마도 이 기물들은 절기에 사용되었거나(단 5: 2-3), 혹은 야웨를 위한 예배에 사용되었을 것이다. 물론 이러한 예배는 바빌로니아 신들을 위한 예배와 나란히 진행되었을 수도 있다.

목록의 항목들 중에서 '마할라핌'(에스라 1: 9b)과 '미쉐님'(에스라 1: 10b)이라는 용어는 불확실하다. '마할라핌하스'라는 용어는 전통적으로 '칼들'로 번역되었다. 그러나 이것은 문맥에 어울리지 않으며 어원적으로 의심스러운 추측이라 할 수 있다. W. Rudolph는 이 용어를 호팔 분사 형태인 마홀라핌 (maholapim)이라고 읽었다. 이러한 읽기는 LXX와 비슷한 의미를 나타낸다.[98] K. Galling은 '손상된 부분을 교체 함으로서' 수리가 착수된 품목을 언급하기 위해 '마할라핌(mahalapim)'이라는 용어를 사용했다고 이해하였다.[99]

메소포타미아의 역사 문헌을 살펴보면 외국 신들의 신상을 돌려보낼 때 신상의 손상된 부분을 수리해서 원래의 국가로 돌려보낸 사실을 확인할 수 있다. 에살하돈(주전 680-669)은 아랍인의 신상을 아랍인의 왕 하사일에게 돌려 보냈다. 에살하돈이 이 신상을 반환했을 때, 그는 신상의 손상된 부분을 수리한 후 '아수르 신의

98) W. Rudolf, *Esra und Nehemia* (HAT 20; Tübingen: J. C. B. Mohr[Paul Siebeck], 1949), 5.

99) K. Galling, *Studien*, 83.

전능함을 (선포하고).... 그의 이름을 (신상에) 새겼다'.[100]

에스라 1:10b에서, '미쉐님'이라는 단어는 신명기(17:18)와 여호수아(8:32)의 사례에서 볼 수 있듯이 '두 번째 것' 또는 '중복 된 복제 본' 혹은 '복제 본'을 의미한다. 이 용어를 '복제 본'으로 번역하면 유대인 장인의 손에 의해 410 개의 은 그릇들이 바벨론에서 만들어 졌을 것으로 짐작할 수 있다. 그들이 어떤 목적으로 이 그릇들을 만들었을까? 한 가지 대답은 절기와 예배와 같은 종교 행사에 사용했을 것이다.

이사야(52:11-12)에 의하면 바벨론에서 돌아올 때의 모습은 마치 제의 행렬과 같았는데 '야웨의 성물'과 함께한 행렬이었다. '야웨의 성물'(사 52:11)이라는 문구는 구약에서 이사야에서만 볼 수 있는 구절이다. 그것은 '야웨의 궤'라는 구절이 회상되는 것으로 이 행렬은 제의 행렬로 묘사되어 있다. 포로기 이전에는, 이스라엘 사람들이 요르단 강을 건늘 때 제사장들이 '야웨의 궤'(수 4:9)로 행렬을 선도하였고, 이끌었고 다윗은 '야웨의 궤'로 예루살렘으로 올라가는 행렬을 인도하였다(삼하 6:12-15, 15:25-28).

야웨의 기물들을 옮기는 사람들은 반드시 거룩해야한다. 이사야 52장 11~12절에 의하면 그들은 이미 의식 상 정결한 사람이었다. 그들은 더러운 것을 건드리지 말라는 경고를 받았으며 성전 인원으로서 정결한 지위를 지키기 위해 정결하게 유지하도록 권고를 받았다. 그들은 어떻게 의식적으로 정결할 수 있었는가? 그들은 바벨론 어딘가의 유대교 성역에서 일한 성직자들이었으며, 그들은 의식적으로 청결을 유지할 수있었다.

에스라 1장 6절에 따르면 바벨론에 남아있던 사람들이 귀환하는 사람들에게 은 기물들과 또 다른 선물들을 주었다. 분명한 것은

100) J. B. Pritchard, *ANET*, 291.

이 기물들이 예루살렘 성전에서 가져왔던 기물들은 아니라는 사실이다. 이 은 기물들은 아마도 유대인의 손에 의해 바벨론에서 만들어 졌을 것이다. 예루살렘의 거룩한 성전에서 사용되어야 할 기물들이 일반 유대인 가정에서 만들어졌다는 말인가? 적어도 바벨론에 있었던 유대인들은 유대인 성전과 같은 특정한 거룩한 장소에서 그들의 신을 경배하는데 사용하기 위해서 이 기물들을 만들었을 것이라 짐작할 수 있다.

그러므로 귀환한 막대한 기물들 가운데는 원래 예루살렘 성전에서 가져온 것들, 바벨론에서 수리 된 기물들, 그리고 바벨론에서 만들어진 기물들이 모두 포함되어 있었을 것이다. 이 가운데 어떤 것들이 바벨론 성전에서 나왔다면 아마도 바벨론에 있는 유대인 성전에서 만들어진 'made in Babylon'이라는 표시가 붙을 수 있는 기물들일 것이다.

V. 성전 인원

유다 왕국에서 메소포타미아로 추방된 역사는 산헤립의 701년 서방원정에서 시작되었다. 산헤립의 비문에 의하면 200,150명의 유대인들을 포로로 잡아갔다는 사실이 새겨져 있다.[101] 그런데 포로 목록 가운데는 성전 인원에 대한 언급이 없다.

597, 586, 582년의 추방은 바벨론 왕 느부갓네살의 손에 의해 이루어졌다. 여호야김의 반란에 대한 응징 차원에서 느부갓네살은

101) J. B. Pritchard, *ANET*, 288.

유다에 원정하였고 주전 597년에 첫 번째 반란을 진압했다. 이 때 느부갓네살은 그의 속국을 완전히 파괴하지 않았고 반란의 주된 원인을 제거하려 하였다. 그는 반란을 일으킨 여호야긴 왕을 폐위시키고 시드기야 왕을 임명하고 친 바벨론 지도자들을 다시 일으켜 세웠다. 그는 유대 사회의 지도자들, 주로 군대의 지도자들을 잡아갔다(왕하 24:8-16). 예레미야 (렘 24:1; 27:20; 29:1-9; 52:28)는 제사장들, 선지자들, 장로들이 추방당했다고 알려준다. 제사장이었던 에스겔도 함께 끌려갔다(겔 1:1-3).

주전 586년 추방 때에는 나머지 기술자들과 함께 탈주자들과 남아 있었던 지도자들(왕하 25:12; 렘 39:9; 52:15)이 포함되었다. 역대기하 6:15(MT 5:41)에는 스가랴의 아들 여호사닥이 끌려갔다고 되어 있지만 이것은 인위적인 족보 기록처럼 보인다. 당시 최고 종교 지도자 대제사장 스라야, 그리고 제사장 스바냐와 문지기를 지키는 세 명의 사제들이 리블라의 느부갓네살에게 죽임을 당했다(왕하 25:18-21; 렘 52:24-27).

느부갓네살(Nebuchadnezzar)은 유다 왕국을 완전히 폐허로 만들 생각은 없었다. 그는 예루살렘인들이 농경생활을 포함해서 어떤 형태든 경제활동을 지속하며 어떤 형태의 종교 생활이든 계속할 수 있도록 만들었다.

그는 미스파 (Mizpah)에 다윗 왕조가 아닌 다른 지방 정부를 설립했으며 팔레스타인에서 문화 활동을 중지 시키지 않았다. 느부갓네살 (Nebuchadnezzar)이 추방한 성직자들은 아마도 예루살렘 성전 인원이었을 것이다. 그리고 그들 대부분은 사독 계열 제사장 중 하위 성전 인원이었을 것이다. 바벨론에 있었던 유대인 종교 지도자들 가운데 대다수는 사독 계열 성전 인원이었다.

고레스가 페르시아 왕이 되었을 때 그는 예루살렘 성전을 재건하라는 칙령을 쓰고(에스라 6:1-5) 유대인에게 팔레스타인으로 돌아가도록 허락했다. 거의 동일한 두 종류의 귀환자 목록(에스라 2:

1-67과 느 7:6-73a)에 따르면, 42,360 명이 세스바살에게 돌아왔다. 그러나 이 목록은 스룹바벨과 예슈아 또는 느헤미야 당시의[102] '인구 조사 집계 수, 세금 서류 또는 인구 통계 수'일 것으로 보인다.[103] E. Meyer의 견해에 의하면,[104] 이 목록은 마치 귀환자들이 굉장히 많은 것처럼 보이도록 만든 것이라 하였다. 귀환자들의 실제 숫자는 목록에 있는 귀환 자의 수보다 훨씬 적은 숫자 일 수 있다. 특히 돌아온 레위인의 수가 작았다. 에스라 8장 18~19 절에는 레위인 38 명만이 돌아 왔다고 적혀 있다.

여러 차례에 걸쳐 바벨론에서 귀환했다는 것은 확실하다. 귀환자들 가운데 성전 인원의 얼마인지 정확한 숫자는 알 수 없어도, 상당한 수의 제사장, 레위 인 및 성전 봉사자(느티님)가 있었다고 가정할 수 있다. 귀환자들 중에는 조상들의 조직을 위해 열광적이었던 사람들은 아마도 사독 계열 제사장들이었을 것이다. 사독 계열 제사장들은 페르시아 정부의 지원을 받아 예루살렘에 있는 성전을 재건함으로써 종교적 리더십을 재건하려고 했다.

---

102) W. Rudolph and Geo Widengren은 귀환자의 리스트가 주전 539/8-515 기간의 것이라고 제안하였다. W. Rudolph, *Esra und Nehemia* (HAT 20; Tubingen: J. C. B. Mohr[Paul Siebeck], 1949), 17. Geo Widengren, "The Persian Period," *Israelite and Judaean History*. J. H. Hayes and J. M. Miller eds. (London: SCM Press, 1977), 491. 만약 기원전 445년에 느헤미야가 예루살렘 도시를 재건축하기 위해 파견되었다면 그 목록은 주전 445년보다 늦어야한다. Sarah Japhet의 주장에 의하면, 그 리스트는 유배 생활을 했던지, 아니면 그 땅에 남아 있었든 관계없이 유배자 공동체로서 예루살렘 제의에 충실한 신봉자였던 모든 사람들을 하나로 모으기 위한 목적을 갖고 있다고 한다. 그녀는 남아있는 사람들이란 에스라 2 : 21-35에 있는 그들의 거주지에 의해 식별된다고 하였다. S. Japhet, "People and Land in the Restoration Period," *Das land Israel in biblischer Zeit*. G. Strecker ed. (Göttingen: Vandenhoeck & Ruprecht, 1983), 103-125.

103) J. M. Miller & J. H. Hayes, *A History of Ancient Israel and Judah*, 447.

104) E. Meyer, *Die Entstehung des Judenthums* (Halle: Max Niemeyer, 1896), 190.

바벨론 유대인 사회에서 활동한 제사장의 활동에 대한 충분한 정보는 없지만 부분적으로 그들의 활동을 추적 할 수는 있다. 에스겔(겔 40:44-46, 43:18-27, 44:6-16, 48:11)의 본문에서 우리는 사독 계열 제사장들과 레위인 사이의 관계를 추적 할 수 있다. 이 모든 본문은 회복을 위한 에스겔의 계획에 대한 본문이다(겔 40-48장). M. Greenberg는 예언자 에스겔이 회복의 영속성을 보장 할 수 있는 새로운 이스라엘의 제도에 대한 이상적인 수정안을 작성했다고 말했다.[105]

이 회복 프로그램의 가장 중요한 요소 중 하나는 성전 재건과 함께 성전 인원을 재건하는 것이다. 성전 인원을 구분하는 기준은 인원의 거룩성이다. 에스겔은 사독 계열(사독의 자손)을 제사장으로 제한적으로 지명한다. 사독의 자손들만이 성소의 제단에 들어갈 수 있는 특권을 가지고 있다. 바벨론에서 지배적이고 주요한 종교 지도자들이 제사장 에스겔을 포함한 예루살렘의 제사장인 사독 계열이었기 때문이다.

바벨론 유배 기간은 바벨론에 있는 유대인들로 하여금 이집트에 있었던 이스라엘의 전통을 회상하게 만들었다. 에스겔은 새로운 모세와 같이 새 출애굽이라는 비전에서 사독 계열을 제사장으로 임명했다(참조, 사 63:11-12). 다윗 왕조의 솔로몬 성전을 재건하는 일에는 솔로몬의 제사장 사독의 후손이 제사장이 되어야 신권을 회복할 수 있다고 생각했다.

에스겔이 사독 계열을 지지하는 더 긴급한 이유는, 바벨론에서 레위인의 세력이 강해지는 문제와 나중에 예루살렘에서 아론 계열 제사장과 세력 대결을 해야 하는 문제 때문이다. 바벨론에서나 유

105) Moshe Greenberg, "The Design and Themes of Ezekiel's Program of Restoration," in *Interpreting the Prophets*. J. L. Mays and P. J. Achtemeier eds. (Philadelphia: Fortress, 1987), 235.

다에서 사독 계열 제사장이 주도적 지위를 확보해야 한다고 생각했기 때문이다. 에스겔 44:6-16과 48:11의 본문에서 우리는 사독 계열 제사장과 레위인 사이에 불편한 관계가 있음을 발견할 수 있다. 최근에 Rodney K. Duke는 에스겔 44:6-16이 레위인들의 형벌에 관한 것이 아니라 그들의 세력 회복에 관심이 있음을 증명하려고 노력했다.[106]

물론 에스겔 44:6-16이 회복이라는 주제를 위해 기록되었다는 사실에 동의한다. 그러나 거룩성을 기준으로 인원을 구분한다는 것은 성전 인원의 질서와 사독 계열 제사장의 종교 지도력을 재확립하는 데 있어서 아주 중요한 요소다. 레위 사람들의 타락을 부각시키는 모습은 에스겔 4:11에서 찾아 볼 수 있다. 에스겔은 레위인의 타락을 부각시키려는 노력을 기울이면서 다른 한편으로는 사독 계열의 제자장적 신분을 확립하려고 노력하였다. 에스겔은 성전 인원을 단합시키고 질서를 세우려고 하였다. 이 목적을 위해 에스겔은 레위인들과 화해를 하면서도 종교 지도자들의 헤게모니 각축장에서는 레위인들의 지위를 낮추어 버렸다.

아마도 사독 계열 제사장 가운데는 에스라 제사장(에스라 7:1-26)처럼 바벨론 정부의 고위 관리로 임명된 사람들도 있었고 이들은 혼합주의적 성향을 가지고 있었을 것으로 짐작된다(참조, 렘 16:13). 그러나 레위 사람들은 사독 계열 제사장을 따르지 않았다. 그들은 특정 장소, 예를 들면 카스피아(에스라 8:11)에서 함께 살았다. 아마도 그들에게는 성전이 있었고 자신들이 가야하는 길을 충실히 가고 있었을 것이다. 에스라 8장 15-20절을 보면 레위 사람들은 페르시아 정부의 지원을 받아 예루살렘에 새로운 왕실 성전을 짓는 것에 별로 관심을 기울이지 않은 것을 볼 수 있다.

106) Rodney K. Duke, "Punishment or Restoration? — Another Look at the Levites of Ezekiel 44:6-16," *JSOT* 40(1988), 61-81.

에스겔 44장에서 거론되는 또 다른 성전 인원은 아론 계열 제사장들이다. 이들 가운데 일부는 바벨론에 끌려갔을 것으로 짐작되는데, 대부분은 사독 계열 제사장들이 바벨론에 끌려갔을 때 팔레스타인에 남아서 종교적 세력을 형성했던 제사장들이다.[107] 사독 계열 제사장들은 '사독의 자손 레위인 제사장'(겔 43:19, 44:15)이라는 인기 있는 칭호를 사용하여 레위인들과 연합하려고 시도했고, 아론 계열 제사장들에 대해서는 우위를 점하려고 시도했지만 그들의 꿈을 실현시킬 수 없었다. 이러한 결과로 인해 팔레스타인에서 건축할 성전 건축을 위한 에스겔의 청사진도 사용되지 못하였다.[108]

성전 인원의 또 다른 그룹은 느티님(Netinim)이었다. 느티님의 기원은 다소 모호하다. 에스라 8장 20절에 따르면, '레위인들에게 봉사하기 위해 다윗과 방백들이 임명 한' 사람들이었다. 느티님의 정체성에 관해서는 다음과 같은 세 가지 견해가 있다. (1) 일반적인 견해인데, 느티님은 아마도 '성전 노예'였을 것이라는 견해다.[109] (2) Baruch A. Levine은 느티님이 '성전에서 봉사한 헌신적인 길

107) 에스라와 함께 돌아온 아론 계열 제사장으로서는 '이다말 자손'이 있다(스 8:2).

108) 사마리아인들은 '레위인 제사장'이라는 용어를 사용했는데 그들 자신들은 사독계열 제사장이라 주장했다. 사마리아 대제사장 목록에는 사독 계열의 이름이 자주 등장한다. J. Bowman은 주장하기를 에스겔에서 말하는 사독 계열 제사장직이 성공한 곳은 오직 사마리아 뿐이라고 하였다. 에스겔이 제안했던 것은 '모세에게 돌아가자'라는 슬로건으로 이스라엘과 유다의 남북 재연합을 하자는 것인데 사독계열 제사장직으로 연합하자는 것이었다. J. Bowman은 사독계열 제사장들이 나중에 예루살렘을 떠나 다마스커스와 광야로 갔다고 주장하였다. J. Bowman, "Ezekiel and the Zadokite Priesthood," *TGUOS* 16(1955-6), 5-14.

109) R. de Vaux, *Ancient Israel: Its Life and Institution* -tr. J. McHugh (New York: McGraw-Hill, 1961), 383.

드였지만 자유로운 사람들'이었을 것으로 보았다.[110] (3) Joel P. Weinberg는 느티님이 성전 인원이 아니라 솔로몬의 노예의 자손들과 관련된 '충성스러운 기술자들'이었을 것으로 보았다.[111]

에스라가 필요한 성전 인원을 모으려고 사람들을 파견했을 때 (에스라 8:15-20), 그는 지도자 9명과 신중한 사람 2명을 보내어 느티님에게 특별한 메시지를 전했다. 그의 목적은 성전 노예를 데려오는 것이 아니라 가장 중요한 성전 인원들을 정중하게 초청하는 것이었다. 본문(에스라 8:15-20)에 따르면, 에스라는 예루살렘으로 돌아가는데 동행 할 수 있는 220명의 느티님들을 설득하는데 성공했다. 느티님의 기원에 대한 언급(에스라 8:20)을 보면 예루살렘의 새 성전에서 느티님들이 확고한 지위를 차지할 수 있을 것으로 보인다. 포로기 후에, 아마도 에스라의 후원을 받으면서 느티님들은 성전 인원으로서의 확고한 지위를 차지했을 것이다. 그리고 그들은 새로운 언약인 'amanah'(느 11:3)에 서명 할 수 있는 특권을 가졌다. 아마도 에스라와 함께 유다를 향한 길에 동행한 대부분의 느티님들은 카스피아 성전과 같은 성전에서 일했기 때문에 기술면에 있어서 잘 훈련받은 사람들이었을 것이다.

IV. 바벨론에서 활동한 유대인들의 종교 활동

B. Oded은 말하기를, "메소포타미아에 유배된 자들

110) Baruch A. Levine, "The Netinim," *JBL* 82(1963), 212.

111) Joel P. Weinberg, "Netinim und 'Sohne der Sklaven Salomos' im 6.-4. Jh. v.u.Z.," *ZAW* 87(1975), 371.

이 586-538년 기간 동안 억압을 받았거나 종교적 박해를 당했다는 명백한 증거는 없다, 나보니두스의 통치 기간에도 그러한 억압은 없었다."고 했다.[112] 유배자들은 그들의 조상들의 관습에 따라 살 수 있는 자유를 가졌으며 그들 자신의 공동체를 형성할 수 있었다. 공동체 예배 의식이 거행될 수 있었던 것이다.

많은 학자들은 유배자들이 성전에서 희생제사를 드릴 수 없었고 오직 기도의 형식으로 하나님과 소통할 수 있었을 것이라 말하였다. 그들이 애통함과 더불어 금식 의식을 지켰고 안식일을 지켰으며 할례를 행했고 기도를 드렸다는 것을 알고 있다. 우리는 유배자들이 예루살렘 성벽이 처음으로 돌파 당한 일과 예루살렘 성이 포위 공격 당한 것을 회상하며, 그리고 성전이 불탄 것과 그달리야가 살해 당한 것을(슥 7:3-5) 회상하면서 금식을 했다(슥 8:18).

유대인들이 바벨론에서 소수 민족으로 살면서 성전을 건축하고 성전에서 희생 제물을 바치는 것을 금지 당한 증거는 없다. 신명기법(Deuteronomic Law) (신 12장)도 에서 팔레스타인 이외의 지역에서 성전을 짓거나 제사드리는 것을 금지하지 않았다. 성전 인원(제사장, 레위인, Netinim)과 성전 기물 및 훌륭한 기술자들이 있었다. 팔레스타인에서 희생제사를 드렸는데 어느 순간 바벨론에서 회당과 같은 예식으로 급격하게 바뀌었을 만한 증거를 찾을 수 없다. 유배 기간 동안, 전통적인 예배 의식은 팔레스타인이나 이집트에서, 그리고 바벨론에서 지속적으로 이어졌다. 세월이 지난 후 바벨론에서 돌아온 귀환자들도 예루살렘 새 성전에서 동일하게 희생제사를 드렸다.

112) B. Oded, "Judah and the Exile," 483.

1. 에스겔 11장 16b절

유배 된 제사장 에스겔은 성전 설계도를 통해 그리고 희생 제물을 드리는 의식을 설명하면서 회복의 주제를 고안해 내었고(겔 40-48장), 제사장의 용어를 이해할 수 있고 희생 제물로 예배드리는 데 익숙한 바벨론 유배자들에게 메시지를 전했다. 에스겔의 예언은 야웨께서 '갈데아 땅 그발 강가에' 나타나신 것으로 시작된다(겔 1:3). 에스겔은 야웨의 말씀을 들었다; "나는 그들이 간 땅에 있는 작은 성소를 위하여 그들에게 갔다."(겔 11:16b).

'작은 성소'의 의미를 설명하려는 몇 가지 시도가 있었다. 유대인 해석가들은 이 구절에서 유대교 회당의 기원을 찾으려고 노력했다. 그들의 주장은 부분적으로 Targum에 근거한다; "나는 그들에게 성소와는 다른 회당을 주었으며, 그들이 유배된 땅에서는 회당이 거의 없었다." A. Menes는 희생제사를 드리지 않았다는 제단(수 22:21-29)과 이 구절을 연결하려고 했다.[113] 그러나 회당의 기원을 연구해보면 후대에 나타난 것임을 알 수 있다. 더욱이 'miqeddash'라는 용어는 구약의 회당을 가리키는데 사용된 적이 한 번도 없었다.

W. Zimmerli는 에스겔 11:16b의 내용이 계약 선언문인데 제사장이 변형한 것이라 추측했다. 그는 "나는 그들의 하느님이 될 것"(겔 11:20)과 같은 유명한 계약적 공식 선언문에서 이러한 의미를 추측해 내었다. 그러나 이와 같은 제사장적 계약 선언문이 구약에서 발견된 적이 없다. P. R. Ackroyd는 에스겔 11:16이 실제 건

113) A. Menes, "Temple und Synagoge," ZAW 50(1932), 270-72. H. Rowley는 회당의 기원이 좀 더 고대였을 것이라고 제안하였다. H. H. Rowley, *Worship in Ancient Israel* (Philadelphia: Fortress Press, 1967), 213-245.

물이나, 임시 성소 또는 작은 성소를 가리키는 구절일 수 있다고 제안하였다.[114)]

구약에는 miqeddash라는 용어가 73번 나타나는데, 거의 모든 경우에서, 71(73?) 번, 특정한 야웨 성소를 가리키고 있다. 따라서 이 단어는 구체적이며, 실제 성소 또는 특정한 성전을 가리키는 특수한 단어임을 알 수 있다. 그런데 아모스 7장 9절과 에스겔 28장 18절에서만 의미가 다소 모호한 면이 발견된다. 아모스 7장 9절에서 야웨께서는 "이삭의 높은 곳이 황폐하게 되고 이스라엘의 성전이 황폐하게 될 것"이라고 말한다. 이때 '이스라엘의 성전'은 아마도 북왕국의 공식 종교 센터였던 베델과 단 성전을 가리킨 것으로 보인다. 그들은 북부 지역의 야웨 성전들이었다. 따라서 아모스 7장 9절에 나오는 용어는 야웨의 성소를 가리킨다고 볼 수 있다.[115)]

두로의 왕에 대해 예언한 에스겔의 예언에서, 야웨께서 다음과 같이 말씀하셨다; " 네가 죄악이 많고 무역이 불의하므로 네 모든 성소를 더럽혔음이여 내가 네 가운데에서 불을 내어 너를 사르게 하고 너를 보고 있는 모든 자 앞에서 너를 땅 위에 재가 되게 하였도다"(겔 28:18). 이 구절 만 보아서는 이 성소가 야웨의 성소인지 아닌지 알 수가 없다. 그러나 W. Eichrodt의 제안을 따른다면, 그 성소는 확실히 야웨 성소임을 알 수 있다. W. Eichrodt는 '당신의 성소'라는 구절을 '나의 성소'로 수정하였고, '당신의 한가운데서'를 '그 가운데서'로 수정하였다.[116)] 특별히 성소를 더럽힌다는 주제는 야웨 제사장 신학에 자주 나타나는 주제이다. 두로의 성소가 야웨의 성소

---

114) P. R. Ackroyd, *Exile and Restoration* (Philadelphia: Westminster Press, 1968), 34.

115) 참조: J. L. Mays, Amos (Philadelphia: Westminster Press, 1969), 132. H. W. Wolff, *Joel and Amos* (Philadelphia: Fortress Press, 1977), 301-302.

116) W. Eichrodt, *Ezekiel* (Philadelphia: Westminster Press, 1970), 389.

라면 팔레스타인 이외의 다른 야웨 성소가 될 것이며, 두로와 이스라엘 사이의 종교 관계에 대해 몇 가지 제안을 할 수 있을 것이다.

RSV는 에스겔 11장 16b 절을 다음과 같이 번역하였다; "나는 잠시 동안 그들에게 성소가 되었다". 이것은 야웨 자신이 그들에게 영적 성소가 되었다는 인상을 준다. 이 구절을 번역 할 수 있는 또 다른 방법은, "나는 작은 성소를 위하여 그들에게 있었다"는 것이다. 이 번역은 바벨론에 이미 야웨 성소가 있음을 보여준다. 이 번역은 성소에서 축복이 흘러나오는 제사장 신학에도 적합하다. 이사야 8장 14절에도 비슷한 구절이 있다; "그는 성소가 되실 것이다... 이스라엘의 두 집안에게는..."[117] 그러므로 이 번역과 miqeddash라는 용어의 사용을 통해 알 수 있는 것은 유배 기간 동안 바벨론에 야웨 성소가 있었을 가능성이 높다는 것이다.

2. 에스라 8:17

바벨론에 유대인 성소가 있었는지를 확인할 수 있는 또 다른 단서가 에스라 8:17에 나와 있다. 이 구절은 좀 더 정확하게 번역되어야 한다. L. E. Browne은 harosh라는 용어는 역대기하 24:6에서와 같이 '대제사장'을 가리킨다고 주장하였다. 그리고 '하마콤'이라는 용어는 '성소'를 의미한다. 그는 그 구절을 다음과 같이 번역하였다. "나는 그들을 카스피아 성소에 있는 대제사장인 잇도에게 보내었다. 그리고 나는 그들의 입을 통해 카스피아 성소에 있는 내 형제 잇도와 느티님에게 말하도록 하였는데, 그것은 우리

117) John. H. Hayes & Stuart A. Irvine, *Isaiah, the eighth-century prophet: his times and his preaching* (Nashville: Abingdon Press, 1987), 158-159.

하나님의 성전을 위하여 섬길 자를 데리고 오라 한 것이다."[118]

'하마콤'이라는 단어가 이 절에 두 번 나타난다. 이 용어는 불필요하게 추가된 것으로 보인다. 그러나 이 용어는 특정 마을인 카스피아에 대한 설명 일 수 있는데, 느헤미야 1:1과 다니엘 8:2에서 '수산이라는 성에서'(besusan habbirah)와 같은 역할을 하는 용어로 보인다. 만일 '하마콤'이 '장소'라는 의미를 나타낸다면 이 절에 포함될 필요가 없다. 특별한 의미를 나타내기 때문에 이 절에 포함되어 있다고 보는 것이 타당하다. A. Cowley는 '마콤'이라는 용어를 '성소'라는 의미를 나타내는 현대 아랍어 무캄 (mukam)과 비교하면서 '마콤'이 '성소'를 의미한다고 주장하였다. 특히 초기 문서에서 이러한 의미를 나타낸다고 하였다.[119]

구약을 살펴보면 마콤이라는 용어는 '성소'를 가리키는 전문 용어임을 알 수 있다(창 13:3; 28: 11,16,19; 신 12:13,14 등). 특히 족장들이 제사를 드린 성소들을 '마콤'이라 불렀다. "야웨가 그곳에 그의 이름을 두기로 선택한 '마콤'"은 성소나 성전을 가리킨다. 예레미야 7:12의 마콤은 실로 성소를 가리키고, 이 용어와 대응하는 7:14의 '그 집'은 예루살렘 성전을 가리킨다(참조, 사 66:1).[120]

3. 스가랴 5:5-11

스가랴가 본 환상 가운데(슥 5:5-11), 에바에 있는

118) L. E. Browne, "A Jewish Sanctuary in Babylonia," *JTS* 17(1916), 400-401.

119) A. Cowley, "The meaning of in Hebrew," *JTS* 17(1916), 174-76.

120) L. E. Browne은 왕하 5:11에 기록된 'maqom'은 성소라고 주장하였다. L. E. Browne, "A Jewish Sanctuary in Babylonia," *JTS* 17(1916), 400.

사악한 존재가 '집(바이트)'을 건축하기 위해 시날 땅으로 옮겨졌다고 되어 있다.[121] 그리고 그 '집'은 곳은 'mekonah' 위에 견고하게 세워질 것이라고 되어 있다. 이사야 11장 11절에서 시날 땅은 이스라엘 사람들이 그 곳에서 유배 생활을 한 장소였고, 거기서 고국으로 돌아왔다. 따라서 '시날 땅'은 유배생활을 했던 바벨론의 한 장소를 의미하며, '집'이라는 용어는 '성전'을 가리킨다.

명사인 '스탠드(stand)'는 대개 제단의 기초(에스라 3:3) 또는 성전 기물의 기초(왕상 7:27; 왕하 16:17)로 사용되는 것이다. 이러한 '스탠드'는 솔로몬 성전에도 있었다(왕하 25:16; 렘 52:17). 열왕기하 25장 13절에는 갈데아인들이 '스탠드'를 부러뜨리고 청동 기물을 바벨론으로 옮겨갔다고 기록되어 있다. 이 전통을 바탕으로 스가랴는 수리 된 받침대 또는 그들의 복제품이 바벨론에 있다고 생각하였다. 바로 그 스탠드가 시날 성전에 있었던 에바의 스탠드였던 것이다.[122]

사악하고 부정한 것이 시날의 성전으로 옮겨졌고 예루살렘이 부정으로부터 회복 될 수 있다고 보았다. 스가랴는 혼합 주의적 유배자들을 비난하였으며 유배자들이 바벨론에서 제사를 드렸던 또 다른 유대인 성전을 거부하였다.[123]

---

121) LXX, Peshita, Targum 등은 모두 '시날' 대신에 '바벨론'으로 번역하였다.

122) David L. Petersen, *Haggai and Zechariah 1-8* (Philadelphia: Westminster Press, 1984), 262.

123) M. Smith, *Palestinian Parties and Politics that Shaped the Old Testament* (New York and London: Columbia University Press, 1971), 91.

VII. 결론

해외로 나가는 모든 사람들은 고국의 것을 생각나게 하는 전통과 풍습을 계속 지키려고 하고 자신들의 종교를 지키려고 노력한다. 유배 된 바벨론 유대인들도 예외는 아니었다. Murashu 문서를 살펴보면, 바벨론의 유대인들은 아이들의 이름을 야웨 종교적 이름으로 지었고 종교적 정체성을 유지하려했다는 것을 확인할 수 있다.[124] 중요한 질문은 그들이 야웨 종교 만 유일하게 유지했는지 혹은 혼합주의 종교를 받아들였는가 하는 점이다. 또 다른 질문은 그들이 동일한 형태의 예배를 드렸는지 혹은 그것을 수정했는지에 관한 것이다. P. R. Ackroyd가 말했듯이 형식이 사라진 종교, 즉 제사의식이 없는 종교는 상상도 할 수 없다.[125]

바벨론 유배 기간은 유배 전 기간과 유배 후 기간 사이의 틈새를 채우는데, 전과 후 둘 다 희생제사 의식을 거행하였다. 에스겔에서 볼 수 있듯이 유배자들은 희생 제사 의식에 대해서도 동일한 생각을 가지고 있었다. 금욕 생활과 기도, 그리고 할례 규정을 지키며 안식일을 지키는 경건한 관습은 이미 유배 이전 시대에도 있었고 이러한 것들이 희생 제사 의식을 대체하지 않았다. 더구나 신명기의 법에서도 팔레스타인 이외의 지역에 성전을 세우는 것을 금지하지 않았다. 다른 지역에 유배 된 유대인들이 이집트의 유대인들처럼 성전에서 희생 제사 의식을 거행했다는 몇 가지 증거들이 있

---

124) E. J. Bickerman, "The Babylonian Captivity," 356. E. J. Bickerman은 유대인의 3분의 1이 바벨론 종교적인 이름으로 되어있다고 하였다. 그런데 그들이 아이들의 이름을 지을 때는 대부분 야웨 종교적인 이름으로 지었다고 하였다.

125) P. R. Ackroyd, *Continuity: a study of the Old Testament religious tradition* (London: Oxford University Press, 1961), 22.

다. 그리고 유배된 지역의 성전에서 섬겼던 종교 지도자들은 예루살렘 성전의 종교 당국과 대립하지 않았다.

바벨론에 살았던 유대인들은 경제적으로 번영하였으며 함께 마을을 이루며 살았고 마을의 자치권도 가지고 있었다. 그들에게는 장로, 제사장, 선지자, 심지어 그들의 왕인 여호야긴 같은 지도자들도 있었다. 성전 기물 가운데 일부는 그들과 함께 유배지에 운반되었으며, 성전 기물을 복제할 수있는 성전 장인들이 있었다. 그리고 바벨론에 있는 유대인 성전에서 훈련된 2세대와 3세대의 성전 인원이 또한 있었다. 야웨께서 바벨론에 있는 그발 강 가에서 제사장이요 선지자인 에스겔에게 나타나셨기 때문에(겔 1:1) 그들은 합법적인 성전을 가질 권리가 있었다. 또한 그들은 종교적 억압이나 박해를 당하지 않았다. 그들에게 정말 자신들 만의 성전이 있었을까? 가장 중요한 단서는 에스겔이 바벨론에 있는 유대인 성소에 대 기술할 때 구체적으로 야웨 성소를 가리키는 'miqeddash'라는 전문용어를 사용했다는 점이다. 아마도 레위인들의 마을이 있었던 카스피아에는 유대인 성소가 있었을 것이고(에스라 8:17), 시날에는 또 다른 유대인 성전이 있었을 것이다(슥 5:5-11).

제3장

하나님의 이동성과 이스라엘의 다문화 사회

I. 서론

통계청 자료에 의하면 2014년 국내체류 외국인 수가 180만 명에 육박하고 있다.[126] 국내체류 외국인 수는 지난 5년간 매년 평균 9.3% 증가되고 있음을 확인할 수 있었는데 이러한 추세는 계속될 것으로 예상된다. 한국은 저출산과 노령층 인구 증가로 인해 발생되는 인구 문제를 해결하기 위해 외국인을 지속적으

본 장은「신학사상」171호 (2015), 7-42에 게재한 본인의 논문을 일부 수정한 것이다.

126) 통계청에서 발표한 "연도별 체류 외국인 현황"에 의하면 2014년 국내체류 외국인 수는 1,797,618명이었다.
http://www.index.go.kr/potal/main/EachDtlPageDetail.do?idx_cd=2756 (2015.11.15. 확인).

로 받아들여야 하는 상황에 처해있고, 국제적으로 인구 이동이 가속화되고 있기 때문에 한국이 다문화 사회로 변모되는 것은 충분히 예상할 수 있다. 더구나 교통과 통신의 발달로 인해 지구가 하나의 사회로 연결되며 좁혀지고 있는 추세를 볼 때 다문화사회를 위한 신학적 대안을 마련하는 일은 필수적이며 중요한 일이다.

다문화 사회를 위한 신학적 대안 제시라는 주제를 염두에 두면서 성경을 살펴볼 때 우선적으로 점검해야 할 것은 성경의 배경이 되는 이스라엘 사회가 다문화 사회인지 아닌지에 대한 것이다. 역사적으로 이주와 귀환이주가 어느 정도 빈번하게 일어났는지에 대한 것을 지정학적인 특성을 고려해서 추적할 필요가 있다. 특히 이스라엘은 지정학적으로 볼 때 사통오달의 길목에 위치해 있으며 당연히 다양한 외국인들이 들락날락할 수 있었던 지역이라는 점을 주목하며 점검할 것이다.

만일 이스라엘 사회가 다문화 사회라면 이러한 사회를 이끌어 오신 하나님의 모습을 그다음 살펴보아야 할 것이다. 즉 다문화 사회를 선도하는 신학이 성경에 담겨져 있을 것이기에 그 점을 집중적으로 분석할 필요가 있다. 이러한 신학의 핵심에는 시간과 장소를 초월하시며 이동하시는 자유로운 하나님의 모습이 자리 잡고 있다. 따라서 본 연구에서는 이스라엘 사회가 다문화 사회임을 밝히면서, 이러한 이스라엘을 선택하시고 대화하시며 이끌어 오신 '자유롭게 이동하시는 하나님'의 모습을 회막 및 성전건축과 관련하여 분석할 것이다.

교회 중심의 신앙생활을 하고 있는 대부분의 기독교인들에게는 건물로 이루어져 눈에 볼 수 있는 성전 중심의 신학이 친숙하지만 성전의 원형은 이동하는 텐트 성전인 회막(성막)이었다. 그리고 광야에서 경험한 하나님은 불기둥과 구름기둥으로 선두에서 귀환이주자인 이스라엘 백성을 인도하시는 하나님의 모습이었다.[127] 회막을 분석할 때도 '내부 회막'과 '외부 회막'을 구분해서 비교 고찰할 것이다. 또한 성전의 원형이 회막이라면 성전건축에도 회막의 특성이 담겨져 있을 것이라는 가정 하에서 성전건축에 하나님의 이동성이 어느 정도 반영되어 있는지도 세밀히 탐색해 볼 것이다. 그리고 성전건축 이후 남북이 분열되면서 유다에서 일어난 사건과 유다의 멸망과 바벨론 포로 시기라는 일련의 역사를 고찰하면서 하나님의 이동성이 어떤 방식으로 구현되어 있었는지에 대해서도 고찰할 것이다. 부수적인 일이지만 이러한 연구를 통해서 오늘날 교회건축과 교회 중심의 신앙생활에 있어서 무엇을 유념해야 할지에 대한 통찰도 얻을 수도 있을 것이다.

선행 연구를 살펴보면 다문화 사회에 대한 연구는 다방면으로 진행되어 있고, 특히 구약학 분야에서는 Rolf Rendtorff, M. Daniel Carroll R, Hans-Georg Wünch 등 주로 이주민의 정체성과 이주민을 어떻게 대하여야 하는가에 초점이 맞춰져 연구가 진행되어 있는 것을 볼 수 있다.[128] 그리고 왕대일, 강성열, 하경택의 연

127) 다문화 사회를 논함에 있어서 '이주 현상' 만을 주목하는 경우가 많은데 고대 이스라엘의 경우에는 '귀환이주(return migration)'가 중요한 현상이었다. 정중호, "'귀환이주'가 구약에서 강조된 이유," 「구약논단」 통권 39집 (2011), 134-154.

128) Rolf Rendtorff, "The gēr in the Priestly laws of the Pentateuch," *Ethnicity and the Bible*, Leiden: E. J. Brill, 1996, 77-87; M. Daniel Carroll R, "Welcoming the stranger: toward a theology of immigration in Deuteronomy," in *For our good always: studies on the message and influence of Deuteronomy in honor of Daniel I. Block*, Jason S. DeRouchie, Jason Gile, and Kenneth J. Turner eds. Winona Lake, Indiana: Eisenbrauns, 2013, 441-461; Hans-Georg Wünch, "The stranger in God's land -foreigner, stranger, guest: what can we learn from Israel's attitude towards strangers?" *Old Testament Essays* 27 no 3 (2014), 1129-1154.

구도 주로 '게르'에 집중한 연구였으며, 다문화 가정을 중심한 연구였지 다문화사회를 선도하는 신학에 대한 연구는 아니었다.[129] 이러한 선행 연구사를 살펴볼 때 다문화 사회를 선도하는 신학의 핵심으로서 하나님의 이동성을 연구해야할 필요성을 발견할 수 있으며, 본 논문에서는 회막과 성전건축을 중심으로 이 주제를 연구할 것이다.

II. 이스라엘의 다문화 사회

이스라엘이 자리 잡고 있는 팔레스타인 지역은 고대부터 메소포타미아 문명과 이집트 문명이 교류하는 통로 지역이었다. 이스라엘의 위치는 아프리카, 아시아, 유럽, 지중해, 아라비아 등지와 교류를 할 수 있는 교차지점으로 사람과 물자가 통과하는 사통오달의 지역이었다. 따라서 주변의 국제정세가 안정될 경우

---

129) 왕대일. "나그네(게르) - 구약신학적 이해."「신학사상」113 (2001 여름), 101-21.강성열. "구약성서의 이주민 신학과 한국사회의 다문화 가정."「한국기독교신학논총」62 (2009. 4), 5-34; 하경택, "구약성서의 관점에서 본 다문화 사회와 대응방안-〈노크리〉와 〈게르〉에 대한 이해를 중심으로,"「장신논단」39집 (2010), 61-88. 이외에 다문화에 관한 구약학 분야의 중요한 논문으로서는 다음의 논문들을 들 수 있는데 이러한 논문에서도 이스라엘의 다문화 사회를 선도하는 신학으로서 하나님의 이동성을 중심으로 하는 논의는 찾을 수 없었다; 한동구, "아브라함의 후손 : 아브라함 전승의 다문화적 해석,"「구약논단」Vol.15 No.1 (2009), 10-31; 이사야, "구약의 나그네살이에 나타나는 화해와 상생의 윤리: 아브라함 내러티브의 윤리적 읽기,"「기독교사회윤리」Vol.22 (2011), 185-212; 임봉대, "구약성서에 나오는 환대(Hospitality)에 관한 소고(小考): 다문화 사회에서의 성경이해,"「구약논단」Vol.18 No.3 (2012), 34-59.

에는 국제무역에 유리한 지역의 이점을 최대한 활용할 수 있는 장점이 있다. 그래서인지 이 지역을 '가나안'이라고 부르는데 그 뜻은 '상인'이라는 뜻이다. 그러나 국제적 세력 균형이 깨어질 때는 이스라엘 지역이 강대국들이 세력다툼을 하는 전쟁터가 되기도 하고 강대국 군사들이 휩쓸고 지나가는 통과지역이 되기도 하는 단점이 있다. 어떠한 경우에도 이스라엘 지역은 여러 지역과 국가들의 영향을 심하게 받을 수밖에 없는 곳이었으며, 국제사회의 변동에 따라 국내사정이 이러 저리 휩쓸릴 수밖에 없는 변화무쌍한 지역이었다. 따라서 평화 시기든 전쟁 시기든 이 지역은 이동성이 강한 지역이며 이주와 피난행렬과 귀환이주가 빈번히 일어날 수밖에 없는 지역이었다.

또한 이스라엘 사람들이 주로 살고 있었던 지역은 산간지대로 바위가 많은 산지였으며 강우량도 부족하였기에 목축과 농업을 겸하면서 살아왔다. 예루살렘만 하더라도 해발 830m에 위치한 산성이었다. 이런 척박한 땅이었기에 13세기까지는 인구밀도가 극히 낮은 지역이었다. 13세기 청동기 말기에서 12세기 철기로 넘어가는 전환기에 이즈르엘 계곡에서 유다지역까지 중앙산간지역에서 급격한 변화가 일어났다. 즉 정착지 숫자가 30곳에서 240곳으로 급격히 증가하였는데 90퍼센트 이상이 므낫세와 에브라임 산지였다. 구체적인 숫자를 살펴보면 므낫세 지역이 96곳, 에브라임 지역이 122곳, 베냐민과 유다 지역이 22곳이었다.[130] 인구가 희박한 이러한 산지에 정착민이 늘어난 사실은 주전 1207년경의 기록인 메르넵타 스텔라(Merneptah Stela)의 기록으로도 확인할 수 있는데 이 비문에는 '이스라엘'이라는 집단이 팔레스타인 중앙 산간지대에 크게 자리 잡고 있었다는 사실이 기록되어 있다; "...야노암은 존재하

130) Robert B. Coote, *Early Israel: A New Horizon* (Minneapolis: Fortress Press, 1990), 124.

지 않았던 것같이 되어 버렸네, 이스라엘은 황폐되었고, 그의 씨앗은 없어졌네…"[131]

이렇게 급격히 인구가 증가한 원인을 살펴보면 주변에서 이 척박한 산간지대로 이주한 숫자가 폭발적으로 늘어났기 때문이었다. 주전 13세기 후반에 지중해로부터 해양족속이 침입하면서 소아시아 지역의 히타이트 제국이 멸망당하고 이집트의 세력도 약화되었다. 팔레스타인 지역도 해양족속이 밀려오면서 지중해 연안에 살고 있었던 원주민들이 밀려 산간지대로 피난오거나 이주한 사람들도 있었고, 여러 가지 사정으로 다른 지역으로 이주해야만 했던 사람들이 무주공산과 같은 산간지대로 숨어 들어온 사람들도 있었다.[132] 이러한 변화가 일어난 중요한 배경에는 주전 13세기 말 청동기에서 철기로 넘어가는 과도기적인 상황이 있었다.[133] 철기가 확산되면서 철제 무기로 무장한 군대가 새로운 강자로 나타났고, 철제 농기구도 나타나면서 바위가 많은 산지를 개간할 수 있게 되었다. 따라서 이스라엘 중앙 산간지대의 경우 농사를 지을 수 있는 가능성이 높아졌기에 새로운 농토를 찾아 이 지역으로 이주하는 사람들도 있었다. 이러한 이주물결이 거세지는 가운데 이집트에서 탈출

---

131) J. B. Pritchard ed., *Ancient Near Eastern Texts Relating to the Old Testament* (3rd ed.; Princeton: Princeton University Press, 1969), 378. 이하 약어 *ANET* 로 표기함. Hershel Shanks, "과연 무엇이 문제인가? 현재까지 알려진 사실들," Hershel Shanks 등 편집, 「고대 이스라엘의 기원」 강승일 옮김 (서울: 한국신학연구소, 2008), 33.

132) J. Maxwell Miller and John H. Hayes, *A History of Ancient Israel and Judah* (Louisville/London: Westminster John Knox Press, 1986), 77-79; G. W. Ahlström, *Who were the Israelites?* (Winona Lake: Eisenbraun, 1986), 30-45; W. Ahlström, "The Origin of Israel in Palestine," *SJOT* 2(1991), 19-34.

133) P. M. McNutt, *The Forging of Israel* (JSOTS 108; Sheffield Academic Press, 1990), 209.

한 이스라엘 백성들도 광야를 거쳐 이 산간지대로 들어온 것이다.

이스라엘의 역사를 살펴보아도 이스라엘의 시조인 아브라함부터 이주자였음을 확인할 수 있다. 아브라함의 아버지 데라는 갈대아 우르에서 가나안까지 이주하려는 계획을 세우고 출발하였는데 도중에 하란에 정착하였다(창 11:31).[134] 그러나 하나님의 명령과 약속을 받은 아브라함은 하란에서 아버지와 이별하고 아버지의 이주계획을 끝까지 수행하여 가나안땅에 이주민으로 들어왔다. 족장 가운데 야곱은 형 에서를 속인 사건 때문에 밤중에 도망하여 하란의 외삼촌 라반의 집에서 이주자의 신세로 살게 되었다. 그 후 야곱은 하란에서 얻은 아내들과 자식들을 데리고 다시 가나안 땅으로 귀환이주 하였다. 이스라엘 민족의 이주역사는 계속되었는데 요셉이 이집트의 총리로 있었던 시대에 기근을 만난 야곱이 이집트로 이주하였다. 그러나 요셉을 알지 못하는 다른 이집트 왕이 나타나자 이스라엘 백성은 노예로 전락하게 되었고 결국에는 모세의 인도로 이집트를 탈출하였다. 그 후 광야를 거쳐 이스라엘 백성은 귀환이주자로 가나안 땅에 입성하게 되었다. 이스라엘 백성은 이러한 출애굽과 광야시절의 사건을 귀중히 여겨 장막절과 유월절 등 중요한 절기 때마다 이 사건을 회상하며 기념하면서 살아왔다. 이러한 이주와 귀환 이주의 역사를 이스라엘 백성은 추수절기 때마다 다음과 같은 신앙고백을 하면서 자신들의 정체성을 만들어 갔다. 특히 조상을 "떠돌아다니면서 사는 아람(시리아) 사람"이라 부르면서 조상 때부터 이주자였음을 자랑스럽게 여겼다.

134) 갈대아 우르에서 출발할 때의 가장은 아브라함이 아니라 데라였기에 가나안으로의 이주를 계획하고 결정하는 일은 데라의 몫이었다. 그러나 데라는 하란에 정착하였기 때문에 하란에서 출발하여 가나안으로 이주하는 것은 아브라함이 결정한 것이다.

...나의 조상은 떠돌아다니면서 사는 아람 사람으로서 이집트에 내려가 거기에서 소수로 거류하였더니, 거기에서 크고 강하고 번성한 민족이 되었습니다. 그러자 이집트 사람이 우리를 학대하며 우리를 괴롭히며 우리에게 중노동을 시켰습니다. 그래서 우리가 우리 조상의 하나님 야웨께 부르짖었더니 야웨께서 우리의 음성을 들으시고 우리가 비참하게 사는 것과 고역에 시달리는 것과 억압에 짓눌려 있는 것을 보시고, 야웨께서 강한 손과 편 팔과 큰 위엄과 이적과 기사로 우리를 이집트에서 인도하여 내셨습니다. 야웨께서 우리를 이곳으로 인도하셔서 이 땅 곧 젖과 꿀이 흐르는 땅을 우리에게 주셨습니다. (신 26:5-9)

가뭄과 전란이 잦은 이스라엘 지역 특성상 자연재해와 전란을 피해 주변 나라들로 이주하는 경우가 많았고 다시 돌아오는 귀환이주도 이어졌다. 룻기에는 나오미가 기근을 피해 모압으로 이주하였는데 나중에 다시 돌아온 경우가 있고(룻 1장), 열왕기하에는 수넴여인이 기근을 피해 블레셋에 이주하였다가 다시 돌아온 경우가 있다(왕하 8:1-6). 아브라함(창 21:34)과 이삭(창 26:1-33)도 기근을 만나 블레셋으로 이주했다가 귀환한 경우라 할 수 있다.

다윗도 블레셋에 갔는데 도망자의 신세로 블레셋에 가서 1년 4개월 거주한 후(삼상 27:3-7) 헤브론으로 귀환한 경우라 할 수 있다. 다윗이 블레셋에서 돌아올 때 다윗과 함께 용병으로 이주해 온 가드 사람, 그렛 사람, 블렛 사람 등 600여명도 있었는데 그들이 다윗 친위대를 형성하였으며 다윗의 핵심군사력을 이루었다(삼상 15:18-21).

외적의 침략이 있을 때 마다 포로로 끌려간 사람들이 있었고 귀환한 사람들도 있었으며 다른 지역에서 강제 이주당해 이스라엘에 온 사람들도 있었다. 주전 732-732년 경 앗수르 왕 티글랏빌레셀이 시리아와 갈릴리 지역과 요단강 동편 지역을 점령하고 백성들을 포로로 끌고 갔다(왕하 15:29).[135] 또한 앗수르 왕 사르곤의 기록에 의하면 주전 722년 앗수르가 이스라엘을 점령하고 이스라엘에서 강제 추방하여 앗수르의 다른 지역으로 이주시킨 인원이 27,290명에 달한다고 되어 있다.[136] 이들이 강제이주 당해 정착한 지역들은 할라와 고산 강가의 하볼 그리고 메대의 여러 도시들이었다(왕하 17:6). 그리고 이스라엘에는 앗수르의 다른 점령 지역에서 강제 추방된 이주민들이 들어왔는데 그들은 바벨론, 쿠타, 아바, 하맛, 스파르바임 등지에서 온 사람들이었다(왕하 17:24). 유다 왕 히스기야 시대인 주전 701년 앗수르 왕 산헤립이 유다와 예루살렘을 공격했는데 그 때도 포로로 200,150명을 끌고 갔다고 기록되어 있다.[137]

이 외에도 이스라엘과 유다를 직접 침공하지 않았지만 강대국의 군대가 지나가면서 이주민이 발생한 경우도 있었다. 앗수르 왕 에살하돈의 이집트 원정 때(주전 674년 패전, 주전 671년 승전) 참여했던 외국인들이 베냐민 지역에 이주민으로 정착한 경우가 있었다.[138] 이들이 나중에 페르시아 시대 때 소위 '베냐민의 대적자'(스

---

135) Daniel D. Luckenbill, *Ancient Records of Assyria and Babylonia*. Volume 1 (Chicago: University of Chicago Press, 1926), 777-779, 815-819; *ANET*, 283-284.

136) *ANET*, 284-285.

137) *ANET*, 288; M. Hutter, "Überlegungen zu Sanheribs Palästina feldzug im Jahre 701 v. chr," *BN* 19(1982) 24-30; M. Cogan and H. Tadmor, *II Kings* (AB 11; Garden City, NY: Doubleday & Co. Inc., 1988) 223-252.

138) A. K. Grayson, *Assyrian and Babylonian Chronicles* (Locust Valley, NY: J. J. Augustin, 1975), 84. *ANET*, 293, 302. 김지은, "유다와 베냐민의 대적(스 4:1)에 관한 연구," 「구약논단」 10집(2001), 92-97.

4:1-3)로 불려졌다. 또한 앗수르 왕 아수르바니팔의 이집트 침공(주전 663년) 때도 이러한 이주민이 발생했을 가능성이 있다.[139]

그리고 주전 586년 유다도 바벨론에 의해 멸망당했는데 3차에 걸쳐 4,600여명을 바벨론으로 끌고 갔다(렘 52:30).[140] 그 후 페르시아에 의해 바벨론이 멸망당하자 페르시아 왕 고레스가 주전 539년 유대인들을 고국으로 돌아갈 수 있도록 허용하였는데 이 때 귀환한 인원이 약 5만 명이었다고 기록되어 있다(스 2:64-67). 그러나 이 숫자는 정확한 숫자이기 보다 상징적인 숫자일 가능성이 높다.

이스라엘과 유대인들이 외국에 정착하여 도시를 이루고 살았던 경우들도 많은데 그 중에 이사야에 나타난 경우들을 보면, 이집트와 바드로스와 에티오피아의 유대인들(사 11:11), 그리고 이집트의 태양성을 비롯한 다섯 성읍에 유대인들이 살고 있었다(사 19:18).[141] 또 다른 경우는 나일강 상류의 섬인 엘레판틴에 이주하여 살았던 경우인데 엘레판틴에는 야웨 성전도 있었다.[142] 그리고 바벨론에도 야웨 성전이 있었을 가능성이 있다.[143]

이스라엘과 유다가 남북으로 분열된 이후 남북 간의 전투에서, 혹은 피난민으로서 이주한 경우도 있었다. 이스라엘 왕 요아스가 유다 왕 아마샤를 응징하는 차원에서 전투를 벌였는데 그 때 요아

---

139) *ANET*, 295.

140) 바벨론에 강제 이주당한 수가 열왕기하에도 나타나지만(왕하 24:12-16), 예레미야에 나타나는 숫자가 더 구체적이고 정확한 것으로 판단할 수 있다(렘 52:28-30). 정중호, 「이스라엘 역사」(서울: 대한기독교서회, 1994), 255.

141) *ANET*, 295.

142) *ANET*, 491-492, 548-549.

143) L. E. Browne, "A Jewish Sanctuary in Babyonia," *JTS* 17(1916) 400-401; Joong Ho Chong, "Were There Yahwistic Sanctuaries in Babylon?" *Asia Journal of Theology* 10(1996) 198-217.

스 왕은 예루살렘 성벽을 헐고 포로를 잡아갔다(왕하 14:8-14).[144)]

예언자 가운데도 이주민 예언자가 있었는데 디셉사람 엘리야와 여예언자 훌다를 들 수 있다. 엘리야를 '길르앗에 우거하는 자'(왕상 17:1)로 소개하였는데 우거한다는 것은 이주자로 살아간다는 뜻이다. 즉 다른 지역인 디셉에서 길르앗에 이주해서 정착하려고 하는 이주자라는 뜻이다. 특히 '우거하는 자'라는 단어는 히브리어로 '토샤브'인데 이주자 가운데서도 낮은 계층의 사람들을 가리킨다. 여예언자 훌다는 예루살렘의 '둘째 구역'에 거주하였다(왕하 22:14). 둘째 구역은 예루살렘의 서쪽 구역으로 히스기야 시대 때 확장된 구역이다. 둘째 구역은 확장된 구역으로 북왕국의 멸망으로 많은 피난민들이 예루살렘에 몰려들었을 때 주로 피난민들이 정착했던 구역이었다. 따라서 훌다가 이 구역에 정착한 것을 보면 북쪽 출신의 이주민이었을 가능성이 있다.

이처럼 이스라엘 지역은 지정학적으로 교통과 물류와 군대가 이동하는 요지에 위치해 있었고 양대 고대 문명지역과 강대국 사이에 위치해 있었기 때문에 시대마다 이주민이 들어오고 나가는 일이 빈번하였다. 이주민이 다수를 차지하는 이스라엘의 인구구성의 특성을 살펴볼 때 이스라엘의 사회적 통합을 이루기 위해서는 다문화 사회를 위한 독특한 신학이 필요했을 것으로 짐작된다.

144) 이스라엘 왕 요아스와 유다 왕 아마샤가 전투를 벌인 이유는 강력한 이스라엘의 우산 아래서 속국과 같은 위치에 있었던 유다가 반항했을 때 이스라엘이 응징한 것으로 볼 수 있다. 만일 아마샤가 북진을 계획했다면 이스라엘 영역 안에서 전투가 일어나야 하는데 유다의 영역인 벧세메스에서 전투가 벌어진 점이 이러한 주장을 뒷받침하고 있다(왕하 14:13).

III. 회막과 성전 그리고 하나님의 이동성

다문화 사회인 이스라엘을 구성하는 이주민들은 길 위에 서 있는 사람들이요 움직이는 사람들이었다. 따라서 이들을 선도하시는 하나님은 이들 이주민과 함께 이동하시는 하나님이었으며 이동하시는 하나님의 모습은 회막에 임재하시는 모습으로 나타났다. 따라서 회막에 대해 분석할 필요가 있는데 이스라엘 진영 한 가운데 있는 '내부 회막'과 진영 바깥에 있는 '외부 회막'으로 구분하여 분석할 것이다.

나단신탁(삼하 7:1-17)에 의하면, 다윗 왕조가 창건되면서 예루살렘에 성전을 건축하려고 했을 때 하나님은 하나님의 이동성을 강조하면서 성전건축을 거부하셨다. 고대 왕정체제는 정치와 종교가 연합되어 있는데 성전건축을 하지 못한다는 것은 다윗으로서는 뼈아픈 일이 아닐 수 없었다. 북이스라엘 왕조를 창건한 여로보암도 벧엘과 단에 성전을 건축하면서 정치적 안정을 도모한 것만 보더라도 성전건축은 왕조 창건자에게는 필수적인 것이었다.

나단신탁은 다윗 시대에 성전건축을 하지 못한 이유를 밝히면서 이 사건이 오히려 왕조의 합법성과 영속성을 보장해 준 것으로 부각시켰다. 즉 하나님께서 다윗의 후손이 성전을 건축할 수 있도록 허락하셨고 다윗왕조의 영속성을 약속하셨다는 것이다. 따라서 성전건축이 거부당한 이유와 장래 성전건축을 허락하신 이유를 좀 더 세밀하게 추적할 필요가 있다. 또한 하나님의 허락에 의해 건축된 예루살렘 성전에 이동하시는 하나님의 뜻을 어떻게 구체화시켰는지에 대해서도 연구할 필요가 있다.

1. 성전건축 거부와 하나님의 이동성

성경에서 하나님의 자유로운 이동성이 강력하게 부각된 부분은 아이러니하게도 성전건축과 관련된 본문이었다. 예루살렘 성전 건축은 새로운 왕조를 창건한 다윗이 소원했던 것이었다. 그래서 자신은 백향목 궁에 거하는데 하나님의 궤가 장막에 있다고 하면서 다윗이 성전을 지을 계획을 나단 선지자에게 피력하였고 나단 선지자는 좋은 계획이라 여기며 동의하였다(삼하 7:2-3).[145] 그러나 하나님의 뜻은 달랐다. 하나님은 다윗에게 성전을 짓지 말라고 하셨다.

사무엘하 7장 5절, 히브리어 성경(MT)에는 "네가...집을 지으려하느냐?"라는 수사학적 질문형태로 되어 있지만 70인역(LXX)과 시리아어역인 페쉬타에는 "너는...집을 지어서는 안된다"라는 서술문으로 되어 있다. 아마도 LXX와 페쉬타에서는 독자들이 오해할 수 있는 여지를 없애고 역대기상에서와 같이 직설적으로 의미를 전달하고자 본문을 수정하여 번역한 것으로 짐작된다; "가서 내 종 다윗에게 말하기를 야웨의 말씀이 너는 내가 거할 집을 건축하지 말라"(대상 17:4).[146]

하나님께서 다윗에게 성전 건축을 하지 말라고 하시면서 강조한 것이 사무엘하 7장 6절에 나타나는데, 출애굽 때부터 계속해서 '장막과 성막' 안에서 다녔다고 하셨다. 하나님의 자유로운 이동을 강조하신 것이다. 여기에서 우리는 건축물인 성전을 거부하시는 하

---

145) G. A. Ahlström은 나단이 예루살렘에 있었던 여부스 족속의 대변인이었으리라 짐작하였다. G. W. Ahlström, "Der Prophet Nathan und der Templebau," *VT* 11(1961), 114-121.

146) B. H. Kelly, "Septuagint Translators of I and II Samuel 1:1-11:1," Diss. Princeton Theological Seminary (1948), 174.

나님의 모습을 분명하게 볼 수 있다. 자유롭게 이동하시는 하나님을 정지된 건물 안에 계시도록 한다는 사실이 올바르지 않다는 사실을 지적하신 것이다.

나단 신탁 가운데 본문비평 상 논란이 되는 구절이 있다. 즉 7절의 '이스라엘 지파들'이라는 구절인데 이 구절과 병행되는 역대기상 17장 6절에는 '이스라엘 사사들'로 기록되어 있기 때문이다. 그리고 문맥상 하나님의 명령을 받는 당사자로서 '지파들'은 적절하지 않고 지도자들인 '사사들'이 오히려 적합하다는 판단에서 '지파들'을 '사사들'로 수정하는 학자들이 많아졌다. 이러한 주장을 하는 학자들은 A. Calmet, J. L. Mckenzie, J. L. Wellhausen, S. R. Driver 등이었다.[147]

그러나 C. Begg와 D. Murray는 사무엘하의 읽기를 택하였다.[148] 이들의 주장을 참조하여 종합적으로 정리해 본다면 우선 사무엘하보다 후대에 기록된 역대기상을 근거로 사무엘하를 수정하는 것은 무리라 볼 수 있다. 또한 사무엘하 7장 7절을 '사사들'이라 기록한 사본적 근거를 발견할 수 없다. 그리고 '지파들'이라고 할 때는 지파의 지도자들을 포함하기 때문에 하나님의 명령을 수행할 수 있는 당사자로서 손색이 없다. 더구나 어려운 읽기를 택한다는 본문비평의 원칙을 볼 때도 사무엘하를 수정하는 것은 적절하지

---

147) A. Calmet, *Commentaire litteral: Commenataire sur les deux premiers livres des Rois* (Paris, 1720) 474; J. L. Mckenzie, "The Dynastic Oracle: II Sam 7," TS 8(1947), n. 15, 190; J. L. Wellhausen, *Der Text der Bücher Samuelis* (Göttingen: Vandenhoeck und Ruprecht's Verlag, 1971), 170; S. R. Driver, *Notes on the Hebrew Text and the Topography of the Books of Samuel* (Oxford, 1913), 274.

148) C. Begg, "The Reading šbty(km) in Deut 29:9 and 2 Sam 7:7," *ETL* 58(1982), 87-105; D. F. Murray, "Once Again 't' hd sbty ysr'l in II Samuel 7:7," *RB* 94(1987), 389-396.

않다. 특히 LXX에서 사무엘하 7장 7절과 역대기상 17장 6절 모두를 '지파들'로 번역하는 것을 볼 때 오히려 MT의 역대기상이 사무엘하를 수정한 것으로 짐작된다.

보다 더 중요한 것은 '지파들'이라는 표현이 이 문맥에서 중요한 용어라는 점이다. 만약 '사사들'이라고 되어 있다면 성전건축 문제를 사사시대까지로 한정해 버리게 된다. 그러나 '지파들'이라고 하면 여호수아 시대부터 다윗 시대까지 모든 시대의 성전건축에 대한 이야기가 되는 것이다. 여기서 주목할 것은 성전건축 문제가 다윗 시대 현재의 문제임을 강조했다는 사실이다. 고대 사회에서 성전은 종교의 중심이기도 하지만 정치세력의 중심이기도 하였다. 다윗 시대에 들어와서 이스라엘에 왕정이 자리 잡게 되었지만 여전히 지파에는 각 지파마다 토착세력이 있었으며 그들은 성전을 중심으로 지파 나름의 세력을 과시하고 있었다. 베냐민 지파에는 기브온 성전이 있었고, 에브라임 지파에는 세겜 성전이 있었다. 예를 들면 다윗 시대에도 베냐민 지파의 지도자 가운데 한 사람인 시므이는 사병 일천 명을 거느릴 정도의 세력을 가지고 있었다(삼하 19:16-17). 사무엘하 7장 7절에서 강조하는 것은 성전을 짓고 성전을 중심으로 세력 형성을 도모하는 일을 하나님은 반대하고 있다는 사실을 분명히 하신 것이다. 하나님의 집이라고 하면서 성전이 자신들의 세력 신장을 위한 도구로 이용당하는 것을 하나님은 거부하신 것이다.

하나님의 이동성과 관련하여 나단신탁에서 강조한 또 다른 중요한 점은 하나님의 주도권이다. 성전을 건축하여야 성전에 하나님이 임재하시고 다윗 왕권이 안정된다는 기존의 통념을 깨뜨리는 일이 일어났다. 하나님은 다윗의 성전건축을 거부하시면서 오히려 다윗 왕조의 영속성을 보장해 주신 것이다. 건물 안에 고정되어 있는 하나님이 아니라 자유롭게 이동하시는 회막의 하나님께서 다윗왕조를 안정시킬 수 있다는 점을 부각시켜 하나님의 주도권을 천명하신 것이다. 그래서 다윗계약을 허락하신 후 그다음 왕위 계승자가 성전을 지을 수 있도록 허락하신 것이다(삼하 7:13). 동시에 이러한 일련의 과정은 자유롭게 이동하시는 하나님임을 각인시키는 과정이기도 하였다.

성전건축을 허락하신 하나님의 결정 이면에는 왕조를 창건한 다윗 왕조의 경우, 그리고 처음으로 왕위를 계승한 솔로몬의 경우 모두 왕정의 안정을 위해 성전건축이 필요했고 그 실제적인 필요를 하나님께서도 인정해 주셨던 것이다. 고대 사회에서 성전은 왕정의 안정 뿐 만 아니라 통치 차원에서도 성전이 필요한 것이었다. 고대 사회에서 성전은 세금수납과 왕국 관리라는 행정적인 기능도 수행하였을 가능성이 컸기 때문이다.[149]

하나님의 이동성은 회막 전승을 분석할 때 분명히 확인할 수 있다. '이동하시는 하나님'의 모습을 모든 사람들이 눈으로 볼 수 있었던 경우는 광야에서였다. 광야 길에서 이스라엘 백성을 인도하실 때 하나님은 낮에는 구름기둥으로 밤에는 불기둥의 모습으로 이스라엘 백성에 선두에서 백성을 인도하셨다. 구름기둥과 불기둥은 하늘과 땅에 자유롭게 이동하시는 하나님의 모습을 보여주는 것인데 일부 선택된 사람들에게만 나타나는 것이 아니고 모든 사람이 눈으로 볼 수 있도록 해주신 것이었다. 이처럼 하나님의 이동성은 만민에게 자신을 개방하는 평등정신도 포함되어 있기 때문에 계급을 만들고 특권을 조성하려는 시도에 제동을 걸게 되는 것이다.

그리고 하나님이 계신다는 성막(회막)은 백성들이 이동할 때 함께 이동하는 텐트 성전으로서 이동 성전의 모습을 보여주었다. 회막을 지을 때도 하나님은 회막이라는 제한된 장소에 계시는 분이

149) J. Shaper, "The Jerusalem Temple as an instrument of the Achaemenid fiscal administration," *VT* 45(1995), 533.

아니며 자유로우시고 언제나 이동할 수 있는 분임을 강조하는 뜻에서 야웨의 궤 위에 날개달린 그룹을 조각하라고 지시하셨다. 그리고 하나님이 회막에 내려오실 때는 그 날개달린 그룹에 좌정하시는 모습으로 묘사하였다. 날개는 이동의 상징이며 이동하시는 하나님의 모습을 시편에서는 "그룹을 타고 다니심이여 바람 날개를 타고 높이 솟아오르셨도다(시 18:10)"라고 묘사하고 있다.

그런데 성경에는 또 다른 회막이 있다. 이스라엘 진영 바깥에 세워진 텐트 성전인데 성경에 자주 등장하는 회막과는 차이가 있다. 편의상 진영 안에 있는 회막을 '내부 회막'이라 부르고 진영 바깥에 있는 회막을 '외부 회막'이라 부른다(출 33:7-11; 민 11:14-17, 24-30; 12:4-7; 신 31:14-15).[150] 외부 회막은 내부 회막보다 먼저 지어졌으며, 특이한 것은 외부 회막에는 야웨의 궤도 없고 제사장도 없고 제단도 없다는 점이다.[151] 외부 회막은 텐트 하나가 전부인 셈이다. 그리고 누구나 제한 없이 그 회막에 들어갈 수 있다는 점이 중요하다. 하나님께서 자유롭게 그 텐트 회막에 내려오시는데 회막 문에 구름기둥의 모습으로 내려오신다(출 33:9; 민 11:25; 12:5). 따라서 하나님의 임재를 텐트 회막 안에 있는 사람도 볼 수 있고 회막 바깥에서도 볼 수 있게 된다. 신분과 인종과 남녀의 차별 없이 심지어 죄인도 하나님의 임재를 바라볼 수 있는 것이다.[152] 하나님은 이 외부 회막에 자유롭게 오시는 것이며 하나님의 오시는 시간도 정해져 있지 않다.

---

150) B. Sommer, "Conflicting Construction of Divine Presence in The Priestly Tabernacle," *BI* 9(2001), 45.

151) '내부 회막'은 출애굽기 40장에 가서야 완성되는데, '외부 회막'은 출애굽기 33장에 먼저 나타난다. 그리고 외부 회막은 텐트 뿐이기에 쉽게 세울 수 있는 회막이기도 하다.

152) V. Turner, "The Center out There: The Pilgrim Goal," *History of Religions* 12(1973), 191-230.

이러한 외부 회막 전승은 모세와 엘리야 뿐 만 아니라 아브라함과 아담에게서도 찾아 볼 수 있다. 즉 출애굽 후 광야에서 내부 회막을 지으라는 하나님의 명령이 있기 전에도 하나님께서 이스라엘 선조들에게 찾아 오셨는데 그 광경은 외부 회막에서 만나는 광경과 유사하다. 즉 사람들이 있는 곳에 하나님께서 자유롭게 찾아오시는 광경이다.

에덴동산에서 범죄한 후 아담과 하와가 동산 나무 사이에 숨어 있었는데 하나님께서 찾아 오셔서 아담(사람)을 부르시고 대화하시는 모습은 자유롭게 이동하시며 찾아오시는 하나님의 모습이며 외부 회막에 내려오시는 모습과 유사하다.[153] 또한 족장들에게 나타나신 하나님의 모습을 보면 외부 회막 전승과 유사하다. 하나님은 아브라함에게 나타나셔서 아버지의 집을 떠나 이주민으로 가나안 땅으로 가라고 명령하시는 모습이 나타나는데(창 12:1-3), 그 후 아브라함이 가는 곳곳마다 하나님께서 나타나시는 모습을 발견할 수 있다.[154] 그리고 야곱이 이동하는 곳곳에서 하나님께서 나

153) 하나님께서 아담과 하와와 대화하시는 장면을 살펴보면 죄인들이 죄를 고백하도록 유도하시는 모습을 볼 수 있다. 하나님의 질문에 아담은 "내가 먹었나이다"(창 3:12)라고 자백하였고, 하와도 역시 "내가 먹었나이다"(창 3:13)라고 자백하였다. 이 후 하나님이 아담과 하와를 징벌하실 때 그들이 죄를 고백한 것을 참작하여 "...반드시 죽으리라"(창 2:17)는 규정을 적용하지 않으시고 그 보다 가벼운 형벌로 징계하셨다. 은혜를 베풀기 위해 아담과 하와를 찾아오시는 모습인데 사람이 움직이지 않고 하나님이 움직이시며 찾아오시는 모습이다.

154) 아브라함에게 나타나신 하나님은, 세겜 땅에서(창 12:7), 아브라함을 위해 이집트 왕에게 재앙을 내리시는 모습에서(창 12:17), 아브라함과 언약을 세우시는 하나님(창 15, 17장), 마므레 상수리 나무에서 아브라함에게 나타나신 하나님(창 18장), 아브라함을 위해 그랄 왕 아비멜렉에게 꿈에 나타나신 하나님(창 20장), 아브라함을 시험하시는 하나님(창 22장) 등이다.

타나셨다.[155]

모세에게 하나님께서 나타나신 광경은, 불타는 떨기나무 가운데, 10가지 재앙 사건 가운데서, 출애굽 후 광야에서, 특히 시내산에서 바위틈에 있는 모세 앞을 지나가시는 하나님의 모습에서 찾아 볼 수 있다(출 33:21-23). 엘리야에게도 하나님께서 나타나셔서 말씀해 주셨는데, 특히 호렙산에서 엘리야가 바위굴에 있을 때 굴 바깥에 하나님께서 나타나셨다(왕상 19:11-13). 이러한 광경들은 외부 회막에 내려오시는 하나님의 모습과 유사하다. 내부 회막이나 외부 회막에서 공통되는 점은 회막에 하나님이 거주하시거나 내려오실 수도 있고 회막을 떠나실 수 있다는 점이다. 하나님은 회막에 매여 있지 않으며 그 어떤 거룩한 것도 하나님의 자유로운 이동을 방해할 수는 없는 것이다.

하나님의 궤도 하나님의 임재를 보증해 주지 않는다. 회막이 완성되어 하나님께서 임재하시기 전에(출 40:34-35) 이미 하나님의 궤가 회막에 안치된다(출 40:20-21). 솔로몬 성전에도 하나님께서 나타나시기 전에(왕상 8:10-11) 하나님의 궤가 먼저 안치된다(왕상 8:3-5). 그리고 하나님의 궤는 어이없게도 불레셋 군대에 의해 빼앗기는 무능력을 보여주기도 한다. 따라서 하나님의 궤가 하나님의 임재를 보증해 주지 않으며 하나님의 궤와 하나님의 임재는 별개의 사항임을 알 수 있다.

그리고 성전의 기원이 되는 회막은 이동하는 성소였다. 따라서 회막 전승은 특정지역에만 하나님이 임재하시고 그곳만 거룩하다는 소위 정착민의 성전 중심 신학과는 거리가 멀다. 이스라엘 백성

155) 야곱에게는 벧엘에서 꿈에 야곱에게 나타나신 하나님(창 28:10-22), 하란에서 꿈에 야곱에게 나타나신 하나님(창 31:11-13), 얍복강 가에서 하나님과 씨름하는 야곱(창 32:24-32), 야곱에게 나타나셔서 벧엘로 올라가라고 하신 하나님(창 35:1-15) 등의 광경이 나타난다. 이 외에도 광야에서 야웨의 사자를 만나는 하갈(창 16장; 21:8-21)의 모습도 발견할 수 있다.

이 가는 곳이면 어디든지 회막이 이동할 수 있었다. 따라서 이스라엘 땅이 아닌 이방인의 땅 인 이집트에 야웨 성전인 엘레판틴 성전이 있었으며 바벨론에도 야웨 성전이 있었을 가능성이 높다.[156]

2. 솔로몬의 성전건축과 하나님의 이동성

드디어 솔로몬이 성전 건축을 시작하여 7년 만에 완공하였다. 그러나 하나님은 솔로몬에게 칭찬하시기보다 경고의 메시지를 주셨다. 하나님의 말씀을 순종하면 왕조를 지켜주겠지만 하나님의 계명과 법도를 지키지 않으면 성전이라도 던져버릴 것이라는 경고였다(왕상 9:3-9). 성전을 봉헌한 직후 하나님께서 나타나셔서 하시는 말씀이 성전도 하나님에 의해 내던져질 수 있다는 것이다. 거룩한 성전, 하나님의 이름이 있는 야웨의 성전이 파괴될 수 있는가? 그 예를 실로 성소에서 찾을 수 있다. 하나님의 성막이 있었고 하나님의 궤가 있었던 실로 성소가 돌무더기가 되어버렸다. 예레미야는 예루살렘 성전도 이렇게 될 수 있다는 것을 실로 성소가 미리 보여 준 것이라 하였다(렘 7:12-14). 성전이 거룩한 하나님의 전으로 설 수 있는 것은 하나님께서 함께 하실 때이다. 만약 하나님께서 성전을 버리고 떠나신다면 성전은 다만 하나의 건축물일 뿐 그 이상도 그 이하도 아니다. 에스겔에는 하나님께서 예루살렘이 함락되기 직전에 예루살렘 성전을 떠나시는 모습을 분명하게

156) C. C. Torrey, *Ezra Studies* (Chicago: Chicago University Press, 1906) 316; L. E. Browne, "A Jewish Sanctuary in Babylonia," *JTS* 17(1916), 400-401; P. R. Ackroyd, *Israel under Babylon and Persia* (London: Oxford University Press, 1970), 21; M. Smith, *Palestinian Parties and Politicss the Shaped the Old Testament* (New york: Columbia University Press, 1971), 90-91.

보여주고 있다; "그 때에 그룹들이 날개를 드는데 바퀴도 그 곁에 있고 이스라엘 하나님의 영광도 그 위에 덮였더니, 야웨의 영광이 성읍 가운데에서부터 올라가 성읍 동쪽 산에 머무르고"(겔 11:22-23). 그 후 예루살렘 성은 함락되었고 성벽은 허물어졌으며 성전은 불타버렸다.

성전건축 기사를 보면 솔로몬이 신중하게 성전을 건축하였다는 사실을 발견할 수 있다. 우선 성전건축 시기를 출애굽 후 480년에 시작하여 출애굽의 정신을 이어가도록 하였다(왕상 6:1).[157] 성전 건축을 시작하는 열왕기상 6장 첫 머리에 출애굽에 대해 이야기하고(왕상 6:1), 하나님의 궤를 성전을 들일 때(왕상 8:9), 성전 건축을 완공하고 봉헌식에서 솔로몬이 연설할 때(왕상 8:16, 21), 봉헌 기도를 마감할 때(왕상 8:53), 그리고 봉헌식 후 하나님께서 나타나셔서 말씀하실 때(왕상 9:9)에 계속해서 출애굽과 모세에 대해 이야기하였다. 하나님께서 자유롭게 이동하시는 출애굽의 기억을 반복해서 회상하면서 솔로몬이 성전을 건축하였다는 사실이 강조되어 있다.

성전의 가장 깊은 곳에는 지성소가 있는데 이 지성소도 회막의 이동성을 표시할 수 있도록 만들어졌다. 지성소의 크기는 가로 20규빗, 세로 20규빗, 높이 20규빗의 정육면체였다(왕상 6:20). 그러나 성전의 높이는 30규빗이었으니 지붕과 지성소 사이에는 10규빗 정도의 간격이 생긴다(왕상 6:2). 따라서 지성소는 성전 안에 설치

---

157) MT에 나타난 연대 체계를 살펴보면 출애굽이 주전 1,498년, 솔로몬 성전 건축 연대가 주전 1,018년, 바벨론 포로 귀환이 주전 538년이다. 따라서 성전 건축은 출애굽 때부터 480년이며, 성전 건축에서 바벨론 포로 귀환까지가 480년이다. 40배수를 활용한 이러한 MT의 계산은 다분히 신학적인 계산으로 보여진다. MT의 연대 체계에 대해서는 다음의 저서를 참조 바람; J. M. Miller, *The Old Testament and the Historian* (Philadelphia: Fortress Press, 1967), 75-77.

된 정육면체의 구조물이었으며, 이렇게 설치한 까닭은 이동하는 회막의 지성소를 그대로 가져왔다는 의미를 부여하기 위한 것이었다. 이집트에는 성전 건축물 안에 실제로 신의 거주지인 천막을 설치한 성전도 있었는데, 바로 에드푸(Edfu) 성전이다.[158] 이처럼 회막의 지성소를 가져왔다면 천으로 만들어진 지성소, 즉 텐트를 설치해야겠지만 솔로몬 성전의 경우는 목재구조물로 변경시켜 지성소에 설치한 것으로 보인다. 노트(M. Noth)도 지성소가 목재로 만들어졌을 것으로 보았다.[159]

솔로몬 성전의 창문은 언제나 열려있는 창문이었다. 솔로몬 성전의 창문은 (חַלּוֹנֵי שְׁקֻפִים אֲטֻמִים 할로네 쉐쿠핌 아투밈)이라 기록되어 있고 **개역개정** 역본에는 '창틀있는 붙박이 창문'이라 번역되어 있다(왕상 6:4). 이 창문은 '아탐'이라는 수식어가 붙어있는 창문이다. 그리고 에스겔 성전 창문에도 '아탐'이라는 수식어가 붙어 있다 (חַלּוֹנִים אֲטֻמוֹת[할로님 아투모트] 겔 41:26).[160] '아탐'이라는 단어의 기본적인 뜻은 '(입을)닫다'(잠 17:28), '(귀를)막다'(잠 21:13; 사 33:15) 등인데 이 단어로 창문을 수식하는 경우는 성전 창문 밖에는 없다. 왜 성전 창문을 이 단어로 수식하고 있는가? 창문이란 건물 바깥으로 통하는 열린 부분이기에 '아탐'이라는 단어를 사용해도 BDB 사전에서도 제안하는 바와 같이, '아탐'의 수동 분사형은 완전히 '닫힌 창'(겔 40:16; 41:16, 26)이 아니라 폭이

---

158) A. Erman, *Die Religion der Agypter* (Berlin and Leipzig, 1934), 266. John Strange, "The idea of afterlife in Ancient Israel: Some remarks on the iconography in Solomon's temple," *PEQ* 117 (1985), 39에서 재인용.

159) M. Noth, *Könige* 1 (BKAT ix, I. Neukirchen-Vluyn, 1968), 99-100, 119-121.

160) 겔 40:16(וְחַלֹּנוֹת אֲטֻמוֹת)과 겔 41:16(וְהַחַלּוֹנִים הָאֲטֻמוֹת)에도 동일하게 '아탐'을 수식어로 하는 창문으로 기록되어 있다.

좁은 창문을 가리키는 것으로 짐작된다.

그리고 '샤카프'는 '창틀'을 가리킨다. 따라서 성전의 창문은 폭이 좁으며 열고 닫을 수 없고 항상 열려있는 창틀있는 창문이라 짐작된다.[161] 창틀은 일반적으로 격자모양 혹은 다른 모양으로 되어 있기에, 결국 항상 열려있는 붙박이 창문이라는 뜻이 중요하다. 이처럼 성전의 창문은 닫을 수 없고 항상 열려있으며 밀폐된 성전이 아니라 하늘과 통하는 성전임을 보여주고 있다. 그리고 **개역개정** 에스겔에 '닫힌 창'이라 번역되어 있는 부분은 '붙박이 창문'이라 수정할 필요가 있다.

성전건축 기사에서 반복해서 강조한 또 다른 내용은 지성소 하나님의 궤위에 있는 그룹에 관한 것이다. 두 개의 그룹을 동일하게 조각하여 하나님의 궤위에 설치하였는데 감람나무로 만들었고 금으로 입혔다. 그룹의 높이는 10규빗(4.5m)이고, 날개 길이는 각각 5규빗(2.25m)이었다. 그룹의 날개는 펴져 있었는데, 지성소의 너비가 20규빗이니 한 그룹의 날개는 이쪽 벽에 닿았고, 옆의 그룹의 날개는 다른 쪽 벽에 닿을 만큼 큰 그룹이었다. 두 그룹을 동일한 형태로 만들고 좌우 균형을 맞추어 배치하였다는 점은 성전 설계에 있어서 좌우 균형을 중요시 했다는 것을 말해 주고 있다(왕상 6:23-28). 열왕기하 6장 23절에 감람나무로 그룹을 만들었다고 기록한 것을 보면, 그리고 지성소에 있는 그룹 날개 아래 하나님의 궤를 메어 들였다는 기록(왕상 8:6)을 보면 이 그룹들은 성전을 건축하면서 새롭게 만든 그룹이었음을 알 수 있다.

그룹의 모습은 지성소에서만 볼 수 있는 것이 아니었다. 성전 곳곳에 문양으로 새겨 그룹을 볼 수 있도록 하였다. 지성소와 성소의 모든 벽에는 문양들이 새겨져 있는데 그룹 문양과 종려나무 문

161) 참조; RSV는 'windows with recessed frames'라 번역하였다.

양, 그리고 핀 꽃 형상을 아로새겼다. 그룹은 하나님의 임재를 상징하기에 성전의 벽과 문에도 그리고 성전 뜰의 놋 받침 수레(물두멍 운반 수레)에도 새겨졌다(왕상 6:29-35; 7:27-29, 34-36).

성전에 그룹이 새겨져 있는 모습은 에스겔에게 보여준 성전에도 찾아 볼 수 있다. 성전 벽에 그룹들이 새겨져 있는데 성전문에도 그룹이 새겨져 있었다(겔 41:18-20, 25). 그리고 성전의 원형이라 할 수 있는 회막에도 그룹이 수놓아져 있는 것을 볼 수 있다. 회막을 만들 때 그룹을 정교하게 수 놓은 열 폭의 휘장을 만들어서 그것으로 회막을 만들고, 성소와 지성소를 분리하는 '(פָּרֹכֶת 파로케트)'라는 휘장에 그룹이 수놓아져 있었다(출 26:1, 31; 36:8, 35; 37:7). 회막에서 지성소와 성소를 구분하는 천이나 커텐에 수놓을 때 그룹의 경우는 언제나 '(חֹשֵׁב 호쉐브)'라는 고도의 정밀한 기술로 수놓게 하였다(출 26:1, 31; 36:8, 35). 이와 동일한 기술로 만든 것은 에봇(출 28:6; 39:3)과 판결흉패(출 28:15; 39:8)였다. 솔로몬 성전에도 휘장이 있었으며 역시 그룹으로 수놓아져 있었을 것이다. 주목할 만한 것은 건축물의 경우 공간을 분리할 때 벽을 설치하고 문으로 통행하는 것이 상식인데, 솔로몬 성전은 커텐으로 공간을 분리하였다는 점이다. 즉 지성소와 성소를 분리할 때 칸막이로 커텐을 사용하여 하나님의 이동에 제한을 가하지 않은 점을 눈여겨 볼 필요가 있다.

왜 이렇게 그룹을 크게 만들고, 온 성전 벽과 문에, 그리고 성전 뜰의 성전기구에 이르기까지 그룹 문양을 새겨 놓았는가? 시편에 "(야웨께서) 그룹을 타고 다니심이여 바람 날개를 타고 높이 솟아 오르셨도다"(시 18:10)라고 찬양하듯이 그룹은 날개 달린 형상으로 하나님의 임재와 하나님의 자유로운 이동을 상징한다. 성전이라는 건물에 안주할 수 없고 어디든지 자유롭게 이동하시는 하나님의 모습을 날개달린 그룹의 이미지로 보여주는 것이다. 따라서 이동하시는 하나님임을 강조하기 위해 성전 벽에, 문에, 그리고 물두멍을 받치는 수레에 이르기 까지 그룹의 문양을 새겨놓은 것이다. 마치 성전에 날개라도 달린 듯 상상할 수 있도록 이렇게 그룹 문양을 새긴 것이다.

또한 제사장이 하나님의 궤를 멜 수 있도록 하나님의 궤에는 두 개의 채가 있었다. 지성소에 안치한 후 그 채가 소용없다고 여겨 버린 것이 아니라 "그 채는 오늘까지 그 곳에 있으며"(왕상 8:8)라고 기록하였다. 이 기록은 이 내용이 사실이며 정확한 것이라는 점을 부각시키기 위한 것이지만 동시에 지성소에 있는 하나님의 궤는 언제든지 메고 이동할 수 있는 하나님의 궤라는 점을 강조한 것이다.

그런데 성전을 완공한 후에는 솔로몬은 성전의 지성소에 계시는 하나님이라고 말하기보다 '구름가운데 계신 하나님' 즉 하늘에 계신 하나님이라 불렀다. 열왕기상 8장 12절에 '캄캄한 데'라고 번역된 히브리어 '(עֲרָפֶל 아라펠)'은 '짙은 구름' 혹은 '짙은 어두움' 등으로 번역할 수 있는 단어이다. 그런데 '아라펠'은 성경 곳곳에서 '구름과 흑암'이라는 구절에 나타난다(신 4:11; 5:22; 시 97:2; 욜 2:2; 습 1:15). 따라서 '캄캄한 데'라고 번역할지라도 그 의미는 '짙은 구름 가운데'라는 의미로 볼 수 있다. 솔로몬의 말은 캄캄한 성막에 계시는 하나님을 성전으로 모신다는 의미가 아니라 구름 가운데 계시는 하나님을 성전으로 모신다는 의미인 것이다. 하나님은 어느 특정한 장소에 얽매이실 수 없는 분이며 자유롭게 이동하시는 분이시다. 그러한 하나님을 '구름 가운데' 계시는 하나님이라 표현하는 것이다. 11절에 보면 모두가 구름이 성전에 가득한 모습을 보면서 하나님이 이 성전에 임재하신 것이라 믿고 있는 상황이었다. 이 상황 속에서 솔로몬의 성전 봉헌 연설이 시작되었다.

솔로몬의 성전 봉헌 기도는 열왕기상 8장 22-53절에 나타나는데 기도하는 모습은 우리와는 사뭇 다르다. 서서 하늘을 향하여 손을 펴고 기도하였다. 왕이 기도하는 위치는 제단과 성전 건물 사이에 있었는데 지성소를 향하지 않고 제단을 향하였고 회중과 마주서서 기도하였다. 즉 제단의 제물을 받으시는 하늘의 하나님께 기도드린 것이다. 따라서 성전을 완공하였음에도 지성소에 하나님이 계신다는 점을 강조하기보다 하늘에 계신 하나님을 강조하였다.

솔로몬은 성전의 지성소에 계시는 하나님보다 하늘에서 항상 성전을 내려다보고 계시는 하나님임을 고백하였다. 그리고 성전은 하나님의 이름이 있는 곳이라 말하면서 자유로우신 하나님과 자유롭게 이동하시는 하나님임을 고백하였다. 성전에는 마치 집의 문패처럼 하나님의 이름이 있기에 언제든지 하나님께서 오실 수도 있고 혹은 떠나실 수도 있다는 것이다.

또한 성전이 하늘로 통하는 문의 역할을 하고 있음을 볼 수 있다. 야곱이 밤중에 도망하여 하란으로 가고자 할 때 벧엘에서 잠이 들었는데 밤중에 꿈속에서 하늘까지 닿는 사닥다리(층계)에 하나님의 사자들이 오르락내리락하는 것을 보았다. 야곱은 잠에서 깨어나서 말하기를 "이곳이여...하나님의 집이요 이는 하늘의 문이로다"라고 고백하였다(창 28:17). 솔로몬은 왕이나 제사장 뿐 만 아니라 일반 백성들도 어디서든지 이 성전을 향하여 기도할 때에 하늘의 하나님께서 그 간구함을 들어주시옵소서라고 기도하였다(왕상 8:46, 49). 하나님이 지성소에 계시다고 할 때는 오직 대제사장만 출입이 가능하지만 하나님께서 하늘에 계시고 번제단의 제물을 받으신다고 할 때는 모든 이스라엘 백성들이 번제단을 향하여 기도를 드릴 수 있다. 특히 기도할 때는 제사장의 중재가 필요 없고 직접 하나님께 드릴 수 있었으니 이미 만인제사장설의 싹을 여기서 찾아 볼 수 있다.

이처럼 솔로몬이 예루살렘 성전을 건축할 때 자유롭게 이동하시며 하늘에 계신 하나님을 무엇보다 강조하면서 성전을 건축하였음을 발견할 수 있다. 하나님의 자유로운 이동성을 최대한 존중하면서 성전건축을 진행시킨 것이다. 성전을 완공했음에도 지성소에 계신 하나님보다 제단에서 제물을 받으시는 하늘의 하나님을 더 강조한 태도를 통해 자유로우신 하나님의 모습을 발견하게 되는 것이다. 예수님도 예루살렘 성전의 지성소의 하나님보다 "하늘에 계신 우리 아버지여"라고 하나님을 부르도록 가르쳐 주셨다(마 6:9).

IV. 유다 역사에 나타난 하나님의 이동성

성전을 건축한 솔로몬이 죽고 나서 남북은 분열하고 말았다. 이 후의 예루살렘 성전 역사는 유다 역사 속에 포함되었다. 성전이 건축된 때부터 200여년이 지난 후 광경을 살펴보면 제단보다 지성소의 그룹을 강조하는 신학이 우세함을 발견할 수 있다. 그러한 모습은 아하스 왕 시대 이사야가 하나님을 만나는 장면에서 찾아 볼 수 있다. 이사야는 웃시야 왕이 죽던 해(주전 734년), 시리아-에브라임 연합군이 침공해 온다는 소식을 듣고 성전으로 하나님을 뵙기 위해 들어갔다(사 6:1). 그 곳에서 스랍들이 날면서 하나님을 찬양하는 모습을 보았으며 하나님의 음성을 들었다(사 6:2-13). 스랍은 지성소의 그룹을 가리키는 것으로 추정된다. 이 광경에서 강조되는 것은 성전의 지성소에는 당연히 하나님께서 계신다는 신학이다.

또한 유다 왕 히스기야(주전 727-699년)의 기도에서도 지성소에 계시는 하나님의 모습을 찾아볼 수 있다. 앗수르가 유다를 침공했을 때 히스기야는 하나님을 능멸하는 앗수르 왕의 편지를 들고 성전에 올라가 하나님께 기도를 드렸다. 그 기도 첫 머리에 "그룹들 위에 계신 이스라엘의 하나님 야웨여"(왕하 19:15)라고 부르면서 기도를 시작하였다. 비록 그룹을 강조하기는 하였지만 이미 건물로 세워진 성전이 신학의 중심이 되어가고 있었던 것이다. 히스기야는 앗수르 왕 산헤립의 침공을 준비하면서 종교개혁도 동시에 단행하였는데 지방 성전인 산당들을 폐쇄하고 예루살렘 성전으로 중앙 집중화의 개혁조치를 단행한 바 있었다(왕하 18:4). 예루살렘 성전을 중심으로 하는 시온신학을 강화한 것이며, 이러한 신학은 하나님께서 택하신 시온산에 세워진 성전에 하나님께서 계시고 예루살렘 성은 난공불락의 성이 된다는 점을 강조하는 신학이다.

그러나 예언자들은 무조건적으로 예루살렘 성전 중심의 시온신학을 용인하지 않았다. 주전 8세기 후반에 등장한 미가와 이사야가 날카로운 비판을 퍼부었다. 미가는 예루살렘을 피와 죄악으로 건축하면서도 성전에 하나님이 계시다고 믿고 하나님께서 우리 중에 계시니 재앙이 내리지 않을 것이라 안심하는 사람들에게 예루살렘이 폐허가 되리라고 예언하였다(미 3:9-12). 이사야도 예루살렘을 향하여 신실하던 성읍이 창기가 되었다고 비판하였다(사 1:21-23). 가장 강력하게 비판한 예언자는 예레미야였는데, 예레미야는 성전 중심 신학과 다윗 계약 신학에 대해 반기를 들면서 시내산 계약을 강조하였다.[162] 하나님의 명령이 실행되지 않고 정의가 무너질 때 하나님께서는 실로와 같이 성전을 돌무더기로 만들 수도 있음을 상기시켰다.

> 너희는 이것이 야웨의 성전이다, 야웨의 성전이다, 야웨의 성전이다 하는 거짓말을 믿지 말라... 참으로 너희

162) 예레미야가 다윗왕조를 비판한 내용은 MT와 LXX의 원본(Vorlage)이라 여겨지는 부분에 잘 나타나있다. 그런데 LXX와 다르게 MT에만 나타나는 MT의 첨가부분에서는 친 다윗 왕조 경향이 나타난다. 정중호, "예레미야 MT의 기원에 관한 연구," 「계명신학」 제6집 (1991), 53-74.

는 내가 처음으로 내 이름을 두었던 실로에 있는 내 처소로 가보려무나. 그리고 내 백성 이스라엘의 죄악 때문에, 내가 그 곳을 어떻게 하였는지 보아라. (렘 7:4, 12)

내가 이 성전을 실로 같이 만들어 버리고 이 성을 땅의 모든 나라들의 저줏거리가 되게 하겠다... (렘 26:6)

예언자들이 경고했음에도 불구하고 유다는 타락과 죄악으로 치달았다. 결국 유다가 멸망당하고 유대인들이 바벨론으로 추방당했을 때 바벨론에 있었던 유대인 이주민들에게 하나님께서 다시 나타나셨다(겔 1:1). 바벨론 이주민이었던 에스겔은 지성소 하나님의 궤와 그룹들의 모습을 날개도 있고 바퀴도 달린 생물들의 모습으로 묘사하면서 이동하시는 하나님의 모습을 상상하게 만들었다(겔 1:4-25). 예루살렘 제사장이었던 에스겔은 성전중심의 신학을 견지하고 있었는데 바벨론에 잡혀 와서 이주민으로 살면서 바벨론 땅에서 하늘이 열리며 찾아오시는 하나님을 만났다. 따라서 성전중심의 신학에서 핵심이 되는 지성소의 하나님의 궤와 그룹의 변화를 통해 새로운 신학을 보여주었다. 하나님의 궤와 그룹이 고정된 것이 아니고 하나님의 궤에는 바퀴가 달려 움직일 수 있고 그룹은 날개가 있어 날 수 있는 모습을 통해 성전중심신학을 포기하지 않으면서도 자유롭게 이동하시는 하늘의 하나님 중심의 신학으로 변모시킨 것이다.

V. 결론

본 연구는 성경의 배경이 되는 이스라엘 사회가 다문화 사회임을 밝히면서, 이러한 이스라엘을 선택하시고 대화하신 하나님의 특별한 인도 방식에 대해 연구한 것이다. 특히 다문화 사회를 통합하고 선도하는 신학의 핵심에 이주민과 함께 이동하시는 하나님의 자유로운 이동성이 자리 잡고 있음을 주목하면서 회막과 성전건축을 중심으로 하나님의 이동성을 분석하였다.

이스라엘이 자리 잡고 있는 팔레스타인 지역은 아프리카, 아시아, 유럽, 지중해, 아라비아 등지와 교류를 할 수 있는 교차지점으로 사람과 물자가 통과하는 사통오달의 지역이었다. 따라서 이스라엘의 지정학적 위치는 이주자가 쉽게 몰려들 수 있는 위치에 있었으며, 이스라엘 사회는 이주자의 정체성을 공유한 다문화사회였다. 아브라함부터 족장들이 이주민이었으며, 출애굽 사건과 페르시아에서 돌아 온 사건들은 귀환 이주 사건으로 분류할 수 있다. 그리고 수많은 전쟁을 거치면서 포로와 이주와 귀환이주가 계속되어 왔다.

이스라엘의 다문화 사회를 통합하고 선도하는 신학의 핵심에는 하나님의 이동성이 자리 잡고 있다. 성전의 기원이 되는 회막은 이주하는 백성들과 함께 이동하는 성소였으며 회막 전승에는 내부 회막 전승과 외부 회막 전승이 있었다. 따라서 회막 전승은 특정지역에만 하나님이 임재하시고 그곳만 거룩하다는 소위 정착민의 성전 중심 신학과는 거리가 멀었다. 이스라엘 백성이 가는 곳이면 어디든지 이동할 수 있었던 것이 회막이었다. 따라서 이동할 수 없고 고정된 건물을 건축해야 했던 예루살렘 성전 건축에도 이동의 상징인 날개 달린 그룹을 크게 만들고, 온 성전 벽과 문에, 그리고 성전 뜰에 물두멍을 받치는 수레에 이르기 까지 그룹 문양을 새겨

놓았다. 마치 성전에 날개라도 달린 듯 상상할 수 있도록 이렇게 그룹 문양을 새긴 것이다.

하나님의 이동성이 극적으로 강조된 것은 다윗의 성전건축 계획을 거부하신 나단신탁(삼하 7:1-17)에 나타나 있다. 다윗 왕조의 영속성을 보장해 주신 분은 건물 안 지성소에 계신 하나님이 아니라 자유롭게 이동하시는 회막의 하나님이셨다. 이것은 성전을 건축하여야 성전에 하나님이 임재하시고 다윗 왕권이 안정된다는 기존의 통념을 깨뜨리는 일이었다. 그리고 성전을 건축한 후에도 솔로몬 왕이 기도를 드릴 때 지성소를 향하지 않고 번제단을 향하여 기도를 드렸다. 이것은 건물 안 지성소의 하나님이 아니라 하늘에 계시고 어디든지 자유롭게 이동하시는 하나님을 강조하며 기도를 드린 것이다.

그러나 아하스 왕과 히스기야 왕 시대를 살펴보면 이미 번제단이 아니라 지성소 중심의 신학이 자리 잡고 있음을 발견할 수 있으며 예루살렘을 중심으로 하는 성전 중앙집중화 현상이 가속화되고 있었다. 결국 예레미야의 외치는 소리를 멀리했던 유다는 에스겔에 나타나는 바와 같이 하나님이 성전을 떠나시면서 바벨론에 의해 멸망당하였다. 포로시기에 다시 나타난 희망의 메시지는 이동하시는 하나님의 모습으로 나타나는데, 그것은 바퀴 달려 자유롭게 이동하는 하나님의 궤의 모습이었다.

비록 성전 중심의 신앙생활을 영위하더라도 잊어버리지 말아야 할 것은 자유롭게 이동하시는 하나님의 모습이다. 특히 다문화 사회를 선도할 수 있는 신학을 체계화할 때 하나님의 이동성이 핵심이 되어야 할 것이며 이러한 신학이 희망을 창출할 수 있는 신학이다.

제2부

한국적 구약해석

제1장

고대 이스라엘의 도피성과 고대 한국의 별읍(別邑)과 소도(蘇塗)

I. 서론

고대 이스라엘 역사와 종교를 연구하기 위해서는 주로 고대 중동의 역사와 종교를 비교하면서 연구한다. 그러나 역사와 종교는 이러한 범위를 넘어서도 비교할 수 있는 내용이 많이 있다. 특히 이스라엘이 영향을 받은 고대 수메르 역사와 종교는 고대 동양의 역사와 종교와도 관련이 있다. 따라서 유사한 점이 많으며 비교할 수 있는 여지가 많이 있고 이러한 비교를 통해 새로운 학문분야를 개척할 수 있다.

본 장은 「구약논단」 Vol.17 No.4 (2011), 126-145에 게재한 본인의 논문을 일부 수정한 것이다.

본 연구는 고대 이스라엘의 역사와 종교를 연구하고 동시에 고대 한국의 역사와 종교를 연구하여 다중 학문분야에 공히 공헌하려는 목적으로 연구를 시도하려고 한다. 따라서 본 연구는 학제간 연구이면서 동시에 고대 이스라엘과 고대 한국을 아우르는 지역 간 연구이기도 하다.

구약에는 48개의 레위성이 분포되어 있고 그 가운데 6성읍이 도피성으로 구분되어 있다. 도피성을 보면 납달리 지파의 갈릴리 게데스와 에브라임 지파의 세겜과 유다 지파의 헤브론 등이며, 요단강 동편에는 르우벤 지파의 베셀과 갓 지파의 길르앗라못과 므낫세 지파의 바산 골란 등이었다(수 20:8-9).

도피성의 정체와 역할에 대한 구약의 본문을 보면 출애굽기 21:12-14에는 '하나님께서 허락하시는 장소'로 나타나며, 민수기 35장에는 도피성의 숫자가 6개로 확대된다. 그리고 민수기에서는 우발적인 살인자를 보호하는 성으로 나타나고 이주자도 피난할 수 있도록 하였다. 이것은 제사장 신학적인 관점에서 땅의 오염을 방지하기 위해 이주자를 포함시킨 것이다. 신명기(4:41-43; 19:1-13)에서는 요단강 동편에 있는 도피성 세 개의 이름이 나타나고, 여호수아 20-21장에서는 6개의 성읍 이름이 모두 나타난다.[163] 이외에 역대기상 6:57, 67 에서도 도피성에 관한 것이 언급되어 있다. 그리고 도피성의 사상을 반영하고 있는 내용은 열왕기상 1:50-53, 2:28-34, 열왕기하 11:13-15, 느헤미야 6:10-13 등에서 찾아 볼 수 있으며 시편에도 관련된 본문들이 있다(시 15:1; 17:8; 27:5; 57:1; 59:16-17; 61:4; 144:2).

도피성의 가장 중요한 역할은 우발적으로 살인한 살인자를 보호하는 피난처의 역할이다. 도피성에서 무조건 이들을 보호하는 것

163) 김 덕중, "구약 성경의 도피성 제도에 관한 비교연구," 「국제신학」 8 (2006), 399-417.

이 아니라 재판을 받게 하고 그 재판에서 우발적인 살인이라는 점이 밝혀지면 그들을 보호하게 된다. 그러나 이렇게 보호를 받는 살인자라도 자기의 집으로 돌아갈 수 없고 대제사장이 죽은 후에라야 집으로 돌아갈 수 있다. 그리고 도피성은 레위성 가운데 구분된 성읍인데 목초지(מִגְרָשׁ 미그라쉬)가 성읍 주위에 둘러져 있어 제물을 목양할 수 있었다.

그런데 이와 유사한 형태의 피난처가 고대 삼한 시대의 별읍(別邑)과 소도(蘇塗)라는 형태이다. 별읍과 소도는 진수(陳壽)(233-297년)에 의해 찬술된 「삼국지」(三國志) 위지동이전(魏志東夷傳) 한전(韓傳)에 최초로 나타나는데 성역(聖域)으로 범죄자가 피난할 수 있는 곳이었고 보호를 받을 수 있는 곳이었다. 또한 소도가 별읍(別邑)이라는 곳에 있는 것을 보아 제물을 방목하거나 목양할 수 있는 숲이나 임야가 주위에 있는 성역(聖域)임을 알 수 있다. 위지동이전(魏志東夷傳) 한전(韓傳)에 기록된 소도와 관련된 본문은 아래와 같다;[164]

A. 常以伍月下種訖 祭鬼神 群聚歌舞飮酒晝夜無休 其
舞數十人 俱起相隨 踏地 低昂
手低足相應 節奏有似鐸舞 十月農功畢 亦復如之

(번역)

A. 항상 5월에 종자를 심는 일이 끝나면 귀신에게 제
사를 드리는데,
무리지어 노래하며 춤추고 술 마시면서 밤낮을 쉬

164) 소도에 관한 동일한 내용이 「後漢書」 東夷傳, 「晉書」 四夷傳, 「翰苑」 馬韓傳, 「通典」 邊防門東夷傳에 재정리 되어 있다.

지 않는다.

그 춤은 수십 인이 함께 일어나 서로 따르며 땅을 밟고 뛰기도 하는데,

손과 발이 서로 맞아 절진하는 모습이 택무와 비슷하다.

10월에 농사일이 끝났을 경우에도 역시 다시 이와 같이 한다.

B-1. 信鬼神 國邑各立一人 主祭天神 名之天君

2. 又諸國各有別邑 名之爲蘇塗 立大木 縣鈴鼓

(번역)

B-1. 귀신을 믿어 국읍에서는 각기 한 사람을 세워 천신에게 제사를 드리는데

그 명칭을 천군이라 한다.

2. 또 각국은 각각 별읍을 가지고 있으며 그 명칭을 소도라 하는데

큰 나무를 세워 방울과 북을 걸었다.

C-1. 事鬼神 諸亡逃之其中 皆不還之 好作賊

2. 其立蘇塗之義 有似浮屠 而所行善惡有異

(번역)

C-1. 귀신에 제사지내는데 그 가운데로 범죄자들이 도망하여 들어가면 모두 사람을 돌려보내지 아니하였다.

2. 소도를 세운 뜻은 부도와 유사하며 선과 악을

구분하여 행하는 바가 다름이 있다

본 연구의 목적은 구약에 나타나는 도피성과 마한의 별읍과 소도를 비교하여 유사성과 차이점을 파악하면서 도피성에 관련된 논쟁점들을 해결하려는 것이다.

도피성은 48개의 레위성 가운데 구분된 6성읍이었다. 이스라엘 전역에 흩어져 있는 6개의 도피성이 왜 설치되었으며 언제 설치되었는지 그리고 그 역할은 구체적으로 무엇인지에 대해 여전히 논란의 대상이 되고 있다. 본 논문은 이러한 논쟁점들을 소도와 비교 연구함으로서 그 해결의 단서를 발견하고자 한다. 특히 신성한 성역으로서의 제단과 도피성의 연관성을 별읍과 소도를 분석하면서 비교 연구하고자 한다. 이와 더불어 소도로 피신한 사람의 정체와 도피성과 소도로 피신한 사람들의 상황을 면밀히 연구할 것이다. 또한 도피성과 별읍의 경제적 기능도 덧붙여 살펴볼 것이다.

II. 도피성과 소도와 천군(天君)

최근에 바메쉬(Pamela Barmesh)는 그의 저서에서 피난처를 (1) 정치적인 이유로 목숨을 건지기 위해 아도니야와 요압이 피신했던 제단이나 성소(왕상 1:50-53; 2:28-34)와 (2) 우발적인 살인자의 피난처인 도피성을 구분하였다.[165] 그리고 계약법전에서도 이러한 구분이 있다는 점을 지적하였다. 즉 바메쉬(Pamela Barmesh)는 출애굽기 21장 12-14절을 해석하면서 13절의 '성소' 혹은 '장소'

165) Pamela Barmash, *Homicide in the Biblical World* (Cambridge: Cambridge University Press, 2005) 71-93.

를 나타내는 단어인 마콤(מָקוֹם)은 도피성을 가리키기 때문에 14절의 제단(מִזְבֵּחַ 미즈베아흐)과 연결시켜 동일한 것이라 주장하는 것은 설득력이 부족하다고 주장한 것이다. 14절은 고의적인 살인자일 경우에는 어느 곳이든 끌어내어 죽여야 한다는 점을 강조한 것이라 보았다. 심지어 제사장만 들어갈 수 있는 곳인 제단에서도 끌어내어야 한다는 뜻으로 제단이라는 용어가 사용되었다고 한다.

한편 스테커트(Jeffrey Stackert)는 출애굽기 21:12-14와 신명기 19:1-13을 비교하면서 제단에 피신하던 것이 도피성에 피신하는 것으로 변천하게 되었다고 하면서 제의의 중앙집중화가 이러한 변화에 영향을 미쳤다고 주장하였다.[166] 즉 중앙성소의 제단에 도달하기 전에 우발적 살인자가 '피의 구속자'의 손에 의해 죽임을 당할 수 있기 때문에 가까운 거리에 도피성을 설치할 수 밖에 없었다는 주장이다. 즉 제단이나 거룩한 성소에서 세속적인 도시로 변천된 것이라 주장한 것이다. 성역으로서의 제단이 우선이며 도피성이 나중에 설치되었다는 점은 수긍이 가지만 주전 8세기에 있었던 제의의 중앙집중화로 인해 도피성이 설치되었다는 주장은 납득하기 힘들다. 왜냐하면 왕권이 강화되었고 법치주의가 실행되었던 시대에 도피성이 존재하기 힘들며, 도피성 안에 제사장이 있었고 제단이 있었다는 사실을 고려해야 하기 때문이다.[167]

봐인펠트(Moshe Weinfeld)도 이러한 점을 주장하였는데 제단

166) Jeffrey Stackert "Why does Deuteronomy Legislate Cities of Refuge? Asylum in the Covenant Collection (Exdus 21:12-14) and Deuteronomy (19:1-13)," *JBL* 125 (2006), 27-30.

167) Menahem Haran, "Studies in the account of the levitical cities: I. Preliminary Considerations," *JBL* 80 (1961) 53.

과 성소가 도피성 안에 있다는 주장이다.[168] 그리고 도피성이 세속적인 도시라는 주장은 비판받을 여지가 있다. 도피성 가운데 헤브론은 제사장 성이었으며(수 21:13) 세겜에도 성소가 있었다(수 24:1, 25 도삿 9:4, 27). 따라서 당연히 헤브론과 세겜에는 성소가 있었으며 성소가 중앙에 있는 도피성임을 알 수 있다.

그러면 죄인이 피신했다는 별읍과 소도는 어떻게 구분될 수 있는가? 별읍과 소도 역시 논란의 여지가 있다. 위지동이전(魏志東夷傳) 한전(韓傳)에는 별읍과 소도에 관한 내용이 나타난다. 당시 삼한은 각각 소국으로 형성되어 있었는데 마한의 경우 54 소국이 있었다. 각 소국은 다수의 읍락군으로 형성되며 그 중심에는 국읍(國邑)이 있었다. 국읍은 소국의 중심지로 대읍락을 가리킨다.[169] 그리고 국읍 옆에는 별읍이 있었다고 하며 소도가 있었다고 한다.

별읍은 5월과 10월에 농경제의가 열리는 곳이고, 소도에는 북과 방울을 매단 대목(大木)이 세워져 있었다. 바로 여기서 제의가 행해진 것이다. 그리고 제사장이었던 천군(天君)이 관장하는 소도에서는 범죄자가 피난할 수 있었고 보호를 받을 수 있었다. 문제는 별읍과 소도가 각각 별개의 것이었느냐 아니면 별읍 안에 소도가 있었느냐는 것이다. 소도에 대한 해석이 다양하다. 서영대는 '솟터설'을 주장하였는데 소도의 '소'의 의미를 고대국어의 '솟' 내지 '소슬'의 음차이며 '터'의 음차인 도(途)가 붙여진 것으로 보았다.[170] 한편 허 회숙은 소도의 의미를 "부활갱생의 길"로 해석하였다.[171]

---

168) Moshe Weinfeld, *Social Justice in Ancient Israel and in the Ancient Near East* (2nd ed.; Jerusalem: Magnes; Minneapolis: Fortress, 2000), 97-132.

169) 이 현혜, 「삼한사회 형성 과정 연구」 (일조각, 1984), 105.

170) 서 영대, "韓國 古代 神 觀念의 社會的 意味," (서울대 박사학위논문, 1991), 267.

171) 허 회숙, "소도에 관한 연구," 「경희사학」 3집 (1972), 11.

그리고 송 화섭은 소도가 장소를 의미하는 것이 아니고 제의를 가리킨다고 주장하였다. 송 화섭은 소도를 불교의식과 흡사한 종교 의례로 보았다.[172] 그러나 김정배는 소도는 신성한 지역이고 소도가 있는 별읍에 도피한 자를 붙잡지 못하였다고 하면서 별읍 안에 제사를 드리는 장소인 소도가 있었다고 주장하였다.[173] 보다 더 설득력있는 주장은 별읍 안에 소도가 있었다는 주장이다. 왜냐하면 소도는 큰 나무를 중심으로 천신(天神)에게 제사를 드리는 곳이요, 그 주위에 많은 사람들이 모여서 며칠동안 춤추는 축제가 열리는 공간이었기 때문이다. 또한 그 곳으로 피신한 사람들이 거주할 수 있는 영역이요 제사에 필요한 것을 공급할 수 있는 영역이었기 때문이다. 대마도에도 비슷한 형태를 찾아볼 수 있고 도망자를 보호할 수 있으려면 신성한 제사 장소인 소도를 포함하는 별도의 공간이 필요하기 때문이다.[174]

천군(天君)은 누구인가? 천군의 신분을 무(巫 Shaman)로 보기도 하지만[175] 제사장으로 보는 견해가 설득력이 있다.[176] 초기의 천군은 제사장이면서 동시에 지역의 통치자이기도 하였다. 정확하게 말한다면 지역 가운데서도 중심에 위치해 있으면서 지역의 여러 마을들을 종교적인 권위로 다스리는 위치에 있었다. 그리고 후기에는

---

172) 송 화섭, "마한 소도의 성립과 역사적 의의,"「한국고대사연구」 7집 (1994), 247.

173) 김 정배, "소도의 정치사적 의미,"「역사학보」 79집 (1978), 5-20.

174) 조 법종, "신라사원노비의 기원문제에 관한 일고찰,"「史叢」32집 (1987), 25쪽. 소도와 비슷한 형태로 대마도의 卒土를 예로 들었다. 대마도에는 개울을 경계로 하여 동쪽에는 神社가 있는 聖地요, 서쪽에는 주거지로 구분되어 있다. 이현혜, "삼한의 국읍과 그 성장에 대하여,"「역사학보」 69권 (1976), 13.

175) 김 태곤, "소도의 종교민속학적 조명,"「마한·백제문화」 12집 (1990), 171-174.

176) 김 정배, "소도의 정치사적 의미,"「백산학보」 26호 (1981), 20-21.

제정이 분리되었는데 천군이 정치적 통치자와 연결이 되어 있으면서도 소도라는 성역을 관장할 만한 권력이 있었다.

삼한 시대의 종교 상황을 살펴보면 농경신앙이며 자연신을 숭배하는 상황이었다. 그런데 천군이 섬기는 신은 천신(天神)으로 지역의 신보다 상위의 신이었다. 천신은 국가의 수호신으로 적합한 신이었다. 천신은 최고신이었으며 유일신이었고 인격신이었다.[177] 천군이 지역 사람들로 하여금 천신을 섬길 수 있도록 인도하여 결국 여러 지역을 종교적으로 통일 시키고 장래 국가가 성립될 수 있는 기틀을 만들었다.

III. 소도와 별읍을 통해 본 도피성의 역사성과 시대적 배경

소도와 별읍에 관한 자료의 장점은 이 자료가 삼한 시대에 살고 있었던 진수(陳壽)(233-297년)에 의해 찬술되었다는 것이다. 따라서 소도와 별읍의 역사성은 신뢰할 만한 것이다. 그러나 도피성이 포함된 레위성에 관한 구약의 본문에 대해서는 끊임없이 그 역사성에 대해 의문이 제기되고 있다. 도피성이 역사적인 사실인지 아니면 문학적인 창작인지에 대해 논란이 일고 있다. 만일 역사적인 사실이라면 도피성의 설치 연대는 언제인지, 그리고 어떠한 역사적 정황 가운데서 도피성이 설치·운영되었는지를 살펴보아야 할 것이다.

177) 송 화섭, 윗글, 256-257.

소도는 백제와 신라가 국가체제로 형성되기 이전인 마한, 진한, 변한 등 삼한시대에 있었던 제장(祭場)이었다. 이 삼한 시대는 주전 3세기에서 주후 3세기에 걸친 약 600여년의 기간이었으며 청동기에서 철기시대로 변화되는 시대로 급격한 사회변동이 일어난 시대였다. 이 시대에는 읍락사회에서 국읍세력의 주도하에 소국사회로 발전하는 시기이기도 하다. 지배층과 피지배층으로 구분되며 계층구분에 따라 신분변화가 일어나고 경제적 빈부 차이가 일어나는 시대였다. 또한 혈연적인 씨족사회에서 부족공동체사회로 발전하면서 소국이 형성되는 시대였다. 씨족사회는 평등한 원시공동체였으며 자발적 노동력집단이 존재한 고인돌사회라 할 수 있다.[178] 그런데 부족사회와 국가로 발전하면서 공동체의 변화와 더불어 정치권력과 종교권력의 판도 변화가 크게 일어났다.[179]

여기서 용어에 대한 정의가 필요하다. 소국(小國)이라는 용어는 '작은 국가'라는 뜻으로 이해하기 쉬우나 실상은 국가의 규모가 아니라 군장사회(君長社會, Chiefdom)의 규모로 볼 수 밖에 없다. 왜냐하면 베이커(P. T. Baker)와 샌더스(W. T. Sanders)에 의하면 부족의 최고 인원수는 5,000-6,000명 정도이고 그 다음 군장사회는 10,000-12,000명 이상으로 파악할 수 있다고 하였기 때문이다.[180] 위지동이전 한전에 의하면 삼한은 15-20만호로 인구가 75-100만명 정도였다고 한다. 그리고 마한과 진한과 변한의 각 소

---

178) 박 희현, "한국 고인돌문화에 대한 한 고찰 - 그 상한 연대를 중심으로," 「한국사연구」 46집 (1984), 21-24.

179) 국가 발전 단계에서 고대 이스라엘에서 일어났던 반왕권적 저항들에 관해서는 다음의 논문을 참조바람; 이 희학, "이스라엘 왕국 초기에 일어난 반왕권적 저항들 - 압살롬과 세바의 반란이 갖는 역사신학적 의의," 「구약논단」 10집 (2001), 43-64.

180) Baker, P. T. and Sanders, W. T., "Demographic Studies in Anthropology," Annual Review of Anthropology 1 (1972), 163.

국의 인구는 2,000호 즉 1만여명의 규모였으므로 군장사회라고 말할 수 있다.[181] 국읍이라는 것도 국가의 도시가 아니라 군장사회의 큰 읍락으로 보아야 할 것이다.

삼한은 각각 소국으로 형성되어 있는데 마한의 경우 10여만명의 인구가 있었고 54 소국으로 구성되어 있었다. 각 소국은 다수의 읍락군으로 형성되며 그 중심은 국읍이 있었다. 국읍에는 주수(主帥)라는 정치적 통솔자가 있었지만 읍락에는 크게 영향을 미치지 못하는 상황이었다; 國邑雖有 主帥 邑落雜居 不能善相制御(국읍에는 주수가 있으나 읍락이 잡거하여 능히 서로 잘 제어하지 못한다).[182] 오히려 제사장인 천군이 각 읍락의 집단들을 하나로 아우르면서 각각의 소국을 성립시켰다.[183] 즉 정치권력보다 종교적 권력이 우위였던 상황을 말해 주고 있다.

여기서 주목할 점은 정치권과 종교권의 분리 현상이다. 이전에는 즉 고조선과 같은 고대 사회에는 정치권력과 종교권력이 결합되어 있어서 통치자가 제사장 역할을 겸했다. 그리고 삼한시대에도 마한의 경우 세형동검문화기(細形銅劍文化期)인 전기(주전 300-0년)에는 천군이 제사장과 통치자를 겸하기도 하였다.[184] 즉 천군이 제정(祭政)을 관장하는 군장사회이며 소국사회라 할 수 있다.[185] 그러나 후기(0-300년)에는 정치와 종교가 분리되는 현상이 일어났다.[186]

비록 제정(祭政)이 분리되었으나 정치권력자인 주수의 통치력은

---

181) 김 정배, 윗글, 8-9.

182) 「三國志」, 魏志東夷傳, 韓傳

183) 이 현혜, 윗글(1976), 3-8.

184) 김 정배, 윗글, 18-19.

185) 김 정배, "삼한사회의 '국'의 해석문제," 「한국사연구」 26호 (1979), 2-6.

186) 송 화섭, 윗글. 249, 각주 25; 최 몽룡, 「한국사연구입문」 (지식산업사, 1981), 64.

미약하여 읍락집단을 정치적으로 통합하지 못하였고 천군이 주관하는 제천의식에 의존하여 지배하였다.[187] 종교적으로 설명한다면 '제귀신(祭鬼神)' 혹은 '사귀신(事鬼神)'에서 나타나는 '귀신'이라는 용어는 각 읍락에서 섬겼던 잡신들을 가리키는 것이고 '천신(天神)'은 최고신으로서 여러 신들을 통합할 수 있는 능력이 있는 신이었다. 따라서 천군이 주제하는 천제(天祭)는 각 읍락의 대표자들을 가장 큰 도시인 국읍으로 불러 모을 수 있었다. 이와 더불어 국읍에는 교역이 활발해 졌으며 이러한 여러 활동을 통해 국읍의 군장은 고대국가의 왕으로 성장할 수 있었다. 특히 철기문화의 보급으로 국읍의 정치세력이 강화되면서 천군의 종교적 세력이 약화되는 일이 일어났다.[188] 그리고 정치세력인 왕권이 강화되면서 천군은 오히려 그 세력이 약화되어 버렸다.

중요한 것은 제사장이었던 천군이 관장하는 별읍과 소도에서는 범죄자가 피난할 수 있었고 보호를 받을 수 있었다는 사실이다. 소도가 있는 별읍은 정치적 권력이 미치지 못하는 치외법권 지역으로 볼 수 있으며 그 곳으로 도망하면 잡아내지 못하였다. 별읍은 군장사회에서 독자적인 통치질서를 가진 지역이었다. 이것은 정치적인 권력과 종교 권력이 구분되는 제정분리의 시기에 나타날 수 있는 현상이다. 특히 천군의 권력이 정치적 지도자인 주수보다 우위에 있을 때 이러한 현상이 일어날 수 있다. 그리고 정치적 군장인 주수와 제사장인 천군 사이에 모종의 계약관계가 성립되었을 것으로 짐작된다.[189]

바로 이 점을 주목하면서 도피성의 역사성과 그 시대적 배경을

187) 송화섭, 윗글, 249.

188) 이현혜, 윗글(1976). 18-19, 26.

189) 김정배, 윗글(1978), 20-24.

가늠하려고 한다. 즉 아직 국가체제가 굳건하게 자리잡지 않았고 왕권이 강화되지 않았으며, 정치권력과 종교권력의 분리가 시작되었으나 종교권력이 정치권력을 압도할 수 있는 시기에 도피성이 있을 수 있다는 것이다.

여호수아에는 도피성을 포함한 48개의 레위성이 가나안을 정복하고 그 땅에 정착하는 단계에 설치되었다고 하지만 여러 학자들은 솔로몬 시대 혹은 그 이후 시대에 설치된 것으로 여기고 있다.

벨하우젠(Julius Wellhausen)은 성소에 피신한 것은 고대의 일이고 도피성이 설치된 것은 요시야 왕 때라고 주장하였다.[190] 왜냐하면 성소의 중앙집권화로 인해 지방 성전이 파괴되면서 피난처가 사라질 위기에 있었기 때문에 특별히 도피성을 설치하였다는 것이다. 그러나 요시야왕은 요단강 동편까지 통치한 적이 없었으며 도피성을 요단강 동편에 설치할 수가 없었기 때문에 이러한 주장은 타당하지 않다. 니콜스키(N. M. Nicolsky)[191]와 멕키팅(Henry McKeating)도 주전 7세기에 도피성이 설치되었다고 하는데 이 역시 비판받을 수 밖에 없다.[192] 왜냐하면 주전 7세기에 요단강 동편을 통치한 유다 왕이 없었기 때문이다.

드보(Roland de Vaux)는 도피성 설치 시대를 솔로몬 왕 때라 주장하였으며,[193] 밀그롬(Jacob Milgrom)도 이러한 주장에 동의하였다. 밀그롬(Jacob Milgrom)은 범죄자가 제단으로 피신하면 보

190) Julius Wellhausen, *Prolegomena to the History of Israel*. (preface by W. Robertson Smith, with a foreword by Douglas A. Knight. 1885. Reprint, Atlanta; Scholars Press, 1994), 33, 162, 375.

191) N. M. Nicolsky, "Das Asylrecht in Israel." *ZAW* 48 (1930), 156-157.

192) Henry McKeating, "The Development of the Law on Homicide in Ancient Israel." *VT* 25 (1975), 64-66.

193) Roland de Vaux, *Ancient Israel* (New York: McGraw-Hill, 1961), 162-163.

호받을 수 있다는 제단의 성역(聖域)을 솔로몬이 깨뜨려 버리고 대신 6개의 도피성으로 피난처를 대치하였다고 주장하였다.[194] 그러나 솔로몬 시대에 더 이상 제단이 있었던 성역이 제 기능을 행사할 수 없었던 것은 왕권의 강화 때문이었다. 따라서 이러한 상황에서 왕권이 미치지 않는 치외법권적인 도피성을 새롭게 설치했다는 주장은 설득력이 부족하다.

도피성과 같은 성역(聖域)이 더 이상 존재할 수 없는 시대가 왔다는 것은 요압의 경우에서 분명히 나타난다. 요압 장군이 도피하여 성막 안에 있는 제단 뿔을 잡고 목숨을 건지려 했지만 왕인 솔로몬은 그를 끌어내어 처형해 버렸다(왕상 2:28-34). 성역(聖域)으로 구별된 성막이 더 이상 범법자를 보호할 능력이 사라진 상태인 것이다. 이것은 왕권이 강화되면서 종교권력을 장악한 상황에서 일어난 사건이다. 왕권이 강화된 상태에서는 치외법권적인 성역인 도피성이 그 기능을 행사할 수 없는 것이다.

소도의 경우를 볼 때 발견할 수 있는 것은 종교권력이 정치권력보다 우위에 있었을 때 도피성이 운영될 수 있었다는 점이다. 그리고 정치권력이 신장되고 국가가 형성되며 왕권이 종교권력 보다 우위에 있을 때에는 더 이상 도피성이 유지될 수가 없었다. 따라서 도피성이 설치되고 운영된 시기는 왕권이 강화되기 이전임을 알 수 있다. 도피성의 성립과 운영시기에 대해 논란이 분분하지만 소도의 경우를 참작해 볼 때 가장 설득력있는 것은 왕권이 충분히 강화되기 이전인 사울 시대 이전이다. 왜냐하면 사울이 등장하기 이전에는 사무엘이 종교권력과 정치권력을 모두 행사하는 군장의 역할을 하였기 때문이다. 그리고 사울이 왕으로 등장했을 때에도 여전히 제사장인 사무엘의 위세는 등등하였고 사무엘은 왕을 교체할 수

---

194) Jacob Milgrom, *Numbers*. The JPS Torah Commentary (Philadelphia: The Jewish Publication Society, 1989), 508.

있는 위력을 과시하는 상황이었기 때문이다. 다윗 시대에는 다소 왕권이 강화되었지만 충분하지는 않았기에 성역(聖域)인 도피성은 약화된 상태로 존속했을 가능성이 있다.

IV. 도피성과 소도로 피신한 사람들의 정체

도피성이 보호하는 범법자는 우발적인 살인자이다. 도피성은 이들을 보호할 수 있는 명분이 있고 신학적인 이유도 있다. 제사장 신학에 의하면 만일 우발적인 살인자가 '피의 구속자'의 손에 의해 죽게 되면 또 다른 억울한 피가 땅에 흘러 땅이 오염되면서 결국 공동체에 해를 끼칠 수 밖에 없기 때문에 공동체의 안위를 위해서도 도피성이 우발적인 살인자를 보호해야 한다.[195]

그러나 소도의 경우 소도에 피신한 사람들이 어떤 사람들인지 분명히 알려주지 않는다.

손 진태는 C-1 가운데 '호작적(好作賊)'이라는 구절을 소도의 권위를 지키기 위한 무사의 역할로 보았다.[196] 과연 소도로 피신한 사람이 범죄와 관련이 있으면서도 모두 무사가 될 만한 사람이었을까? 이러한 생각은 추측에 불과할 뿐이고, 모두가 무사일 가능성은 그리 높지 않았다.

'호작적(好作賊)'은 도둑질만 지칭하는 것이 아니라 사회적으로 지탄을 받는 행위인 살인, 상해, 도적 등의 행위를 모두 일컫는 용

195) 정중호, 「민수기 II」 (한들출판사, 2008), 416-417.

196) 손진태, "소도고," 「조선민족문화의 연구」 (을유문화사, 1947), 34.

어로 볼 수 있다.[197] 따라서 소도로 피신한 사람들은 사회적 제재를 받아야 할 사람들로 보인다. 이런 까닭에 여러 학자들이 일반적인 범법자로 이들을 보면서 사회가 인정할 만큼 소도에서 어떤 형태이든 노역이나 잡역을 부과하였다고 주장한다.

조 법종은 소도로 피신한 사람들이 범죄자였기 때문에 범죄자를 징계한다는 의미로 어느 정도 중노동 시킬 수 밖에 없었을 것이라 보았다. 피신한 사람들은 토지로부터 유리되었고 공동체로부터 강제적으로 분리된 존재였기에 노비와 다를 바 없다고 보았다.[198] 그래서 소도에 피신한 사람들의 역할을 볼 때 이들이 불교가 들어왔을 때 사원(寺院)의 노비가 된 것으로 보았다.[199] 이러한 관점에서 본다면 소도는 부분적으로 교도소나 감호소의 역할을 한 것이다. 그러나 과연 이렇게 할 때 소도의 권위가 인정받고 그 권위가 지켜졌을까? 당연히 벌을 받아야 하는 범법자를 소도가 받아들인다면 소도는 사회적 법질서를 지키지 않고 교란시키는 장소가 되며 소도와 천군의 권위는 추락할 수 밖에 없는 문제가 발생한다.

도피성의 경우 피신한 사람은 고의적 살인자인지 아니면 우발적 살인자인지를 판가름하는 재판을 받아야 했다. 그리고 재판 장소는 도피성 바깥에서 그리고 회중 앞에서 진행되었다(민 35:25). 즉 모든 사람들이 볼 수 있고 참여하는 가운데 재판이 진행된 것이다. 단 신명기의 기록을 보면, 살인 사건이 일어난 본 성읍 장로들이 판단하여 고의적인 살인자일 경우 도피성에서 잡아다가 보복자의 손에 넘겼다(신 19:11-13). 이러한 재판을 실시하는 이유는 우발적 살인자만 보호한다는 도피성 역할의 정당성을 확보하기 위해서였

197) 송화섭, "마한 소도의 구조와 기능," 「한국종교」 제17집(1992), 46.

198) 조법종, "신라사원노비의 기원문제에 관한 일고찰," 「사총」 32권(1987), 27.

199) 조법종, "한국 고대 노비의 발생 및 존재양태에 대한 고찰," 「백제문화」 22권 (1992), 35.

다. 그리고 우발적인 살인자라 하더라도 도피성 바깥으로는 나갈 수는 없었다. 즉 어느정도 행동에 제한을 받을 수 밖에 없다. 그래서 트렌트 버틀러(T. C. Butler)는 레위성을 "도피처인 동시에 감옥"이라고 표현하기도 하였다.[200]

혹시 소도에서는 이와같은 재판이 있었을까? C-2를 보면 "소도를 세운 뜻은 부도와 유사하며 선과 악을 구분하여 행하는 바가 다름이 있다"고 했다. 여기서 '선과 악을 구분하여'의 '선'은 일상적인 관습을 가리키며, '악'은 범죄현상으로 볼 수 있는데 악을 행한 사람은 천군에 의해 재판이 이루어졌을 것으로 볼 수 있다. 왜냐하면 천군은 선악을 판정하는 권위와 능력이 있었기 때문이다. 이 재판은 신의 판정으로 여겨졌으며 형벌을 받은 경우도 있었겠지만 죄를 용서받는 경우도 있었을 것으로 보인다. 왜냐하면 부여의 영고에서도 제천의식이 거행될 때 죄인들에게 사면을 실시하였기 때문이다(曰迎鼓 於時斷刑獄 解囚徒).[201] 영고와 유사한 제천의식이 거행되는 소도에서도 어느 정도 사면의 정신이 실행되었을 것으로 보여진다.

또 "부도와 유사하며"에서 '부도'란 불교를 가리키기도 하지만 계율을 강조하는 불교의 한 면을 가리킬 수도 있다. 즉 소도에서도 불교와 같이 사람들을 교화하려는 의도가 있음을 알 수 있다. 소도에서 천신에게 제사 지내면서 공동체적 생활질서를 수립하기 위해 백성을 교화하는 것은 「太白逸史」에서도 찾아볼 수 있다.[202]

고대 중동에서는 살인자도 성역으로 도피할 수 있었으며 성역에서 보호를 받았다.[203] 왜냐하면 복수의 악순환의 고리를 끊기 위해

200) T. C. Butler, *Joshua* (WBC; Waco: Word Books, 1983) 216.

201) 「三國志」, 魏志東夷傳, 夫餘傳.

202) 「太白逸史」, 三神伍帝本紀

203) Jacob Milgrom, 윗글, 504.

서였다. 고대에는 ‘피의 복수법’이 있었는데 이것은 피살자의 친족이 반드시 살인자를 찾아 죽여야 한다는 법이다. 이러한 관습법이 있었기 때문에 복수의 이름으로 살인은 계속될 수 밖에 없었던 것이다. 이러한 악순환의 고리를 끊기 위해서 고대 중동에서는 피난처(asylum)를 만든 것이다.

소도에는 어떤 범죄자이든 피신한 자를 보호하는 기능이 있기 때문에 목숨을 보전하기 힘든 범법자나, 복수가 두려운 보복자, 그리고 무거운 형벌이 두려운 범법자 등이 피신했을 가능성이 있다. 그리고 소도에서는 사면정신과 교화정신이 있었기 때문에 범죄자들이 자발적으로 소도로 피신했던 것이다. 그리고 억울하게 형벌을 받아야 할 사람도 소도로 피신하여 신의 판단, 즉 천군의 재판을 기다렸을 것이다.

구약에는 도피성에서 도피한 사람이 무엇을 하며 지냈는지에 대해 상세하게 말해주지 않는다. 확실한 것은 고향과 가족을 그리며 도피성에서 격리되어 살 수 밖에 없었다는 것이다. 그리고 레위인들이 피신한 사람을 보호할 뿐 만 아니라 감시할 수 밖에 없었다. 왜냐하면 이 사람이 성밖에 나가서 “피의 구속자(복수자)”에 의해 죽으면 또 다른 억울한 피가 흘러 공동체에 해가 되기 때문이다. 결국 이 사람은 어느 정도 자유를 제한당할 수 밖에 없는 것이다.

구약의 도피성의 경우, 피신한 사람이 살아갈 장소와 생계를 유지할 수 있는 생활방도를 제공해 주는 기본적인 기능이 있었다; “한 곳을 주어 자기들 중에 거하게 하고”(수 20:4). 도피성에 피신한 사람은 하루 이틀 머무는 사람이 아니다. 재판을 받고 대제사장이 죽을 때까지 장기간 도피성에 머무를 수 밖에 없는 사람이다. 따라서 이러한 사람을 위해서는 생계를 유지할 수 있는 방도까지 마련해 주어야 그 사람이 살아갈 수 있다.[204] 김 지찬은 도피성을 '수용의 도시(city of admittance)' 혹은 '영접의 도시(city of reception)'라 부를 것을 제안하면서 도피성이 무고한 도망자들을 손님으로 영접하는 능동적 장소임을 강조하였다.[205] 랍비 전승에 의하면 피신한 사람에게는 세금을 받지 말아야 하며 심지어 직업훈련까지 시켜 주어야 한다고 가르쳤다.[206]

그러면 소도에서는 피신한 사람들에게 무엇을 제공하였으며 그들은 무슨 역할을 감당했는가? 소도로 피신한 사람의 경우 거기서 어떻게 지냈는지 혹은 무슨 일을 감당했는지 알 도리가 없다. 소도로 피신한 사람들 가운데는 억울한 사람들도 있었겠지만 대부분은 사회적으로 범죄자로 낙인이 찍힌 사람들이었다. 따라서 그들에게는 어느 정도 형벌을 부과할 수 밖에 없었을 것이다. 그리고 소도에 들어 온 범죄자는 외부로 나갈 수 없었다; "...그 가운데로 범죄자들이 도망하여 들어가면 모두 사람을 돌려보내지 아니하였다"(C-1). 그들은 가족과 토지로부터 유리 당했으며 평생 중노동을 감수해야 했기 때문에 거의 노비나 다를 바 없는 처지로 생활했다고 볼 수 있다. 그리고 어느 정도 소도의 역할을 분담하였을 것이라 짐작할 수 있다. 예를 들면 자신들의 생존과 생활에 필요한 활동을 하면서, 제사준비를 하고 제의에 필요한 의기를 제작하는

---

204) 미쉬나에 의하면, 대제사장의 어머니가 피신자들에게 개인적으로 옷과 음식을 제공했다고 했다. 왜냐하면 피신자들이 자신들의 해방을 위해 대제사장이 죽게 해달라는 기도를 하지 말도록 하기 위해서였다고 한다(*Mish*. Mak. 2:6).

205) 김지찬, "한국 교회: 폭력의 원천인가, 도피성인가?" 「구약논단」 27집 (2008), 56; R. D. Nelson, Joshua, OTL (Louisville: Westminster, 1997), 229쪽; M. H. Woudstra, *The Book of Joshua* (Grand Rapids: Eerdmans, 1981) 298, 각주 1번.

206) E. J. Hamlin, *Joshua: Inheriting the land* (ITC; Grand Rapids: Eerdmans, 1983) 133.

역할도 분담했을 것으로 보인다.[207]

대제사장이 죽을 때에야 도피성에 있었던 우발적 살인자가 고향으로 돌아갈 수 있었다는 것은 신학적으로 대제사장의 죽음으로 속죄가 이루어졌기 때문이라 해석한다.[208] 비록 우발적이기는 하지만 살인을 저지른 범죄이기에 그 죄를 용서받기 위해서는 누군가의 피가 흘려져야 하기 때문이다. 그런데 소도의 경우는 천군에 의해 사면이 있을 수 있고, 부여의 영고의 경우는 축제 기간에 사면이 있었으며, 신라의 경우는 지도자의 취임 때 사면이 있었다. 따라서 대제사장의 죽음이 있지만 새로운 대제사장의 취임도 이어진다는 사실을 주목할 필요가 있다. 이러한 점을 고려할 때 도피성의 우발적인 살인자의 사면이 실제로는 새로운 대제사장의 취임 때 사면이 일어나는 것을 신학적으로 대제사장의 죽음에 무게를 두어 해석한 것으로 볼 여지가 있다.[209]

또 다른 차이는 도피성의 경우 우발적인 살인자의 숫자가 많지 않았을 것이로 보이나, 소도의 경우 일반 범죄자가 피난할 수 있었기 때문에 숫자가 도피성보다는 많았을 것으로 보인다.

V. 도피성과 소도의 사회 경제적 기능

별읍과 소도의 경우를 보면 씨앗을 뿌리는 5월과 추

207) 조법종, 윗글, 35.

208) 정중호, 윗글, 420-421.

209) 이러한 가설은 또 다른 연구에서 검토할 필요가 있다.

수를 마감하는 10월에 제사를 드리는데 제사 드리는 기간에는 많은 사람들이 소도가 있었던 별읍에 와서 술도 마시고 음식을 나누면서 춤을 추었다. 즉 이러한 제사기간은 사회의 유기적 관계를 소통시키는 기회였고, 축제 분위기를 통해 공동체적인 연대의식을 조성할 수 있었다. 축제에서 추는 춤은 '택무(鐸舞)'와 비슷하다고 하였는데, 택무는 목탁을 손에 들고 춤추는 중국의 민간 춤으로서 '잡무(雜舞)'라 기록되어 있다.[210]

봄과 가을에 열리는 제사 기간은 물물교환과 상거래가 이루어지는 장터가 열리는 기간이기도 하였다. 각 읍락에서 생산된 특산물이나 수공업제품과 농산물과 가축 등 잉여생산물이 별읍에서 거래되었다. 즉 소도가 있었던 별읍은 경제적 교역의 중심 도시이기도 한 것이다. 그러나 철기문화가 보급되면서 국읍에서 거래되는 양이 더 많아졌고 상시로 거래되는 장터가 국읍에서 세워졌다. 그리고 기원전 1-2세기부터 마한을 포함한 삼한에서는 철을 화폐와 같이 사용하는 상거래가 일상화 되면서 더더욱 교역의 중심지가 국읍으로 옮겨졌다.[211]

그러면 도피성도 장터가 열리고 교역이 성행한 성읍이었는가? 이러한 면에 대해서 성경은 침묵하고 있다. 이유가 있다. 도피성에는 제단은 있었지만 도피성이 반드시 중요한 성소는 아니었다. 예를 들면 벧엘(왕상 12:27-33)과 실로(수 18:1; 삿 21:19)와 놉은 중요한 성소였지만 레위성도 아니었고 도피성도 아니었다. 물론 헤브론과 세겜에는 성소도 있었을 것으로 보이지만 6개의 도피성이 모두 중요한 성소는 아니었다. 도피성을 포함한 레위성은 제사장과 레위인들이 거주하는 성읍이었던 것이다. 예를 들면 실로와 놉 성소

210) 이두현, 「한국연극사」 (민중서관, 1973), 8.

211) 송화섭, 윗글(1994), 73.

의 제사장들은 실로와 놉에 거주하지 않았고 아나돗이라는 레위성에(수 21:18) 거주하였다.[212] 따라서 도피성이기 때문에 순례하러 오는 행렬은 없었으며 도피성에 종교적 이유로 인해 교역이 크게 일어나지는 않았다. 다만 지역의 거점 도시로서 일상적으로 일어나는 교역은 있었을 것으로 짐작된다.

VI. 결론

본 연구의 목적은 구약에 나타나는 도피성과 마한의 별읍과 소도를 비교하여 유사성과 차이점을 파악하면서 도피성에 관련된 논쟁점들을 해결하려는 것이다.

구약에는 48개의 레위성이 분포되어 있고 그 가운데 6성읍이 도피성으로 구분되어 있다. 도피성의 가장 중요한 역할은 우발적으로 살인한 살인자를 보호하는 피난처의 역할이다. 그런데 이와 유사한 형태의 피난처가 고대 삼한 시대의 별읍(別邑)과 소도(蘇塗)라는 형태로 있었다. 별읍과 소도는 진수(陳壽)(233-297년)에 의해 찬술된 「삼국지」(三國志), 위지동이전(魏志東夷傳) 한전(韓傳)에 최초로 나타나는데 성역(聖域)으로 범죄자가 피난할 수 있는 곳이었고 보호를 받을 수 있는 곳이었다.

국읍에는 정치적인 지도자인 주수(主帥)가 있었고, 소도에서는 천군(天君)이 천신(天神)에게 제사를 드렸는데 파종이 끝난 5월과 추수가 끝난 10월에 제사를 드렸다.

212) Menahem Haran, 윗글, 52.

소도를 통해서 볼 때 중요한 것은 도피성이 정치권력보다 종교권력이 우위에 있었던 시대에 운영되었다는 점이다. 그리고 정치권력이 신장되고 국가가 형성되며 국가체제가 성립될 때에는 더 이상 도피성이 유지될 수가 없었다. 따라서 도피성이 설치되고 운영된 시기는 왕권이 강화되기 이전임을 알 수 있다. 도피성의 성립과 운영시기에 대해 논란이 분분하지만 소도의 경우를 참작해 볼 때 가장 설득력있는 것은 왕권이 충분히 강화되기 이전인 사울 시대 이전으로 보여진다.

도피성에는 제사장신학에 근거하여 재판을 거쳐 우발적 살인자만 보호하였지만, 소도에서는 억울한 범죄자와 일반 범죄자들이 피신하였고, 소도는 질서를 바로잡고 교화하려는 목적에서 형벌을 부과하거나 혹은 사면을 시켰다. 그리고 도피성에는 대제사장이 죽을 때 나갈 수 있었지만 소도에서는 외부로 나갈 수 없었다.

소도에서 봄과 가을에 천신에게 제사를 드리는 기간에는 별읍에 경제적 교역이 일어나는 기간이기도 하였다. 그러나 도피성을 교역의 중심지로 보기는 어렵다.

제2장

잠언 31:10-31의 여성 활동과 고려시대의 여성 활동

I. 서론

누구나 자신이 경험한 것과 살고 있는 상황 속에서 성경을 읽게 된다.[213] 우리는 한국이라는 상황 속에서 그리고 한국의 문화 속에서 성경을 읽게 되는 것이다. 그리고 한국인이라면 성경을 한국적으로 해석하는 것은 자연스럽고 당연하다. 그러나 우

본 장은 「한국기독교신학논총」 79 (2012), 7-29에 게재한 본인의 논문을 일부 수정한 것이다.

213) 예를 들어 남아프리카에서는 남아프리카 상황에서 성경을 읽고 해석하고 있다; Madipoane Masenya, "Proverbs 31:10-31 in a South African Context : A Reading for the Liberation of African (Northern Sotho) Women," *Semeia* 78 (1997), 55-68.

리의 실상은 서구의 해석방법을 동원해서 성경을 이해하는 것이 주류를 이루고 있다. 최근에 한국적 해석이 시도되고 있지만 아직까지 시작에 불과한 상황이다.[214)]

본 연구는 지혜서를 택해서 한국적 해석을 시도하려는 연구다. 지혜서를 택한 동기는 지혜가 보편적인 성격이 강하기 때문이다. 지혜는 시대와 지역과 문화의 차이를 뛰어넘어 인류 보편적인 성격이 있기 때문에 한국에서도 비교할 수 있는 여지가 충분히 있다고 본다.

잠언 31장 10-31절과 다른 문화권의 문헌을 비교하여 연구한 경우를 살펴보면 다음과 같다. 플뢰거(O. Plöger)는 인도의 노래와 잠언 31:10-31과 평행되는 점을 비교 연구하였다.[215)] 그리고 고트리브(Claire Gottlieb)는 중동 지역에서 잠언 31:10-31과 유사한 내용을 비교 연구하였다.[216)] 또한 잠언 31:10-31을 그리스 문헌과 비교한 예는 웨아제만(Maryse Waegeman)과 랑(Bernhard Lang)의 연구에서 찾아 볼 수 있다.[217)] 특히 랑(Bernhard Lang)은 잠언 31:10-31을 주전 5-4세기 이후로 보고 동 시대의 세노폰

---

214) 정중호, 「새로운 성경해석 한국적 성경해석서론」(계명대학교출판부, 2010), 25-28.

215) O. Plöger, *Sprüche Salomos (Proverbia)* (BKAT XVII: Neukirchen: Neukirchener Verlag, 1984), 376-431.

216) Gottlieb, Claire, "The words of the exceedingly wise : Proverbs 30-31," in Younger, K Lawson, Jr, Hallo, William W. and Batto, Bernard F. eds., *Biblical canon in comparative perspectives*, (Lewiston, NY : Edwin Mellen, 1991), 277-298.

217) Waegeman, Maryse, "The perfect wife of Proverbia, 10-31," in K. D. Schunck and M. Augustin eds., *Goldene Äpfel in silbernen Schalen. Collected Communications to the XIIIth Congress of the I.O.S.O.T.*, (Frankfurt am Main : Peter Lang, 1992), 101-107.

(Xenophon)의 아테네 부인과 비교하였다.[218)]

본 연구의 구체적인 목표는 잠언 31장 10-31절의 '능력있는 여성의 활동'을 '고려시대 여성의 활동'과 비교하며 해석하는 것이다. 비록 잠언 31장의 시대적 배경이 고려시대와 차이가 있고, 중동지역과 동북아 지역이라는 지역적 차이도 있으며 문화적 차이도 있지만 여러 면에서 유사한 점을 발견할 수 있기 때문에 고려시대의 여성활동과 비교하려는 것이다.

여성이 주도적으로 활동하는 모습은 고려시대 이전에 더 뚜렷하게 나타난다. 그런데 비교대상을 선정할 때 불가피하게 염두에 두어야하는 것은 현존하는 문헌이 어느 정도는 있어야 한다는 점이다. 이러한 점을 고려할 때 어느 정도 문헌이 남아있는 고려시대가 적합한 것으것은 로 평가된다.[219)]

본론에 들어가기 전에 살펴볼 부분은 본문의 역사적 배경이다. 본문 안에는 역사적 배경을 찾을 수 있는 단서를 발견하기 어렵다. 우선 잠언 전체를 살펴볼 때 히스기야 시대를 언급한 것으로 보아(잠 25:1) 10-31장은 왕국시대의 잠언으로 구성되었을 가능성이 높다. 그다음 잠언 전체를 최종적으로 편집한 흔적은 1-9장과 31장에서 찾을 수 있는데 동일한 편집자(저자)가 1-9장과 31장을 편집한 것으로 짐작된다. 캠프(Claudia Camp)는 설득력있게 1-9장

---

218) Bernhard Lang, "Women's work, household and property in two Mediterranean societies: A comparative essay on proverbs XXXI 10-31," *VT* 54(2004), 55-68.

219) 고려시대의 주요 자료로는 「高麗史」,「高麗史節要」, 墓誌銘 등을 들 수 있으며 이 자료들이 수록된 서적은 다음과 같다; 정인지 외, 「高麗史」(북한사회과학원, 1998); 민족문화추진회편,「高麗史節要」 전5권, (경인문화사, 1977); 김용선 편저,「高麗墓誌銘集成」(한림대학교출판부, 1993).

과 31장이 동일한 인물에 의해 편집되었다고 주장하였다.[220] 많은 학자들이 편집 구조와 평행본문 등을 보면서 본문의 역사적 배경을 포로후기로 본다.[221] 보다 더 중요한 단서는 언어자체에서 찾아야 하는데 분석해본 결과 대부분의 언어가 왕국시대에서도 사용하던 언어였다.[222] 예를 들면 '탈취물'이라 번역된 שָׁלָל(샬랄)이라는 단어는 고대의 전쟁상황을 반영하는 단어이다(11절). 그러나 포로후기의 언어 현상이 또한 발견됨에 따라, 본문이 부분적으로 왕국시대에도 사용되었을 가능성이 있지만 최종형태의 역사적 배경을 페르시아 시대로 보는 것이 무리가 없어 보인다.

우선적으로 결정해야할 또 다른 사항은 אֵשֶׁת־חַיִל(에쉐트-하일)의 번역 문제다. 이 용어는 구약에서 겨우 세 곳에만 나타난다(잠 12:4; 31:10; 룻 3:11). חַיִל(하일)의 의미는 다양하지만 대체로 '강력한, 승전한, 부자의, 능력있는' 등의 의미로 축약할 수 있다.[223] 구

---

220) Claudia V. Camp, *Wisdom and the feminine in the Book of Proverbs* (Almond, 1985), 187.

221) Christine Roy Yoder, "The Woman of Substance(אשת־חיל) A Socioeconomic Reading of Proverbs 31:10-31," *JBL* 122 (2003), 428; C. Maier, Die "fremde Frau" in Proverbien 1-9: Eine exegetische und sozialgeschichtliche Studie (OBO 144; Göttingen: Vandenhieck & Ruprecht, 1995), 25-68, 262-269; P. Skehan, *Studies in Ancient Israelite Poetry and wisdom* (CBQMS 1; Wadshington, DC: Catholic Biblical Association, 1971), 9-45; H. Gese, "Wisdom Literature in the Persian Period,"in *The Cambridge History of Judaism, vol 1, Introduction, The Persian Period* (1984), 200-211; L. G. Perdue, Proverbs (IBC; Louisville: Westminster John Knox, 2000), 55-62, 275-275; R. J. Clifford, *Proverbs: A Commentary* (OTL; Louisville: Westminster John Knox, 1999), 3-6.

222) MaryBeth Bruskewicz Szlos, "Metaphor in Proverbs 31:10--31: A cognitive approach,"(Ph.D., Union Theological Seminary, 2001), 74-76.

223) Ludwig Köhler, ed. *Lexicon in Veteris Testamenti Libros*, vol. 1(Leiden : E. J. Brill, 1951), 295.

약에서 '하일'은 거의 남성과 관련되어서만 나타나는데 '에쉐트-하일'에만 여성과 연관되어 있다. '에쉐트-하일'은 잠 12:4과 31장에서는 아내로서 나타나며, 룻기에는 늙은 시어머니를 봉양하며 가족의 도리를 다하는 헤세드적 행동을 한 며느리 룻을 가리키는 말로 나타난다. 세 곳에 모두 공통되는 점은 여성의 행동을 이야기하며 이러한 명칭으로 불렀다는 것이다. 즉 성품이 아니라 행동에 초점을 맞추어야 이 용어를 이해할 수 있는 것이다.

그러면 '에쉐트-하일'을 잠언 31장에는 어떻게 번역해야 할까? 리히텐쉬타인(Lichtenstein)은 '훌륭한 아내(excellent wife)'라고 번역했으며,[224] 루벤(Van Leeuwen)과 클리포드(Clifford)는 '유능한 아내(capable wife)'로 번역하였다.[225] 그러나 메틀리츠키(Dorothee Metlitzki)는 '강한 여인(a woman of strength)'으로 번역하였고,[226] 월터스(Wolters)는 '용감한 여인(valiant woman)'으로 번역하였다.[227] 이처럼 다양하게 번역한다는 것은 그만큼 완벽하게 '에쉐트-하일'을 표현하는 용어를 찾기가 어렵다는 의미로 볼 수 있다. 따라서 완벽하지는 않지만, 성실하며 지혜롭고 힘있게 가정을 이끌어가면서 경제적으로 큰 능력을 발휘하는 여성의 이미지를 나타내는 '능력있는 여인'이라는 용어로 번역하여 사용할 것이다.

---

224) Murray H. Lichtenstein, "Chiasm and symmetry in Proverbs 31," *CBQ* 44 (1982), 202-211.

225) Raymond C. Van Leeuwen, "The Book of Proverbs," in *New Interpreter's Bible*, vol. 5, Leander Keck eds., (Nashville: Abingdon Press, 1997), 257; R. J. Clifford, *Proverbs: A Commentary*, (1999), 271-277.

226) Dorothee Metlitzki, "'A Woman of Virtue'- A Note on Eshet Hayil," *Orim 1*(1986), 23-26.

227) Al Wolters, "Proverbs 31:10-31 as heroic hymn : a form-critical analysis," *VT* 38 (1988), 446-457.

잠언에서 '능력있는 여인'이 지혜의 상징으로 나타난다. '지혜'라는 단어는 26절에 나타나지만 27절의 '초피야(צוֹפִיָּה)'도 '지혜'를 가리키는 언어유희로 볼 수 있다. 그런데 27절의 '초피야'는 분사형으로 특이한 모습이다. 다른 절은 완료형이나 미완료형의 단어가 나타나는데 유독 27절에만 분사형이 나타나는 것이 독특하다. 아마도 이 단어는 그리스어 '소피아(*σοφια*)'와 그 발음이 유사하도록 의도적으로 배치된 것으로 보인다. 그래서 여러 학자들이 '초피야'가 '소피아'와 언어유희를 하고 있다고 보았다.[228]

그리고 MT의 배열을 보면 잠언 다음에 룻기가 나타나는데 룻을 '에쉐트-하일'로 부르고 있다(룻 3:11). 따라서 '능력있는 여인'은 하나의 이상적인 여인상을 그리는 것이 아니라 실제적으로 이 땅에서 활동하는 현실적인 여성, 특히 강인하며 현재의 어려움을 지혜롭게 헤쳐 나가는 여성상을 보여주는 것이다. 그리고 그 구체적인 모델로 룻을 제시하고 있다. 또한 외우기 쉽게 알파벳 시(acrostic poem)로 구성된 잠언 31:10-31은 여성교육을 위한 텍스트로서 활용되었다.

II. 아내와 남편의 활동 영역 차이

10절에는 "그녀의 가치는 보석보다 훨씬 값지다"라는

228) Al Wolters, "Sopiyya(Prov 31:27) as Hymnic Participle and Play on *Sophia*," *JBL* 104(1985) 577-587; Andre Lelièvre and Alphonse Maillot, *Commentaire des Proverbes, Tome II: Chapitres* 19-31 (Paris: Les Editions du Cerf, 1996), 347-362; Antonio Bonora, "La donna eccellente, la sapienza, il sapiente(Pr.31, 10-31)," *Rivista Biblica* 36 (1988), 137-164.

구절이 나타난다. “그녀의 가치(מִכְרָהּ, 미크라)”라는 단어는 시장가격을 가리키며 여자를 재산으로 보는 시각이 은연중 담겨있다. 그러나 여기서 말하고자 하는 핵심은 자신의 아내가 그 무엇보다 귀하고 훌륭하다라는 의미를 표현하려고 하는 것이다. 이미 아내가 된 여성에 대해 칭찬하는 것으로 볼 수 있다. 칭찬의 이유는 11절 이하에 나타난다.

요더(Christine Roy Yoder)는 이 부분에서 페르시아 시대의 관행인 지참금을 예로 들면서 지참금을 많이 가지고 오는 여인을 ‘능력있는 여인’이라고 주장하였다.[229] 요더는 잠언 31:10b의 여성을 보석보다 더 나은 가격으로 매기고 있다는 점에서 전형적인 페르시야 시대의 신부라고 보면서 다음과 같이 주장하였다. 즉 페르시아 통치기에 동전이나 화폐가 도입되어 상용화되었으며 이를 통해 제국 간의 상호 교역이 더욱 증대될 수 있었다는 것이다. 그리고 사업이 증대되면서 물품이나 서비스들이 돈으로 매겨지기 시작했으며 이러한 현상은 두 가문 사이의 결혼에 있어서도 돈으로 환산하는 관습이 생겼다고 하였다. 예를 들어 엘레판틴에서는 결혼이란 여성의 결혼 지참금의 품목과의 계약 설정이었다.[230] 결혼은 두 가문 사이에서 경제적인 사업(business)이었고 여성의 사회·경제적인 매력은 그녀의 결혼 지참금의 금전적인 양으로 가늠할 수 있었

229) Christine Roy Yoder, “The Woman of Substance(אשת-חיל): A Socioeconomic Reading of Proverbs 31:10-31,”432.

230) 엘레판틴의 상류층 결혼계약서 가운데 한 예를 들면 다음과 같다; 8벌의 옷이 나열되어 있는데 “털로 만든 옷으로 6x4 규빗이며, 염색으로 줄이 있고, 각 모서리에 한 뼘 정도로 겹으로 되어있는 옷으로 은 한 카쉬(karsh)의 가치가 있는 옷”으로 금전으로 환산되어 있다. Elephantine Papyrus B 41 (420 B.C.E.), in B. Portne eds., *The Elephantine Papyry in Elglish* (Leiden, 1996), 228.

다. 그것이 그녀의 값이 되었다고 요더는 주장하였다.[231]

그러나 10-12절을 지참금으로만 해석하는 것에는 문제가 있다. '능력있는 여인'을 왜 칭찬하는지 그 이유가 나타나는 11절 이하를 살펴보면 지참금에 해당하는 표현은 전혀 없다. 그리고 지참금을 기준으로 여인에게 찬사를 보낸다는 것은 지혜로운 여인에 대해 박수를 보내는 31장 전체의 취지에도 어긋난다. 따라서 10절을 지참금 많은 여인으로 단정짓는 것은 적합하지 않다. 오히려 결혼 후에 여성이 이룩한 탁월한 경제적 능력으로 인해 여성에게 찬사를 보내고 있는 것으로 보아야할 것이다.

또 다른 단서는 11절에 '탈취물'이라 번역된 שָׁלָל(샬랄)이라는 단어이다. 탈취물은 당시 수없이 일어나는 약탈 전쟁에 참여하여 얻을 수 있는 수입이었다. 그렇다면 이 수입은 남편이 전쟁에 참여하여 얻은 수입으로 볼 수 있으며, 아내가 집안을 안정되게 이끌어가기 때문에 남편이 전투에 혼신을 다하여 승리를 얻을 수 있었다는 것으로 해석할 수 있다. 따라서 지참금을 탈취물이라 표현했다는 주장은 무리한 추측이라 볼 수있다.

10-31절 본문 전체에서 두드러지게 나타나는 것은, 여성의 활동만 부각되어 있지 남성의 활동은 전면에 나타나지 않는다는 점이다. 아내가 가정을 책임지고 이끌어가고 있기 때문에 남편은 전투에서 승리하여 수입이 충분하며(11절), 성문에서 장로들과 함께 자리를 같이할 수 있으며 마음놓고 공적인 임무에 최선을 다할 수 있게 된다는 점만 보여주고 있다(23절). 그리고 자녀들과 더불어 아내에게 찬사를 보내는 모습을 볼 수 있다(28-29절).

고려시대에도 이와 유사한 모습을 발견할 수 있다. 고려시대의 고관들은 경제적인 문제를 부인에게 맡기고 오로지 나라 일에 전

231) Christine Roy Yoder, "The Woman of Substance(אשת־חיל): A Socioeconomic Reading of Proverbs 31:10-31," 432-434.

념하는 것을 미덕으로 여겼다.[232] 바꾸어 말한다면 남편이 청렴하게 공직생활을 할 수 있게 된 것은 부인이 가정 경제를 책임졌기 때문에 가능했다는 것이다. 실제로 충숙왕대에는 관직자와 승려가 장사하는 것을 금지시켰다.[233] 이런 까닭에 고관들의 묘지명에 자주 "산업에 관여하지 않았다"라든가 "가업을 일삼지 않았다"라는 글귀가 나타난다. 예를 들면 이존비라는 관리가 집안살림을 돌보지 않고, 욕심없이 담담하게 지냈다라는 것은 칭송하는 글귀였다.[234] 사실 관직자는 지방으로 전보되기도 하고 사신으로 외국으로 떠나기도 하며 전쟁에 참전하기도 하기 때문에 실제로 집안 살림을 돌볼 수 없는 경우가 많았다.

이러한 상황이기에 사대부 가문에 여성의 역할은 단순한 내조자가 아니라 가문의 경제를 관장하는 책임자에 해당한다고 볼 수 있다. 이러한 역할을 하기에 부인들이 주가자(主家者), 지가자(持家者), 기가자(起家者), 치가자(治家者) 등의 명칭으로 불려졌으며 여성의 역할을 부직(婦職)으로 인정했다.[235] 사대부 부인들이 이러한 경제활동에 하는데 대해서 고려시대 사회는 긍정적인 평가를 하였으며 이러한 분위기는 여성들의 경제활동의 중요한 토대가 되었다.

이처럼 잠언의 여성과 고려 여성을 비교할 때 둘 다 가정경제를

---

232) 조선 초기의 고관인 정도전의 경우에도 이러한 모습을 볼 수 있다."평일에 글 읽기를 부지런히 하여 아침에 밥을 짓는지 저녁에 죽을 쑤는지 몰랐으며..." 할 정도로 가업에 마음을 기울이지 않은 것을 무능하다고 여기기보다 청렴한 공직자다운 성품이라 여겼다.「동문선」, 권107, 잡저. 가난.「동문선」이 수록된 자료는 다음과 같다; 민족문화추진회,「동문선」전12권, (경인문화사, 1977).

233) 「高麗史」, 권85, 지39, 형법2, 금령.

234) 이혜옥. "고려시대 여성의 경제관념과 富의 추구,"「東洋古典研究」第23輯 (2005), 130.

235) 앞의 책, 131.

책임지고 이끌어가는 모습을 볼 수 있으며 그러한 여성 활동을 인정하는 것을 볼 수 있다.

그리고 가업을 잘 관리하고 경제적으로 가문을 융성하게 한 여성을 크게 칭송하였다. 예를 들어 남편이 출세하고 좋은 평판을 얻은 것이 아내의 공이라고 칭찬하고, 재상이 된 것도 아내의 덕이라고 칭찬을 아끼지 않았다.[236] 이렇게 칭찬하는 것은 잠언에서도 볼 수 있는데 남편이 아내에게 הָלַל(할랄/찬양하다)이라는 용어를 사용하면서 크게 칭송하는 점이 특이하다; "...남편은 그녀를 칭송하기를 능력있는 여인들이 많으나 당신은 그들보다 뛰어납니다라고 한다"(28-29절). '할렐루야'와 같이 하나님을 찬양하는데 주로 사용되는 '할랄'이라는 단어를 사용하여 아내를 칭찬한다는 것은 분명 파격적이며 유래를 찾기 힘들 정도의 '칭송'으로 볼 수 있다.

또한 고려에서는 국가에서도 남편을 출세시키고 아들들을 과거에 급제시킨 여성의 경우 봉작과 녹봉을 주는 등 사회적으로 그 공을 인정하는 분위기도 있었다. 잠언에서도 사회적으로 '능력있는 여인'에게 "그녀가 손으로 일구어 놓은 열매를 그녀에게 주라. 성문에서 그녀가 한 것을 칭찬하도록 하자"(31절)라고 하면서 현실적인 인정과 보상을 주는 모습을 볼 수 있다. 차이가 있다면 고려에서는 왕이 상급을 주는 형식이지만, 잠언에서는 여성이 활동하여 이룩한 소득에 대한 권한을 인정해주자는 것과 사회적으로 그러한 여인을 칭송하도록 하자는 것이다.

236) 앞의 책, 135; "윤보처 박씨 묘지명," 「高麗墓誌銘集成」, 438-439.

III. 여성의 활동

1. 직조

'능력있는 여인'이 크게 힘을 기울여 종사하는 산업은 고대 근동의 여성 기술을 상징하는 직조 산업이다. 그녀는 양털과 삼을 구하여 부지런히 손으로 일하며 솜으로 길쌈을 한다(13, 19절). 또한 자기를 위하여 옷을 지어 세마포와 자색 옷을 입으며(22절), 옷과 띠를 만들어 시장에 판매를 한다(24절). 여성이 직조산업으로 자산을 증가시켜 자본을 축적하였다.

사무엘의 어머니 한나는 사무엘을 위해 옷을 지어 입혔다(삼상 2:19). 이처럼 고대 이스라엘의 여인들에게는 길쌈을 하고 옷을 짓는 일이 일상적인 일이었다. 고대 이스라엘과 블레셋 지역을 발굴하면 다량의 베틀 추를 발견할 수 있다. 페르시아 시대 뿐 만 아니라 왕국시대의 발굴지에서도 흔히 볼 수 있는 현상이다. 이러한 발굴물을 통해 알 수 있는 것은 직조산업이 각 가정에서 가장 일반적인 산업이었으며 여성들의 주력산업이었다는 사실이다.

고려 시대에도 마찬가지였다. 재상까지 오른 김원의(1147-1217년)의 처 인씨(印氏)도 재상에 오른 후에야 길쌈과 누에치기를 그만 두었지만 그 이전까지는 계속해서 일하였다. 인씨는 길쌈하고 누에치는 일은 여자의 직책임을 강조하였다; "길쌈하고 누에를 치는 일은 여자의 직책이다. 너희들의 글과 책과 붓과 벼루와 같은 것이니, 어찌 잠시라도 떨어져 있을 수가 있겠느냐."[237] 왜 고관의 부인들도 길쌈을 하였는가? 당시 고려시대에 화폐가 있었지만 일

237) "김원의의 처 인씨의 묘지명,"「高麗墓誌銘集成」, 392.

반적인 교환수단은 쌀과 옷감이었다. 따라서 직조는 가정의 의류를 위한 것이기도 하지만 물품을 교환할 수 있는 수단으로 여겨졌다. 따라서 사대부의 부인도 "낮에는 길쌈을 하고 밤에는 바느질" 하는 것을 당연하며 여성의 책임으로 여겼다.[238] 그리고 많은 노비를 거느렸다는 것은 직조산업이 더 이상 가정의 수요를 충당하기 위한 것이 아니라 하나의 산업으로 발전한 것이라 볼 수도 있다.

며느리를 결정할 때도 직조기술을 높이 평가하였다. 율정(栗亭) 윤문정공(尹文貞公, 尹澤)이 아들 구생(龜生)을 위하여 며느리를 고를 때, 부인이 어질고 길쌈이나 바느질과 같은 여자의 일을 하면 몹시 춥거나 더워도 쉬지 않으며, 또 그 아우에게 가문의 명성을 떨어뜨리지 말라고 당부한다는 소문을 듣자 "이러한 이야말로 내 아들의 배필이 되기에 충분합니다"라고 하여 예(禮)로써 맞이하였다.[239]

특히 모시는 중요한 수출품목이었으며 충렬왕 때 몽골에서 온 왕비인 제국대장공주는 모시무역에 적극 참여하였다. 그녀는 최극상의 모시를 제조할 수 있는 노비를 구하여 무역하기도 하였다.[240]

---

238) "이보여의 처 이씨의 묘지명,"「高麗墓誌銘集成」, 159; 이혜옥. "고려시대 여성의 경제관념과 富의 추구," 141; "박거실 처 원씨 묘지명,"「高麗墓誌銘集成」, 482.

239) "윤구생의 처 최씨의 묘지명,"「高麗墓誌銘集成」, 291.

240) 「高麗史」권89, 제국대장공주전. 김현라, "고려 충렬왕비 齊國大長公主의 위상과 역할," 「지역과 역사」 23호(2008) 80-86. 몽고는 고려를 침략하였고 압제하였는데 몽고 출신의 고려 왕비들을 들면서 고려시대 여성에 대해 이야기한다는 점이 과연 적합하냐 하는 의구심이 들 수 있다. 그러나 비록 그들이 몽고에서 왔지만 남편이 고려의 국왕이었고 그들의 아들들이 또한 고려의 국왕으로 등극했다는 사실을 염두에 둔다면 그들은 몽고의 공주이기 이전에 고려의 왕비였다는 사실을 인정해야 할 것이다. 특히 고려 시대에는 외국인으로서 고려에 귀화한 사람들이 많았다는 사실도 염두에 두어야 한다; 권순형, "원 공주 출신 왕비의 정치권력 연구-충렬왕비 제국대장공주를 중심으로," 「史學硏究」 제77호(2005) 33-63.

이처럼 잠언에서나 고려에서 동일하게 직조산업은 가정경제의 핵심 산업이었으며 특히 여성들의 수익사업으로 큰 몫을 담당하고 있었다. 그리고 직조산업은 무역까지 연계되어 있는 점도 잠언과 고려에서 동시에 볼 수 있는 현상이었다.

2. 인력 관리

능력있는 여인은 "젊은 여종들(נַעֲרוֹת 나아로트)"을 거느리고 있었다(15절). '나아로트'라는 용어는 집안일을 주로 맡아서 하는 자유의 몸으로 태어난 종들 혹은 노예들을 말한다. 종을 소유한다는 것은 부유하거나 가문이 좋은 집안의 경우이다. 이와 비슷하게 페르시야 시대의 부유한 여성들은 결혼 지참금의 일부로서 3-5명의 여종을 거느렸으며, 그들을 돈으로 사거나 유산으로 물려받기도 했다.

동시에, '나아로트'라는 용어는 보아스의 들판에서 추수 곡식을 모으는 젊은 여성 일꾼들을 가리키기도 한다(룻 2:8, 22-23; 3:2). 많은 일꾼들이 있으면 직조 산업 뿐 만 아니라 다양한 사업을 이끌어갈 수 있다. 페르시야 시대에 이러한 일은 특이한 경우가 아니었다. 부유한 여성들은 지위에 따라 많은 일꾼들을 고용할 수 있었다. 고용주는 일꾼들에게 일의 할당량(חֹק 호크)을 제공했다.

노비와 일꾼들을 관리한다는 것은 마치 기업을 운영하듯 다양한 사업을 펼칠 수 있다는 것을 의미한다. 고려시대 사대부 가문의 부인은 수십 명에서 수백명에 이르는 노비를 관리하였다.[241] 따라서 기업에서 인사관리를 하듯 노비를 다스리는 지혜가 필요했다. 특이

---

241) 박거실의 처 원씨(1288-1334)도 수백 명의 노복을 관리했다고 하였다. "박거실 처 원씨 묘지명,"「高麗墓誌銘集成」, 482.

한 것은 노비 뿐 만 아니라 첩도 관리했다는 점이다. 김원의 처 이씨는 "노비와 첩을 다스리는 데 있서는 너그러우면서도 무게가 있었고 가혹하게 하지 않았으므로 아랫사람들이 비록 무서워하였지만 싫어하지 않았다"고 하였다.[242] 그리고 품삯을 지불하면서 일꾼들을 고용한 흔적도 볼 수 있다.

"그녀는 밤이 새기 전에 일어나며 그녀의 집안 사람들에게 음식을 제공하고..."(15절)에서 음식을 분배하는 일이 강조되어 있는 것을 볼 수 있다. 마찬가지로 고려시대에도 양식 관리하고 음식을 배분하는 것이 부인들에게는 중요한 임무에 속하였다. 청렴한 관리였던 이보여의 처 이씨는 수십 명의 노비를 거느리면서 가정경제를 이끌어갈 때 "여러 아이들과 노비 등 무려 수십 명을 거느리면서도 거두어 먹이고 기르는데 부족함이 없는 듯이 하였고, 음식에 있어서도 반드시 고르게 나누어 주었으니..."라고 칭찬을 받았다.[243]

이처럼 잠언에서나 고려에서 노비를 관리하며 일꾼을 관리하는 것은 여성의 중요한 임무였으며 지혜롭게 이들을 이끌어가는 인사관리 능력을 중요시하였다. 그리고 둘 다 동일하게 음식을 나누는 것을 중요하게 여겼다.

3. 상업과 무역

잠언 31장에는 이 여인이 상업과 무역을 했다는 사실을 알려주고 있다. 그녀를 "상인의 배들"과 같다고 했으며(31:14a), "상거래의 이득"을 남기는 상인으로 묘사하였다(31:18a). 그런데

242) "김원의 처 인씨 묘지명,"「高麗墓誌銘集成」, 392.

243) "이보여(李輔予) 처 이씨(李氏)의 묘지명," 「高麗墓誌銘集成」, 159.

"상인의 배와 같아서 멀리서 그녀의 양식을 가져온다"(14절)는 것은 어떤 활동을 가리킨 것일까?

주전 7세기에 이미 예루살렘 주변과 헤브론까지 포도원이 형성되어 있었다.[244] 그 이전 북왕국 왕궁 근처에도 포도원이 형성되어 있었다(왕상 21:1-2). 포도원 경작은 당시 고부가가치의 상품을 생산해서 판매할 수 있는 농업이었다. 이 여성도 높은 소득을 올릴 수 있다는 희망을 품고 밭을 구입하여 포도원을 경작한 것이다(16절). 그리고 부가가치가 낮은 농업인 곡물재배는 조금 떨어진 지역, 만약 예루살렘의 경우라면 예루살렘 동편과 유대광야 가까운 지역에서 이루어졌다.[245] 따라서 '멀리서' 양식을 가져올 수 밖에 없었다. 즉 그녀는 농경 문화권 안에서 자급자족에만 만족하는 패턴을 벗어나서 상업과 농업을 병행하면서 고소득 작물 재배에 전력을 기울이는 선택적 투자, 그것도 장기계획을 세우면서 운영하는 지혜로운 투자를 한 것이었다. 따라서 그녀가 "먼 곳에서" 수입한 양식이기에 상당히 값비싼 고급의 양식이었을 것으로 추측하는 것은 무리한 해석이라 볼 수 있다.[246]

능력있는 여인은 상업과 무역에 어느정도 참여했는가? 24a절에는 그녀가 상거래를 했다고 명확히 묘사하였다. 그리고 아마(삼 31:13a)와 린넨(세마포 31:22b)과 같은 섬유제품이 등장하는데 이 제품들은 이집트에서 팔레스틴으로 수입되는 전형적인 물품들이었다.[247] 이미 '상인의 배'(14절)라는 이미지를 사용하여 이 여인의 활

---

244) Faust, Avraham and Wiess, Ehud. "Judah, Philistia, and the Mediterranean World: Reconstructing the Economic System B.C.E.," *BASOR* 338 (2005), 80-81.

245) 앞의 책, 74, 82-83.

246) Christine Roy Yoder, "The Woman of Substance(אשת־חיל): A Socioeconomic Reading of Proverbs 31:10-31," 440.

247) I. Jacob and W. Jacob, "Flora," *ABD* 2:815.

동이 해상무역과도 연계되어 있음을 암시해 주고 있다. 주전 7세기와 페르시아 시대에는 이미 예루살렘과 유다가 블레셋 항구도시의 배후지역으로 역할을 감당하고 있었으며 유다와 예루살렘 경제는 이미 해상무역과 연계되어 있었다.[248] 느헤미야는 페르시아 시대의 예루살렘을 북적거리는 시장으로 묘사했다. 심지어는 안식일에도 그러했다고 보도한다(느 13:15-16). 따라서 이 여성은 외국에서 원자재를 수입하여 가공한 후 판매했으며 장기적인 계획을 수립하여 고소득 작물을 재배하였고 이윤 추구를 위해 무역을 했다는 사실을 알 수 있다.

그러면 고려 여성들은 상업과 무역에 어느 정도 참여했는가? 고려는 출범초기부터 해상무역에 지대한 관심을 가질 수 밖에 없었다. 고려의 해상무역은 중국의 송나라, 일본, 그리고 아라비아의 대식국(大食國)과 주로 거래를 하였으며 대식국 상인들이 개경에 거주한 흔적도 보인다.[249] 또한 고려 수도인 개경에는 시전이 있었고, 지방에는 장시가 있었으며 상업은 주로 도시와 지배층을 중심으로 발달하였다. 권력이 있었던 사대부의 여성이 시전 상인들과 상업활동을 하였는데 횡포를 부리며 상인들을 수탈하는 모습이 기록되어 있기도 하다.[250]

고려시대 무역은 왕실에서부터 사대부에 이르기까지 성행하였다. 또한 몽골 귀족들의 자금으로 국제무역을 일으켰던 알탈상인들은

---

248) 정중호, "블레셋과 유다의 광역 경제권," 「구약논단」41집 (2011), 185-194.

249) 쌍화점이라는 노래에는 '회회(回回)아비'라는 단어가 나타나는데 이 단어는 아라비아 상인을 가리킨다.

250) "(이자겸의) 어머니는 평장사 김정준(金廷俊)의 딸인데 욕심이 많아서 상인에게서 물건을 사고 그 값을 제대로 주지 않거나 또는 전혀 주지 않았다. 또 노비를 내어놓아서 횡포한 짓을 했으므로 그녀가 죽자 상인들이 서로 축하하였다."「高麗史」, 권127, 열전40, 반역, 이자겸.

주로 아랍상인들로 그들은 거대한 해상무역세력을 형성하였다.[251] 또한 왕과 왕비도 무역에 적극적이었다. 충렬왕의 왕비 제국대장공주는 응선부라는 독립기관을 두고서 무역을 통해 자신의 자산을 불려나갔는데 잣과 인삼을 수출하고 직물류도 교역하였다.[252] 특히 사신행렬 속에는 귀족들이 개인의 물품을 교역하는 경우가 많았다.[253] 물론 사신행렬에 사대부 가문의 여성이 동행하기는 힘들었겠지만 경제를 실제로 주관하는 여성들이 주로 관리와 노비등을 통해서 무역을 실행하였다.[254]

잠언에서나 고려에서 여성들이 상업과 무역에 참여하고 있음을 확인할 수 있었다. 특히 고려에서는 왕비와 왕실의 여인들이 무역에 깊이 관여하고 있음을 확인할 수 있었다. 사대부 여성의 경우에는 아마도 중간 상인을 통해서 무역에 참여하였을 것으로 짐작한다. 이에 비해 잠언의 여성은 보다 더 적극적으로 무역과 연계해서 가정경제를 이끌어 가는 모습을 볼 수 있다. 그리고 해상무역에 대한 은유가 나타나는 것을 볼 때 해상무역과 깊이 연계되어 산업을 운영하고 있었을 것으로 짐작된다.

---

251) 이강한, "1270년대-1330년대 외국인들의 고려 방문 - 13-14세기 동-서 교역에서의 한반도의 위치,"「한국중세사연구」 30(2011), 428-430.

252) 「高麗史節要」, 권19, 충렬왕 원년 정월조; 김현라, "고려 충렬왕비 齊國大長公主의 위상과 역할," 84-86.

253) 「高麗史」, 권112, 열전25, 박의중.

254) 「高麗史」, 권112, 열전25, 박의중;「高麗史」, 권44, 세가44, 공민왕 23년 9월 신사. "...전에 찬성사 우제의 집 노복이 북원에 가서 행상하였을 때에 들은 것이다"

4. 고리대금

잠언 31장에는 이자놀이를 하는 것이 언급되어 있지 않다. 기본적으로 이자놀이를 비판하는 야웨종교의 특성상 지혜로운 사람의 행동으로 포함시킬 수가 없었을 것이다. 그러나 고대에나 현대에나 이자놀이는 있기 마련이다. 이스라엘에도 고리대금의 폐해를 지적하는 경우가 많았다.

고려시대에도 이자놀이는 있었으며 사찰에서도 고리대금업을 하여 재산을 축적하였다.[255] 그리고 고려시대 가정경제를 책임지는 사대부 집안에서도 이자놀이를 해서 재산을 증식하는 경우가 많았다. 특히 상류계층의 여성들은 장생고(長生庫)를 통해 이자놀이를 하여 가정경제를 꾸려나갔다.[256] 심지어 사찰에서도 고리대금을 하는 경우가 많아 폐해가 심각했다.

그러나 이자놀이를 좋게 여기지는 않은듯하다. 왜냐하면 고리대금행위는 가난한 사람들로부터 원성을 사는 일이었으며 이자놀이를 하지 않은 경우를 칭찬하고 있기 때문이다. 권부처 유씨는 "원금과 이자 계산하는 것을 마음으로 부끄럽게 여겼다"라고 칭찬하

---

255) 불교 경전에는 이자받는 것을 합법적으로 인정하고 있다. 이혜옥, "고려시대 여성의 경제관념과 富의 추구," 156 각주 95; 中村元, 「원시불교 그 사상과 생활」(동문선, 1993), 289-290. "부인은... 천신사(天神寺)에 별전(別殿)을 창건하여.... 이에 쌀과 곡식을 희사하여 그 이자로 향을 사르는[香火]의 비용에 충당하게 하였으니, 이는 무궁한 복을 펼친 것이라 할 수 있다." "김공칭의 처 남원군부인 양씨(南原郡夫人 梁氏) 묘지명," 「高麗墓誌銘集成」, 155.

256) 장생(長生)이란 대부(貸付)로써 자본을 축적하는 것을 말하며, 장생고(長生庫)는 고려 때 사원(寺院)에서 설치한 금융기관이었다. 특히 사원은 양조·조면(造麵)·제다(製茶) 등의 사업과 더불어 장생고를 운영하여 불교, 부패와 타락의 원인이 되었다.

는 말로 묘지명에 기록되어 있다.[257]

잠언에서나 고려에서 모두 고리대금업에 대해서는 부정적임을 알 수 있다. 그러나 고려에서는 이자놀이를 일상적인 것으로 받아들이는 경향이 있었으며 종교(불교)에서도 이자놀이를 용인하는 모습을 보였다. 잠언 31장에서는 언급을 하지 않았지만 이자놀이에 대해서는 지혜자가 취할 것이 아님을 강하게 강조한 것으로 볼 수 있다.

5. 자선행위[258]

능력있는 여인은 가정경제의 발전을 위해 최선을 다해 노력하는 가운데도 가난한 사람들을 돌보며 도움의 손길을 펴는 것을 잊지 않았다. 19절과 20절은 정확하게 도치되어 있다. 즉 가정 경제를 위해 열심히 길쌈하는 행동과 가난한 사람들을 위해 도움을 주는 행동이, 기본적으로 지혜로운 행동의 양 축임을 보여주는 교차대구적(chaiastic) 언어유희라고 볼 수 있다.

19절	כפיה	ידיה שׁלחה
	손으로 (가락을 잡는다).	그녀는 물레에 손을 펴며
20절	ידיה שׁלחה	כַּפָּהּ
	(궁핍한 사람에게) 손을 편다.	(그녀는 가난한 사람에게) 손을 (내밀며)

257) 이혜옥, "고려시대 여성의 경제관념과 富의 추구," 155 각주 93; "권부처 유씨 묘지명,"「高麗墓誌銘集成」, 522.

258) 참조, 토빗 4:7-11.

능력있는 여인에게 있어서 자선행위는 부차적인 것이 아니라 가정에서 직조산업을 영위하듯이 부지런하게 그리고 정성을 다해서 해야하는 행동으로 부각되어 있는 것이다. 그리고 여기서는 상세히 설명이 되어 있지 않지만 구약에서는 기본적으로 자선행위는 가난한 사람의 마음을 헤아리고 궁핍한 사람의 자존심을 지켜주면서 도우는 방식을 취한다. 예를 들면 이삭줍기를 통해서 스스로 일해서 양식문제를 해결할 수 있도록 간접적으로 도와주는 방식이다.

그러면 고려시대의 여성들은 가난한 사람들을 어떻게 도왔는가? 우선 집에 찾아오는 손님을 접대함으로 자선을 베풀었다. 그런데 사실 손닙 접대는 사적이면서도 대사회적인 사교의 장이니만큼 공적인 일도 연관되어 있다. 만일 손님접대에 소홀하면 집안에 손님 발길이 끊어지게되며 당시 사회의 중요한 정보로부터 소외되어 가문의 쇠퇴로 이어질 수도 있게된다. 따라서 조선시대의 말이기는 하지만 "부인들은 다리를 팔아서 손을 대접하고 짚자리를 썰어 손님의 말을 먹인다"할 정도로 정성을 다하였다.[259]

중요한 것은 이렇게 정성스럽게 손님을 접대하는 과정에서 빈천한 손님들도 접대하는 경우가 많았다는 것이다. 김구(金坵)의 처 낙랑군태부인 최씨(樂浪郡太夫人 崔氏)는 "평생 재산을 모으는 일에 구차하게 마음을 쓰지 않았고, 또한 얻은 것이 있더라도 지나치게 아끼지 않았다. 무릇 손님에게 음식을 대접할 때에는 가깝고 멀거나 귀하고 천함을 가리지 않고, 가진 것을 다하여 장만하면서도

---

259) 이순구, "조선시대 여성의 일과 생활," 「우리 여성의 역사」 (청년사, 1999), 197. 송시열은 계녀서에서 '한 번 박대하면 한 손님이 아니 오고 손님이 아니 오면 다른 손님이 아니 오나니, 손님이 아니 오면 가문이 자연 무식하고 지아비와 자식이 나가면 대접할 이 없을 것이니 부디 손님 대접을 극진히 하라'고 하였다.

오히려 부족하다고 하였다."[260]

또한 친척에 대한 도리를 다하는 행동 가운데 자선행위가 나타났다. 즉 가난하여 곤궁한 친척들에게 재물을 내어주어 구호하는 것이 부인의 중요한 덕목으로 간주되었다. 윤구생(尹龜生)의 처 최씨(崔氏)는 친척 가운데 굶는 사람이 있을 경우 자신이 굶는 한이 있어도 양식을 나누어 주었다.[261]

그리고 당시 여성들의 종교인 불교의 보시와 보은 사상, 보살계정신이 영향을 끼쳤다. 현세에서 쌓은 공덕으로 의해 내세의 삶이 결정된다는 윤회설의 영향으로 현세에서의 선행이 강조된 것이다. 최윤의의 처 김씨는 재물을 나누어 자선하는 것을 즐겁게 여긴 여성이었다.[262]

고려시대 여성은 손님접대와 친척들에 대한 도리를 다하는 가운데 자선을 베풀었고 종교의 영향으로 자선을 베푸는 모습을 볼 수 있다. 잠언에서도 자선을 중요한 것으로 여겼는데 마치 가정의 핵심 산업인 직조를 하듯이 일상적으로 그리고 반드시 해야 하는 것으로서의 자선을 강조하였다. 자선의 경우에서는 고려에서보다 잠언에서 훨씬 더 강조되어 있는 것으로 볼 수 있다.

6. 여성의 재산권

재산권에 있어서 가장 중요한 것이 토지 소유권과 상

---

260) "김구(金坵)의 처 낙랑군태부인 최씨(樂浪郡太夫人 崔氏) 묘지명,"「高麗墓誌銘集成」, 426.

261) "... 친척이 혹시 굶주리거나 추워하면 부인은 옷과 음식을 주면서 자신이 굶주리는 것을 달게 여겼다." (윤구생 처 최씨 묘지명,"「高麗墓誌銘集成」, 609.

262) "최윤의 처 김씨 묘지명,"「高麗墓誌銘集成」, 124.

속권이었다. 그런데 잠언 31장에는 여성이 자기가 번 돈으로 토지를 구입하는 것을 볼 수 있다(16절).[263] 또한 여성이 독자적으로 영리를 추구하고 재산권을 행사하는 것으로 나타나 있다(16, 31절). 페르시아 시대의 고위 계층 혹은 귀족의 여성들은 상당량의 토지를 소유한 지주였다. 또한 여성들은 결혼 지참금이나 유산을 가지고 재산을 획득할 수 있었으며 어떤 여성들은 그들의 토지를 재산 증식을 위해 활용하기도 하였다.[264]

포도농사는 당시에 가장 부가가치가 높은 농업이었으며, 포도주는 무역에 있어서도 단연 으뜸가는 품목이었다. 그러나 다년간 투자를 해야 열매를 얻을 수 있는 것이 포도농사이기에 포도원을 구입하고 경작했다는 것은 장기적인 영농계획을 세우고 투자하였다는 것을 알 수 있다. 물론 힘든 농삿일인 포도원 경작은 많은 노비들과 일꾼들을 통해서 했으리라는 것도 짐작할 수 있다. 이렇게 여성이 밭을 구입하여 포도원을 만들고, 장기간 투자를 할 수 있었다는 것은 여성에게 재산에 대한 권리가 주어졌다고 볼 수 있다.

또한 여성이 토지를 상속하는 것은 고대 이스라엘 사회에서 예외적인 일이기는 하나 불가능한 것은 아니었다. 슬로보핫의 딸들은 아버지의 토지를 상속할 수 있었다(민 27:1-11). 본문에서는 분명히 토지를 구입할 수 있는 권한이 여성에게 있다는 점과 재산을 소유할 수 있다는 사실을 명시하고 있다. 따라서 여성이 토지를 상속하는 것도 불가능하지는 않았을 것으로 짐작된다.

특히 모계사회적인 표현으로 볼 수 있는 "그녀의 집(בֵּיתָהּ 베타흐)"이라는 용어가 짧은 본문 가운데 4회(15, 21[2회], 27절)나 나타난다는 점을 주목하면서 본문의 모계사회적인 경향성을 살펴볼

263) 여성의 토지소유는 수넴 여인의 이야기에서도 볼 수 있다(왕하 8:1-6).

264) Christine Roy Yoder, "The Woman of Substance(אשת־חיל): A Socioeconomic Reading of Proverbs 31:10-31," 444.

필요가 있다. '그녀의 집'이라는 표현은 구약 전체에 33회 나타난다.[265] 이러한 모계사회적인 흔적과 더불어 여성의 재산권 행사(16절)와 여성에 대한 찬사에서 הָלַל(할랄)이라는 용어를 사용한 점을 볼 때 여성의 권위가 인정을 받고 있었다는 점을 알 수 있다.

그러나 "그녀가 손으로 일구어 놓은 열매를 그녀에게 주라"(31절)라고 강조한 것을 보면 재산이 자동적으로 여성의 소유로 인정되는 것은 아닌 것으로 보인다. 즉 가부장적인 제도가 주류를 이루고 있는 상황이기 때문에 일반적으로 재산은 남편의 소유이지만 여성이 책임있게 가정 경제를 이끌어 나갔을 때는 그 이득에 대해서 부인에게 돌려주는 것이 정의롭다는 주장을 한 것이다. 따라서 잠언 31장에는 모계사회적인 흔적이 남아있을 뿐 실제로는 부계사회인 가부장적 사회임을 알 수 있다. 그러나 모계사회의 흔적이 강하게 남아있다는 점은 주목할 필요가 있다.

여기서 고려해야할 점은 어떤 사회를 두고 모계인지 부계인지도 판단할 필요가 있지만 모계와 부계가 혼합되어 있는 사회도 있을 수 있다는 점이다. 이럴 경우 어느 정도 모계인지 혹은 부계인지를 개별적으로 파악해야 한다. 그리고 또 하나 염두에 둘 것은 모계사회 다음에 부계사회가 온다는 순차적인 방식이나 고대에는 모두 모계사회라는 인식은 정확하지 않은 것이다. 왜냐하면 현대에도 모계사회가 존재하며 부계사회임에도 불구하고 모계사회적인 요소가 증가하는 사회도 있기 때문이다.

그러면 고려시대에는 여성의 재산권과 상속권 그리고 모계사회적 요소가 어떠했는가? 고려시대 여성은 부모로부터 토지나 노비를 상속받을 수 있었으며 이들을 활용해서 얻은 수익을 소유할 수 있

265) 창 28:2; 39:14; 43:17, 24; 44:14; 47:14; 출 3:22; 8:20; 28:26; 39:19; 수 2:15; 삼하 11:4; 왕상 7:25; 9:24; 왕하 8:3, 5; 대하 4:4; 스 6:11, 15; 시 68:7; 104:17; 잠 2:18; 5:8; 7:8, 27; 9:1, 14; 14:1; 31:15, 21(2회), 27.

었다.[266] 즉 여성이 친정에서 받은 재산은 남편에게 귀속되지 않고 여성이 소유할 수 있었다. 여성의 재산권을 확인할 수 있는 문헌은 주로 절에 시주한 내역을 통해서 알 수 있는데 여성이 막대한 돈을 시주하여 대규모 불사를 행하는 일도 있었고 사찰을 건립하기도 하였다. 노관의 처 정씨는 은 10근을 시주하였는데 이 돈은 당시 집 한 채 가격이었다.[267] 또한 김포군군(金浦郡君)의 처, 즉 노관의 처 정씨(鄭氏)도 국가에서 흥국사보전(興國寺寶典)을 보수할 때 백은(白銀) 열 근을 시주로 바쳐 그 비용에 충당하였다.[268] 또한 불경을 사경하여 봉헌하기도 하였다. 김태현 처 왕씨 개성군부인은 금으로 화엄경 3본을 사경(寫經)하였다.[269] 그리고 남원군부인 양씨(南原郡夫人 梁氏) 는 대장경(大藏經) 5천여 권을 만들어 봉안하였다.[270] 김변의 처 허씨는 승려를 청하여 「원둔경(圓頓經)」을 사경(寫經)했는데 금과 은을 섞어 글씨를 썼다고 하였다.[271]

또한 고려시대에는 남편이 죽으면 아내가 재산을 상속받을 수 있었다.[272] 그리고 아내가 죽으면 남편이 재산을 상속하는데 만일 남편이 자식도 없이 죽으면 그 재산은 아내의 친정에 귀속된다. 노비의 경우에도 남편과 아내의 상속노비가 구별되었다. 따라서 만일 남편과 아내가 모두 죽고 자녀가 없다면 남편이 소유한 노비는

---

266) 김영진, "고려시대 여성의 토지 소유형태,"「釜山女大史學」 12(1994), 289-321.

267) 이혜옥, "고려시대 여성의 경제관념과 富의 추구," 152, 각주 86.

268) "노관 처 정씨(鄭氏) 묘지명,"「高麗墓誌銘集成」, 300.

269) "김태현 처 왕씨 묘지명," 「高麗墓誌銘集成」, 559.

270) "김공칭의 처 남원군부인 양씨(南原郡夫人 梁氏) 묘지명,"「高麗墓誌銘集成」, 155.

271) "김변 처 허씨 묘지명," 「高麗墓誌銘集成」, 445.

272) 「高麗史」, 권125, 열전38, 간신1, 지윤.

남편의 친족에게, 그리고 아내가 소유한 노비는 아내의 친족에게 상속되는 것이다.[273]

고려시대에는 호적에 기재할 때도 아들과 딸을 구별하지 않고 연령 순서대로 기재하였으며,[274] 상속의 경우에도 남녀에 차별을 두지 않았고 동일하게 상속하는 균분 상속제(均分 相續制)를 시행하였으며 토지와 노비 모두가 균분상속되었다.[275] 그런데 남녀 균분상속이기는 하지만 부모의 의지가 작용하기 때문에 실제로는 분할상속이라 볼 수도 있다.

잠언에서는 여성에게 재산권이 주어졌지만 남편의 허락을 전제한 정도의 권한으로 보인다. 그러나 고려시대에의 여성에게는 보다 더 확고한 재산권이 주어졌다. 이렇게 재산권과 상속권이 여성에게도 허용되고 있었던 것은 고려시대에 부계(父系)를 위주로 하는 가부장적인 제도가 확고히 자리잡고 있지 않았기 때문이기도 하였다. 고려시대에는 부계(父系)를 따르기도 하고 처가의 계보를 따르기도 하였다.[276] 고려 태조 왕건의 경우에도 모계의 성을 따르는 가족이 있었다. 그리고 "사위가 어떻게 장인을 배신할 수 있는가"라는 속담도 있었다.[277] 따라서 자녀가 없을 때 굳이 아들을 입양하여 부계(父系)의 대를 이을 필요도 없었다. 따라서 여성의 재산권에 있어서는 고려사회가 잠언 31장에 나타난 사회보다 더 강했다는 사실을 확인할 수 있다.

---

273) 「高麗史」, 권85. 지39. 형법2. 노비. 공양왕4년.

274) 권순형, "고려시대 여성의 규범과 삶,"「儒教思想硏究」第14輯 (2000), 75.

275) 「高麗史」, 권102, 열전15, 손변; 권104, 열전17, 나유.

276) 최재석, "한국고대가족에 있어서의 모계 부계의 문제,"「한국사회학」 4집 (1969), 72-73.

277) 황혜숙, "여성신학: 성(gender)의 관점에서 본 한국역사와 종교(1)-고려와 조선초기의 한국 여성들,"「세계의신학」 제52호 (2001), 186.

IV. 결론

잠언 31장 10-31절의 '능력있는 여성의 활동'을 '고려시대 여성의 활동'과 비교하며 한국적 해석을 시도하였다.

אֵשֶׁת־חַיִל(에쉐트-하일)을 '능력있는 여인'으로 번역하였고, 단순히 이상적인 여인상이 아니라 실제적으로 실행할 수 있는 지혜로운 여성의 활동임을 밝혔다. 또한 정경의 편집상 그 구체적인 모델이 룻을 가리키고 있는 것으로 보았다.

잠언 31장과 마찬가지로 고려에서도 여성이 가정 경제를 책임지고 이끌어가고 있었으며 이러한 여성의 활동 덕택으로 남성들은 공적인 일에 집중할 수 있었다. 고려에서는 여성의 역할이 부직(婦職)으로 인정받았으며 사회적으로도 인정을 받았음을 확인하였다.

잠언에서나 고려시대에서 여성의 활동 중 가장 핵심적인 활동은 길쌈을 하고 옷을 짓는 직조 활동이었다. 이렇게 직조산업이 강조된 것은 옷감이 화폐와 같이 통용되었기 때문이었고 노비를 활용해서 더 많은 옷감을 짜고 그로인해 부를 축적할 수 있는 길이 있었기 때문이다. 그리고 직조산업은 가정경제를 넘어서서 상업 및 무역과 연계되어 있는 핵심산업이었다.

잠언이나 고려에서 모두 노비를 포함한 인력들을 관리하는 일이 부인들에게 중요하였는데 이러한 인력이 있었기에 농업과 직조, 그리고 상업과 무역을 할 수 있었다. '능력있는 여인'은 밭을 구입해서 포도농사를 지을 수 있었을 정도로 장기적인 영농을 위한 투자를 할 수 있었고, 고부가가치 산업에 집중하였으며 무역과 연계시켜 부를 축적할 수 있었다.

가정경제를 책임지고 재산을 축적할 뿐 만 아니라 자선을 베푸는 것을 중요하게 여겼는데, 잠언 31장에는 자선이 지혜로운 여성의 필수적인 행동으로 강조되어 있다. 고려에서는 친척과 손님을 접대하는 것에서 자선이 시작되었으며 불교의 영향을 받아 자선이 장려되었다.

잠언 31장이나 고려의 경우 모두 여성의 재산권을 강조했는데, 잠언에서는 남편의 허락을 전제하고 있지만 고려에서는 여성이 확고한 재산권을 가질 수 있었다. 그리고 고려에서는 남녀의 차별을 두지않는 균분 상속제(均分 相續制)가 시행되었다.

본 연구는 잠언의 '능력있는 여인'과 고려의 여성을 비교하였는데, 유사점과 차이점을 발견할 수 있었고 '능력있는 여인'이 부당하게 중노동한다는 현대적 시각을 조정할 수 있었다. 고대 이스라엘에서나 고려시대에서 여성은 가정 경제를 이끄는 책임자였고 지혜롭게 그 임무를 수행해야 하는 사람들이었다.

제3부

구약 번역과 해석

제1장

세계성서공회연합회 번역 핸드북 시리즈에 대하여

– 열왕기상.하를 중심으로

I. 머리말

본서는 성경번역자들을 돕기 위해 출간된 세계성서공회연합회 핸드북 시리즈(UBS Handbook Series) 가운데 열왕기상·하를 해석한 책으로 두 권으로 나누어져 있다. 본서의 저자는 A textual Guide to the Greek New Testament의 저자이기도 한 오맨슨(Roger L. Omanson)과, 아프리카 언어를 연구하며 콩고/자이레에서 선교사로 활동한 언어학자인 엘링턴(John E.

본 장은 「성경원문연구」 25호 (2009), 230-247에 게재한 본인의 논문을 일부 수정한 것이다.

Ellington)이다.[278] 또한 오맨슨(Roger L. Omanson)은 세계성서공회연합회 핸드북 시리즈(UBS Handbook Series) 가운데 사무엘상·하, 에스더, 고린도후서 등을 공동으로 저술하였다.

서평은 우선 책의 구조와 내용을 간략히 소개하고, 본서가 공헌한 점들을 간추려 제시할 것이다. 그다음 본서가 보완할 점, 해석상 문제점, 연대기 등에 관해서 비평적으로 검토할 것이다.

II. 본서의 구조

본서는 두 권으로 나누어져 있는데 내용상 제1권은 열왕기상을, 제2권은 열왕기하를 해석한 것으로 되어 있다. 그리고 두 권의 목차는 하나로 통일되어 있으며 면수도 연속으로 되어 있다.

제1권은 비교적 짧은 서문으로 시작된다. 일반 해석서에서 볼 수 있는 바와 같이 저자, 텍스트, 내용 등에 관해서 아주 짤막하게 언급하고 장·절 구분에 관해서, 열왕기상·하와 역대기 상·하의 차이 문제 등에 관해서 설명하였다. 그리고 바로 번역상 논란이 될 수 있는 것들에 관해 설명하였다. 이처럼 서문은 열왕기상·하를 번역하는데 필요한 기본적인 안내를 해주고 있다(1-16면). 그러나 이 서문은 책 전체의 방향을 보여주는 것으로 다음 장에서 조목조목 상세하게 논의할 예정이다.

---

278) Roger L. Omanson, *A textual Guide to the Greek New Testament: An Adaptation of Bruce M. Metzger"s Textual Commentary for the Needs of Translators* (Deutsche Bibelgesellschaft Stuttgart, 2006)

목차를 보면 열왕기상·하를 세 부분으로 나누는데 제1부 통일 왕국(왕상 1:1-11:43), 제2부 분열왕국(왕상 12:1-왕하 17:41), 제3부 유다왕국 (왕하 18:1-25:30) 등으로 나누었다. 그러나 전체를 두 권으로 나누었기 때문에 제2권은 제2부 F 장에서 시작된다.

그리고 세부적으로 나눌 때는 큰 해석단위 보다 작은 해석단위로 나누었다. 예를 들면 솔로몬의 왕권 쟁취를 다룬 열왕기상 2:13-46을 1. 아도니야의 죽음(왕상 2:13-25), 2. 아비아달의 축출과 요압의 죽음(왕상 2:26-35), 3. 시므이의 죽음(왕상 2:36-46) 등으로 나누었다.

큰 해석단위가 시작할 때는 간단하게 단위 전체의 내용을 요약하고 앞뒤의 내용과 어떻게 연결되고 있는지에 대해서만 간략하게 언급하는 것이 전부다. 그리고 기초 해석단위인 작은 해석단위를 시작할 때는 제목과 더불어 RSV와 GNT의 본문을 모두 싣고 있는데 서로 비교할 수 있도록 좌우에 나란히 싣고 있다.[279] 이 때 GNT의 제목을 반드시 포함시키고 있다. 기초 해석단위의 경우에도 본문의 내용을 아주 간략하게 소개할 뿐이다.

그러나 기초 해석단위에서 반드시 설명하는 것은 해석단위의 제목을 어떻게 정할 것인가 하는 것이다. 예를 들면 RSV에서는 "아도니야의 죽음(The death of Adonijah; 1 Kgs 2:13-25)"이라고 되어 있는데 저자는 아도니야가 자연사가 아니라 살해되었기 때문에 "솔로문의 정적 숙청: 살해된 아도니야(Solomon gets rid of his enemies: murder of Adonijah; 1 Kgs 2:13-25)"라는 제목을 추천한다고 하였다(76면).[280]

---

279) *RSV(Revised Standard Version), GNT(Good News Translation, Today's English Version)*

280) 이처럼 본서를 참고한 면수는 각주로 처리하지 않고 괄호 안에 넣어 간략하게 표시할 것이다.

실제 해석에 들어가는 부분은 각 절마다 해석하는 형식을 취하는데 이 때도 해당하는 본문을 다시 한번 싣고 있다. 물론 RSV와 GNT의 본문을 좌우에 배치하는 형식이다. 주로 단어와 짧은 구절의 의미가 무엇인지 그리고 어떻게 번역할 것인지에 대해 설명하고 마지막에는 저자가 그 절을 사역하여 모델로 제시하는 경우도 있다.

책의 부록으로는 A. 히브리 달력, B. 왕들의 이름 등을 첨부하고 있고, 참고문헌과 중요한 단어 해설 부분, 색인 등을 싣고 있다. 본서는 두 권으로 나누어져 있으며, 제1권 690면, 제2권 730면, 총 1420면의 분량으로 구성되어 있다.

III. 번역 원칙에 대해서

번역자에게 있어서 저본의 선택은 가장 중요한 것이다. 이 점에 대해서 본서의 저자는 서문에서 번역자가 선택할 수 있는 방식이 4가지 정도 있다고 말하고 있다(7면); (1) MT 혹은 LXX 가운데 한 종류를 택해서 번역하는 방법이다. 예를 들면 유대교에서는 MT를 택해서 번역하고 MT와 다른 본문이 나타날 경우 각주를 달아 소개하였다(NJSPV). (2) 해석단위 마다 MT를 택할지 LXX를 택할지를 결정해서 저본으로 삼는 방식이다. (3) MT를 기본 텍스트로 정하는데 만일 LXX나 다른 사본이 이와는 다를 때 학자들의 결정에 따라 MT본문을 수정하여 번역하는 방식이다. 현대의 많은 번역본들이 이 방식을 취하고 있다. (4) 특정 저본을 기본 텍스트로 사용하지 않고 성경 전체에 걸쳐 가장 고대의 텍스트를 결정해서 개별적으로 결정하여 번역하는 방식이다. 이 방식은 연합성서공회(UBS)의 히브리어 구약 본문 프로젝트(Hebrew Old Testament Text Project)에서 취하는 방식이기도 하다.

저자는 이러한 여러 방식을 소개하면서 저자들이 권하는 방식은 3번과 4번의 방식을 혼용할 것을 권하고 있다. 즉 학자들의 주장보다는 MT를 더 중요시 여기고, MT와 LXX가 다를 경우 현대 번역본 가운데는 LXX를 따르는 경향이 있으나 저자는 HOTTP의 마지막 보고서인 CTAT의 주장을 존중하여 MT를 더 중요시 여긴다는 것이다.[281] 왜냐하면 LXX는 번역자의 판단에 따른 변경을 시도한 것으로 추측되기 때문이라 하였다(8면).

그리고 여러 다른 번역본을 활용하기도 하는데 그 때는 (1) 해석의 차이에 따라 번역이 어떻게 달라지는가, (2) MT를 저본으로 할 때와 LXX를 저본으로 할 때 번역본들이 어떤 차이를 보여주는가, (3) 특정 번역본에 본문의 의미가 어떻게 표현되고 있는가 등을 보여 주기 위해 다양한 번역본들을 사용한다고 하였다.

그리고 무엇보다 중요한 것은 어떤 학자의 주장을 따를 것이 아니라. 심지어 본서의 저자도 무조건 따르지 말고 번역자 자신이 책임성있게 진정성있는 본문을 찾아내고 결정하며 번역해야 한다고 하였다(2면).

IV. 본서의 공헌

본서의 서평을 위해 자료를 수집하면서, 현재 아시아

281) CTAT는 *Critique Textuelle de l'Ancien Testament*의 약어로서 HOTTP(Hebrew Old Testament Text Project)의 마지막 보고서이다.

오지에서 전문 번역선교사로 사역을 감당하고 있는 한 선교사에게 연합성서공회 핸드북 시리즈(UBS Handbook Series)를 현지에서 어느 정도 사용하고 있는지 물어보았다. 그 선교사는 이 시리즈를 컴퓨터 프로그램에 저장해 놓고 거의 매일 참고한다고 하였다. 이 시리즈가 현지 번역자에게 많은 도움을 주고 있는 해석서임을 알 수 있었다.

왜 번역자들이 이 시리즈를 선호할까? 본서의 서문에서 밝혔듯이 본서의 저자들은 이 책들을 번역자들을 위한 특수한 책으로 저술하였기 때문이다. 따라서 일반 주석서들에서 볼 수 있는 문학비평이나 지역과 시대의 차이에 따라 다양하게 해석하는 모습을 이 책에서는 볼 수 없는 것이다. 오직 저자가 염두에 두는 것은 "본문이 무엇을 의미하는가?"와 "본문을 어떻게 번역할 것인가?"에 무게중심을 두면서 이 책을 저술하였다.

그리고 히브리어와 헬라어 지식이 미숙하고 영어가 모국어가 아닌 번역자들을 염두에 두면서 그들을 위해 저술한다고 밝혔다. 따라서 BHS 제4판을 저본으로 하여 해석하고 있지만 해석단위 마다 영어번역본인 RSV와 GNT를 제시하여 쉽게 본문을 이해하고 번역할 수 있도록 안내하였다.

무엇보다 중요한 부분은, 저자가 각 절을 상세하게 해석하였는데, 번역자가 주로 관심을 집중하고 있는 단어 해석에 많은 노력을 기울여 번역자가 각 단어를 충분히 이해할 수 있도록 설명하였다는 점이다. 그리고 아주 쉽게 설명하였으며 간략하게 요점만 간추려 설명하였다. 이러한 점들이 본서의 최대 장점이요 크게 공헌한 부분이라 할 수 있다. 각주는 서문에 한 번 나타날 뿐 책 전체에서 거의 나타나지 않는데, 반드시 소개할 책이 있으면 본문에서 괄호로 간단히 처리하였다. 따라서 논쟁점에 대해 길게 설명하지 않았고 특정 학자들도 소개하지 않았다. 단순히 '학자들은'이라는 형식을 사용하여 소개할 뿐이다.

아마도 본서의 저자가 무척 고심하며 노력한 부분은 이해하기 쉬운 번역, 그리고 성경의 통일성이 있다는 점을 보여주려 하였다는 것이다. 이러한 문제에 대해서 어느 정도 성공적인 안내서가 되었다고 보지만 무리한 점도 있음을 발견할 수 있다.

V. 비평적 고찰

본서가 성경 번역자들을 위한 특수한 해석서로 공헌한 바가 많지만 번역자들에게 더 나은 해석서를 제공해주기 위해 몇 가지 문제점과 보완점 그리고 비평적 제언들을 제시하고자 한다.

1. 번역자의 히브리어(아람어) 활용 능력

본서의 저자는 서문에서 밝힌 바와 같이 번역자의 히브리어(아람어) 활용능력을 낮게 보면서 히브리어를 사용하지 않을 것이며 꼭 필요한 경우 음역으로 대신한다고 하였다. 물론 오지에 들어가서 성경을 번역해야 하는 번역자의 입장을 고려해서 쉽게 번역자를 안내하려는 배려라 볼 수도 있다. 그러나 적어도 번역의 경우는 원문인 히브리어(아람어)를 피해갈 방도는 없다.

또한 저자의 이러한 선입견은 큰 문제를 야기 시킬 수 있다. 예를 들어 인명과 지명을 음역할 때 무슨 발음을 따라야 하는가? 원칙은 히브리어(아람어)의 음역을 따라야 할 것이다. 그러나 본서의 저자는 이 부분에 대해서 명확한 지도를 하지 않고 있다. 당연히 영어식 발음을 따를 것으로 보고 있는 것이다. 실제로 본서의 저자는 번역자가 RSV를 거의 히브리어 성경(MT)과 동등하게 인정해 줄 것을 바라는 태도를 보이고 있다 이러한 태도는 'Hebrew/RSV'라는 표현에서도 찾아볼 수 있다(1369면).

한국의 경우를 보자. 모세는 히브리어(משה)를 따른 것으로 보이고 이사야의 경우 히브리어(ישעיהו) 보다 LXX(Hsaia)를 따랐을 가능성이 크다. 히브리어 발음을 정확히 따르지 않는 것은 약간 실망스럽지만 모세를 모지즈(Moses)라고 영어식 발음으로 표기했거나 예수를 지저스(Jesus)라고 표기하는 것보다는 훨씬 낫다. 만약 그렇게 번역했다면 한국 성도들에게 많은 실망감을 안겨주었을 것이다.

또한 번역은 기본적으로 본문비평을 해야 그 바탕을 마련할 수 있는데 히브리어(아람어) 활용 능력이 낮다면 큰 문제가 된다. 이 점을 본서의 저자가 도와주어야 할 것이다. 그러나 저자는 본문비평 과정에 대해서 상세히 설명해 주지 않고 있다. 따라서 이러한 저자의 태도는 번역자가 스스로 선택하여 본문을 결정할 수 있는 여지를 주지 않는 것과 마찬가지다. 서문에서 저자는 번역자가 책임성 있게 진정성 있는 본문을 찾아내고 결정하며 번역해야 한다고 하였지만 실제로는 그러한 여지를 주지 않고 있다. 번역자를 도와 번역자가 확신을 가지고 선택하여 번역할 수 있도록 안내하는 것이 아니라 번역자를 한 길로 몰아가고 있다는 느낌을 지울 수 없다. 선택의 여지를 준다면 주로 영어번역본 가운데 하나를 선택할 수 있도록 지도하고 있다.

즉 MT를 수정할 때 본문비평상 이렇게 결정한다는 주장을 펼치지 않고 여러 다양한 번역본을 망라하면서 이 가운데 한 번역본을 택한다라는 형식을 취하고 있다. 열왕기하 23장 33절의 경우 '난외주읽기(케레)'를 따라 번역한다고 하면서 이 '읽기'가 LXX 와 쿰란 사본에 나타나 있다는 사실은 언급은 하지 않고 어떤 번역본들이 이 읽기를 따르는 지에 대해서만 설명하고 있다(1315면). 본문비평의 결과를 제시하면 번역자로 하여금 본문의 진정성에 대한 확신을 가지고 번역할 수 있을 것인데 이러한 점을 간과한 것은 아쉬운 점이다.

또 다른 경우를 살펴보자. 바벨론 왕의 이름이 MT에는 '브로닥 발라단'으로 되어 있다(왕하 20:12). 본서의 저자는 본문의 증거로 볼 때 '브로닥'이 더 진정성이 있다고 주장하는 CTAT의 주장을 언급하고 있다. 그런데 저자는 오히려 '므로닥 발라단'으로 번역할 것을 권하고 있다. 왜냐하면 '브로닥 발라단'은 잘 알려진 '므로닥 발라단'의 변형이며, 평행기사가 실린 이사야 39:1과 예레미야 50:2에서 '므로닥 발라단'으로 기록되어 있기 때문이라 하였다. 그러나 이러한 주장은 번역자를 당황하게 만든다. 본문을 변경할 때는 본문비평상 분명한 근거가 있어야 하기 때문이다. 오히려 LXX에 므로닥 발라단으로 되어 있다는 사실을 제시해야 할 것이다. 그러나 LXX 만으로 MT를 수정하기에는 그 근거가 약하다. 그리고 왕의 이름은 여러 가지 있을 경우도 있고 의도적으로 철자를 변형시키는 경우도 있다. 이 경우 MT의 의도를 따라 '브로닥 발라단'으로 번역하는 것이 정확한 번역이 될 것이다.

물론 본서의 저자는 번역자의 히브리어(아람어) 활용 능력이 아주 낮기 때문이라고 할 것이다. 과연 번역자의 히브리어(아람어) 활용 능력이 낮다는 전제가 타당한가? 물론 오지에서 번역하는 선교사의 경우 히브리어(아람어) 지식을 충분히 갖추고 있다고 상상하는 것은 무리일 것이다. 그러나 정규 신학수업이나 신학대학원의 과정을 이수한 선교사라면, 그리고 번역을 시도하는 전문선교사라면 기초적인 히브리어(아람어) 활용능력이 있다고 볼 수 있다. 그리고 서문에서 밝혔듯이 본서의 저자는 영어가 모국어가 아닌 많은 번역자들을 위해 본서를 저술한다고 언급 하였다. 영어가 모국어가 아닌 경우 오히려 영어로 장황하게 설명하는 것보다 히브리어로 간단하게 보여주는 것이 더 이해하기 쉽다는 번역자도 있을 수 있다.

이러한 점들을 살펴볼 때 본서의 저자는 히브리어(아람어)를 회피할 것이 아니라 과감하게 사용하여 영어가 모국어가 아닌 번역자들이 자신의 선택에 대한 확신을 가지고 번역을 할 수 있도록 도와주었어야 했다.

특히 아쉬운 점은 참고문헌은 있으나 각주가 없다는 점이다. 각주는 서론에 한 번 나타날 뿐이다. 너무 방대한 분량이 될까봐 의도적으로 각주 처리를 하지 않은 것같아 보인다. 그러나 번역을 위한 참고자료는 분명히 많이 있다. 그리고 필요한 경우 번역자도 다른 자료를 볼 수 있도록 안내하는 것이 바람직하다. 영어번역판과 연합성서공회 핸드북 시리즈(UBS Handbook Series) 만 펼쳐두고 번역하고 있다고 짐작하는 것은 번역자의 상황을 충분히 파악하지 못한 결과로 보인다. 현재 대부분의 전문번역자들은 컴퓨터를 활용하여 번역작업을 하고 있기 때문에 다양한 자료들을 살펴보면서 번역을 진행시키고 있다.

2. 왕의 명칭과 본문 수정의 문제

왕의 명칭에 관해서 본서의 저자는 특별한 관심을 보여주었으며 상세하게 분석 하였다. 즉 본서에는 부록 B에 왕의 이름에 관한 특별부록(Who's Who among the Kings)이 첨부되어 있다(1369-1378면). 왜냐하면 동일한 왕에 대해 여러 가지 명칭이 나타나기 때문이다. 그리고 때로는 동일한 왕의 이름이 이스라엘과 유다에 동시에 나타나기도 하여 혼란스럽기 때문이다. 이러한 문제를 정리하기 위해 열왕기상·하와 역대기상·하에 나타나는 왕의 명칭을 모두 망라하고 분석 정리하였다. 즉 왕의 명칭이 아닌 다른 사람의 명칭일 경우 이텔릭체로 표기하고, 혼란을 방지하기 위해 'Hebrew/RSV'를 수정해야할 때는 밑줄을 그어 표기하였다. 그리고 특별한 경우는 대문자로 표기하여 구분하였다.

그런데 왕의 이름과 관련된 중요한 문제점을 발견할 수 있다. 열왕기하 15장 1절의 경우, '아사랴'라는 왕의 이름을 저자는 GNT의 번역을 예로 들면서 '웃시야'로 변경하여 번역하기를 추천하고 있다(1062면). 아마도 구약을 해석해보면 이 두 명칭이 동일한 왕을 가리킨다는 사실을 확인할 수 있기 때문이라 짐작된다. 따라서 저자는 성경 독자들의 혼란을 방지하기 위해 이 두 명칭이 동일한 왕을 가리키는 것이라는 사실을 알리는 것이 필요하다는 의도에서 그렇게 번역하도록 추천하는 것으로 보인다. 그러나 번역에는 원칙이 있어야 한다. 번역은 본문비평을 거쳐 확정짓는 것이 원칙인데, 이 경우 본문비평상 문제가 과연 있는 것인지? 그리고 과연 해석의 결과로 본문을 변경할 수 있는 것인지? 가능하다면 어느 정도까지 해석의 결과를 반영해서 본문을 변경할 수 있는 것인지?

우선 살펴보면 MT와 LXX 그리고 사마리아 오경 등 여러 중요한 저본과 번역본에서 동일하게 '아사랴'로 기록되어 있다. 본문을 변경할 근거를 본문비평상 찾을 수가 없다. 그런데 저자는 해석에 의해서 동일한 인물이라 추정하면서 변경을 추천한 것이다. 만일 '아사랴'를 '웃시야'로 변경시켜 번역한다면 그것은 번역자의 월권 행위이며 명백한 오류가 된다. 또 해석상에도 문제가 있다. 성경의 저자가 의도적으로 '아사랴'라는 명칭을 사용했을 가능성이 있다.

구약에는 '아사랴'라는 명칭과(왕하 15:1, 6, 7, 17, 23, 27) '웃시야'라는 명칭이(왕하 13:30, 32, 34; 15:13; 대하 26-27장; 사 1:1, 6:1) 혼재되어 나타난다. 빈도를 살펴보면 웃시야라는 이름이 여러 책에서 더 많이 나타나는 것을 볼 수 있다. 그리고 해석을 해보면 이 명칭들이 동일한 왕을 가리키는 것을 알 수 있다. 그래서 번역자들은 이 명칭을 웃시야로 통일하려는 유혹을 받게된다. 그러나 아사랴라는 이름을 이렇게 자주 사용하는 것을 볼 때 구약의 저자들이 단순히 우연이 아니라 의도적으로 왕의 명칭을 선택해서 사용했을 가능성이 있다. 왜냐하면 고대에는 한 왕에 대해서 여러 다양한 명칭이 붙여지는 것이 대부분이기 때문이다. 예를 들어 솔로몬이 왕명이라면 여디디야는 어릴 때의 이름인 것이다(삼하 12:25). 아마도 아사랴는 본명이며 웃시야는 왕명이었을 것으로 짐작된다. 따라서 구약의 저자가 의도적으로 왕의 이름을 선택해서 기록한 것을 번역자가 마음대로 변경한다는 것은 분명 번역자의 오류다. 이것이 직역을 할 것이냐 혹은 의역을 할 것이냐에 따라 결정될 문제인가? RSV의 경우는 직역이기에 아사랴로 번역하는 것이 적합하고, GNT의 경우는 의역이니 웃시야로 번역하는 것이 적합하다는 결론을 내리는 것은 좀 더 고민해 보아야 할 것이다. 오히려 구약 저자의 의도를 반영하는 것이 올바른 번역이 될 것이다. 그리고 본서의 저자는 번역자가 MT를 바탕으로 의역보다는 직역을 해주기를 바라는 방향으로 번역하도록 인도하면서도 이 경우에는 다른 방향으로 인도하고 있다. 번역자가 혼란을 일으킬 수 있는 부분이다.

'요람'과 '여호람'의 경우도 아주 혼란스러운 경우이다. 이스라엘 왕(851-840년)과 유다 왕(852-841년)이 거의 동시대에 두 가지의 이름 즉 '요람'과 '여호람'으로 똑같이 불려지고 있었기 때문이다. 이 문제에 대해 저자는 여러 다른 번역과 마찬가지로 유다 왕은 '여호람'으로 그리고 이스라엘 왕은 '요람'으로 번역하기를 권하고 있다(707면). 그러나 MT와 사본에는 이렇게 단순화 시킬 수 있는 근거를 찾을 수 없다. 무슨 근거로 이렇게 본문을 변경할 수 있는가? 오히려 동시대에 한 인물이 남북 두 왕국을 동시에 통치했다는 주장에 귀를 기울일 필요는 없는가?[282] 한 인물일 가능성도 있는데 번역자가 본문의 근거도 없이 이스라엘의 왕을 '요람'으로 유다 왕을 '여호람'으로 번역하도록 권하는 것은 무리한 주문이다.

3. 어떤 의미를 선택해서 번역할 것인가?

고대 히브리어 단어는 숫자가 많지 않았고 한 단어로 여러 종류의 의미를 담고 있는 경우가 많았다. 따라서 번역자는 소위 넓은 '의미장(semantic field)'을 염두에 두어야 하고 그 가운데 적절한 의미를 구별해 낼 수 있는 능력이 있어야한다.

ילד(엘레드)와 נער(나아르)의 경우도 마찬가지다. 엘리사가 요단강에서 벧엘로 올라가는 도중에 נער와 ילד로 표현되는 인물들이 엘리사를 "대머리여 올라가라 대머리여 올라가라"라고 조롱할 때 엘리사가 그들을 야훼의 이름으로 저주하였다. 그 결과 암곰 두 마리가 나와서 그들 가운데 42명을 찢었다는 기록이 나타난다(왕하 2:23-24).

본서의 저자도 이 단어들의 넓은 의미장을 보여주면서도(왕상 14:3, 448면), RSV의 번역대로 'small boys'와 'boys'로 번역하기를 권하고 있다. 특히 청소년기를 넘어서는 청년을 가리키는 'young men'이라는 표현을 사용하지 말도록 충고하고 있다(731면).

그런데 이 기사를 읽는 독자들은 한결같이 당황한 표정을 짓고

282) John Strange, "Joram, King of Israel and Judah," VT 25(1975) 191-201; J. M. Miller and J. H. Hayes, A History of Ancient Israel and Judah (2nd. edition; Louisville: Westminster John Knox Press, 2006) 320-323; 정중호, 『이스라엘역사』 (서울: 대한기독교서회, 1994) 162-164

있다. 『개역개정』도 이 단어들을 '작은 아이들'과 '아이들'로 번역하였다. 따라서 이 부분을 읽는 독자들은 "아무리 그래도 그렇지 아이들을 이렇게 죽이다니! 너무 잔인하지 않는가?"라는 감정을 느끼게 된다. 이 문제에 대해 고민할 필요가 있다. 왜냐하면 두 단어의 넓은 의미장 가운데 어떤 의미를 선택해서 번역하는가에 따라 표현과 메시지가 많이 달라지기 때문이다.

נער(나아르)는 주로 젊은이들을 가리키는 단어지만 어린아이부터 시작해서 중년에 이르기까지 다양한 나이의 사람들을 가리키는 단어다. 예를 들면 이미 성인이 된 엘리사의 사환 게하시를 이 단어로 부르고 있으며(왕하 5:20), 솔로몬 왕 아래서 감독관의 역할을 한 여로보암을 이 단어로 부르고 있다(왕상 11:28). 또한 ילד(옐레드)는 주로 어린아이를 가리키는 단어이지만 젊은 청년을 가리킬 때도 있다. 르호보암 왕이 41세에 왕위에 올랐는데(왕상 14:21) 그즈음 그와 함께 훈련을 받고 함께 성장한 젊은 신하들을 가리켜 이 단어로 표현하였다(왕상 12:8, 10). 따라서 이 두 단어 모두 어린이로부터 청장년에 이르는 사람들을 표현할 때 사용되는 단어이며 특히 신하들을 가리키는 단어로 볼 수 있다.

그런데 엘리사를 조롱하는 상황은 어떠한가? 우선 "대머리여 올라가라 대머리여 올라가라"라는 조롱의 말을 주목할 필요가 있다. 무슨 뜻이 담긴 것이기에 엘리사가 그토록 격분하여 그들을 저주하였는가? 하나님의 이름을 들면서 저주를 하는 것을 보면 단순한 인신공격이 아니라 신앙과 관련이 있어 보인다.

전통적으로 제사장과 예언자의 모습은 긴 머리를 늘어뜨린 모습이다. 제사장도 삭발을 금하고 있으며(레 21:5) 예언자는 물론이고 이스라엘의 평민까지도 삭발을 금하였다(신 14:1). 엘리야는 "털이 많은 사람"(왕하 1:8)으로 알려졌으며, 거룩한 사람으로 알려진 나실인의 특징도 칼을 대지 않은 긴 머리에서 찾아 볼 수 있다.

따라서 엘리사의 대머리는 자연적인 대머리일 가능성도 있지만 엘리사의 머리가 긴 머리인데도 불구하고 조롱하는 뜻에서 '대머리'라고 불렀을 가능성도 있다. 이 때 '대머리'라는 표현은 예언자의 모습과는 정반대의 뜻으로 '사기꾼' 혹은 '가짜 예언자' 등의 의미로 사용되었을 것이다. 그리고 '올라가라'라는 조롱은 "떠나가라, 사라져라, 꺼져라"라는 뜻으로 이해할 수 있다. 따라서 이 조롱은 적대감을 나타내는 "가짜 예언자야 꺼져라! 사기꾼아 꺼져라!"로 이해할 수 있다. 또한 이 조롱은 엘리사 뿐 만 아니라 엘리사가 섬기는 하나님을 조롱하는 것으로 볼 수 있다.[283]

이러한 상황이라면 נער와 ילד의 여러 의미 가운데 '젊은이'라는 의미를 선택하는 것이 적절할 것이다. 철없는 어린아이들이 장난하는 상황이 아니라, 적어도 그 지역의 성인들이 엘리사와 엘리사가 섬기는 하나님을 모욕하는 것으로 보는 것이 적절할 것이다. 이 젊은이들은 기적을 행하며 명성을 높여가는 엘리사를 시기하여 적대감을 표시한 것일 수도 있고, 하나님을 대적한 경우일 수도 있는 것이다.

그런데 본서의 저자가 'young men'이라는 표현을 사용하지 말도록 권하는 것은 적절한 안내라 볼 수 없다. 번역할 때 고민할 수밖에 없는 부분이라면 번역자가 선택할 수 있는 여지를 열어두는 것이 필요하다.

4. 연대기 문제

연대기에 대해서는 열왕기하 14장을 해석하면서 서두에 잠깐 언급을 하고 있다(444-445면). 그러나 본서의 저자는 연대기 자체에 대해서 설명하기보다 여러 번역본에서 제시하고 있는

283) 정중호, 『열왕기하』, 성서주석 11(서울: 대한기독교서회, 1995) 97-98.

연대기가 각각 다르다는 점을 지적하면서 번역자가 그 가운데 하나를 선택해서 일관성있게 연대기를 제시할 것을 권하고 있다. 그리고 소제목을 제시할 때 부분적인 연대기를 제시하든지 책의 부록으로 연대기를 제시하든지 연대기를 제시할 것을 권하고 있다. 마지막으로 연대기에 대한 자세한 사항은 성서사전을 참조하도록 참고문헌을 소개한다.

그러나 본서의 저자는 소제목에도 연대기를 제시하지 않고 부록으로도 종합적인 연대기를 제시하지 않는다. 불과 1-2면만 할애하면 이스라엘과 유다 그리고 앗수르와 바벨론 연대기를 대조하여 보여줄 수 있는데 그러한 노력을 보여주지 않는다. 본서의 저자는 어떤 종합적인 연대기를 사용하고 있는지 밝히지 않고 있다. 그러면서도 각 왕들의 통치기간을 가끔 알려주고 있다. 이 연대기는 J. Bright의 연대기도 아니고 J. H. Hayes의 연대기도 아니다. 때로는 NJB의 연대기를 제시할 뿐 자신의 연대기가 무슨 종류인지 알려주지 않는다(445면).

본서는 종합적인 연대기를 제공하지 않고 각 왕의 통치기간을 그 때 그 때 알려줄 뿐이다. 문제는 단편적인 통치연대만 제시하기 때문에 전체 연대기 상에는 상호 일치하지 않는 면이 있다는 것이다. 이스라엘 왕 여로보암 2세의 통치기간을 783-743년이라 밝히면서(1056, 1062면), 그 다음 왕인 스가랴의 통치연대를 747년이라 이야기 하고 있다(1062면).

아주 심각한 것은 번역본에 나타나는 연대기 가운데 하나를 선택하라는 주문이다. 예를 들어 아하스 왕의 통치연도를 두 종류 제시해 주면서 선택하라는 것이다(1091면). 호세아 왕의 경우도 두 종류의 통치연도가 여러 번역본에 나타난다는 점을 보여줄 뿐이다(1107면). 웃시야 왕의 경우도 "781-740년 혹은 783-742년"이라고만 이야기하고 결론을 알려주지 않는다(1062면). 다른 곳에서는 다양한 영어번역본들을 제시하면서 각기 다른 통치연도를 사용하고 있음을 보여주고 있다. 이렇게 제시하면 번역자가 과연 선택할 수 있을 것인가? 어떻게 종합적인 연대기가 없이 한 왕의 통치연도를 결정할 수 있는가? 그리고 통치연도를 선택할 때 번역본 가운데서 선택해야 하는가? 여러 종류의 종합적인 연대기를 비교하여 선택하고 때로는 보완하는 것이지 번역본 가운데서 선택하는 것은 아니다.

분명히 연대기 문제에는 아직도 풀리지 않는 부분도 있고 논쟁이 가열되고 있는 부분도 있다. 성경해석자나 번역자 모두 함께 고민할 수 밖에 없는 이러한 문제로부터 번역자를 멀리 떼어 놓는 것이 과연 번역자를 도우는 일일까? 오히려 번역자들이 혼란을 경험하고 번역에 대한 확신이 낮아지는 역효과를 낳지 않을까?

예를 들면 이스라엘 왕 베가의 경우 MT에는 "유다 왕 아사랴 오십 이년에 르말랴의 아들 베가가 이스라엘 왕이 되어 사마리아에서 이십년을 치리하였다"(왕하 15:27)로 기록되어 있다. 구약에 나타나는 왕들의 통치기간을 합산해보면 베가가 도저히 20년 동안 이스라엘의 왕으로 통치할 수 없었다는 결론을 얻을 수 있다. 따라서 종합적인 연대기를 작성하여 베가의 정확한 통치기간과 연도를 확정할 필요가 있다. 본서의 저자도 이 점을 번역자들에게 알렸다. 즉 여러 성서학자들이 앗수르의 기록을 바탕으로 베가의 통치연대를 주전 736-732년으로 본다고 밝혔다. 그리고 결론적으로 말하기를 이러한 문제가 있음에도 번역자는 MT를 따라 '20년'이라는 통치 기간을 변경해서는 안된다고 말하고 있다. 신중한 판단이고 올바른 판단이라 본다. 그러나 어떤 경우는 해석을 해서 본문을 변경시키고(왕하 15:1의 '아사랴'와 '웃시야' 경우) 어떤 경우는 해석이 명확하게 다르다고 나타나는 경우에도 MT본문을 고수하라고 지도할 때 번역자로서는 당황하게 된다.

그리고 아주 아쉬운 부분은 베가의 통치연대가 불과 4년 밖에 되지 않는데 구약의 저자가 20년으로 기록한 것에 대해서 아무런 설명이 없다는 것이다. 번역자는 과연 MT를 따라야 하는가에 대해 의구심이 일어날 것이고 혼란을 경험하게 될 것이다. 베가는 이미 오래 전부터 요단강 동편에서 자신의 세력을 구축하고 왕으로서 행세를 하고 있었다.[284] 베가는 시리아 왕 르신과 손을 잡고 자신의 영토를 확장하고 있었다. 요단강 동편에서 왕국을 건설하고 왕으로서 행세하며 이스라엘과 유다의 영토를 잠식하고 있었던 것이다. 따라서 이 기간을 합산하면 거의 20년 동안 베가가 왕으로서 통치하고 있었다고 볼 수 있다. 이러한 설명도 없이 무조건 MT를 따라야 한다고 지도하는 것은 번역자를 도우는 것이 아니라 오히려 지기 힘든 과중한 부담을 안기는 것이 된다.

연대기와 관련되는 내용 가운데 또 다른 예를 든다면 열왕기하 18-20장에 나타난 히스기야 왕에 관한 부분이다. 분명 히스기야가 병이 들었다가 나은 사건과 바벨론 사자가 예루살렘을 방문한 사건은, 산헤립이 유다를 침공한 사건보다 앞선 사건인데 열왕기하에서는 이 사건들을 뒷 부분인 20장에 배치하고 있다.

이 사항은 중요한 문제인데 본서의 저자는 이 부분의 복잡한 구조에 대해서 충분히 설명을 해주지 않고 있다. 우선 열왕기가 역사적 연대순으로 배열되어 있지 않다는 점을 지적해야할 것이다. 그리고 어떤 원칙에 따라 구성되어 있는지 그 구조에 대해서 설명하는 것이 번역자를 도우는 일일 것이다.

열왕기상·하와 같이 역사적 자료를 많이 사용하는 성경을 해석하는 경우 종합적인 연대기를 제시하지 않으면 엄청한 혼란을 경험하게 된다. 이것은 마치 전투를 지휘하는 지휘자에게 지도와 시계를 주지 않고 정확하게 어느 지점으로 그리고 어떤 시각에 진격하라는 명령과 비슷하다. 그만큼 종합적인 연대기는 성서 번역자에게 중요하다.

---

284) J. H. Hayes and P. K. Hooker, 『이스라엘과 유다 역사 - 新年代記』 정중호역(서울: 기독교서회, 1991) 18.

5. 달력체계

연대기 문제와 관련되어 있는 또 다른 중요한 것은 달력체계에 관한 것이다. 이 점을 의식해서 본서의 저자는 부록에 달력에 대한 설명을 첨부하였다. 본서의 저자는 구약시대에 나타나는 두 종류의 달력체계를 하나는 종교력이고 하나는 사회력이라고 설명하였다. 즉 봄철인 니산에 시작되는 달력체계는 종교력이고 가을철인 티스리에 시작되는 달력체계는 사회력이라 하였다(1368면). 그런데 이러한 설명을 하면서도 아무런 근거를 제시하지 않았다. 문제는 이 설명이 별로 설득력이 없는 주장에 근거한 것이라는 점이다. 정치와 종교가 하나로 엮여져 있는데 종교력과 사회력을 구분해서 사용되었다는 주장은 설득력이 없다.

이스라엘의 달력체계는 고대부터 티스리에서 시작되는 달력체계를 사용하였다. 그런데 요시야 왕 때 국제적인 교류를 의식해서 니산으로 시작되는 달력체계로 변경한 것이다.[285] 이렇게 공식적으로 달력체계가 변경되었음에도 실제적으로는 두 가지 달력체계를 병행해서 사용하는 현상이 또한 일어났다. 마치 우리가 양력 설날을 지키며 시무식을 거행하지만, 음력 설날을 더 성대한 명절로 지키고 있는 현상과 비슷하다 할 수 있다. 즉 음력과 양력을 동시에 사용하듯이 이스라엘에서도 두 가지의 달력체계를 동시에 사용하는 현상이 있었던 것이다.

달력체계와 관련이 있는 내용을 들어본다면 다음과 같다. 즉 같은 해에 두 왕이 통치하는 듯한 표현이 있다. 이스라엘 왕 므나헴(746-737년)과 브가히야(737-736년)의 통치연대를 제시하면서

---

285) 정중호, "고대 이스라엘 사회의 달력체계와 제의력," 『사회과학논총』 27/1(2008) 84-87; J. H. Hayes and P. K. Hooker, 『이스라엘과 유다 역사 - 新年代記』, 108-109.

737년을 두 왕에게 모두 속하도록 제시하였다. 물론 가을에 대관식을 거행하기 때문에 우리의 달력으로는 이렇게 이야기할 수도 있겠지만 혼란스러운 모습이다. 현대의 달력체계보다 이스라엘의 달력체계에 따라 어느 해가 어느 왕에게 돌아가는지를 정확하게 제시해야 할 것이다.

또한 "바벨론 왕 느부갓네살의 열아홉째 해 오월 칠일"(왕하 25:8)같은 경우 현대의 달력이 아니라 고대의 달력상 5월 7일임을 설명해 주는 것이 필요하다. 고대 달력의 다섯째 달이면 압달로서 현대의 7/8월에 해당된다. 그리고 이 날이 유다의 중요한 명절, 즉 예루살렘 함락일을 회상하며 슬퍼하는 날이다. 그런데 이 명절에 대한 설명은 명절 전체를 설명하는 부분(1367-1368면)에도 빠져있고 본문해설 부분(왕하 25:8)에도 설명되어 있지 않다. 아쉬운 대목이다.

6. 특수 용어 번역과 번역 모델의 문제점

'내시(סריס, 사리스)'는 성기가 거세된 남성으로 궁중에서 임무를 수행하는 관리를 가리킨다. 그런데 구약에는 여러 곳에서 이 명칭이 나타나는데 고위관리를 가리키고 있다. 예를 들어 요셉의 상전인 시위대장 보디발을 가리켜 '내시'라 부르고 있다(창 39:1). 또한 국방장관격인 관리를 가리켜 '내시'라 부르고(왕하 25:19), 이스라엘 궁전의 고위관리를 가리켜 '내시'라 부르는 경우도 있다(왕상 22:9). 원래 내시는 왕의 측근으로 왕의 신임을 받기 쉬운 사람들이었다. 그 가운데는 실제적인 권력을 휘두르는 인물도 있었다. 그러나 후대에는 실제 거세된 남성이 아니면서도 왕의 신임을 받는 고위관리를 '내시'라 부르게 된 것이다. 따라서 '내시'라는 명칭이 실제 거세된 남성을 가리킨 것인지 아니면 고위관리의 관직을 가리키는 것인지를 구별하여 번역할 필요가 있다.

이러한 문제에 대해서 본서의 저자는 환관장, 즉 내시의 우두머리라는 뜻을 지닌 '랍사리스'를 '대신(high-ranking officer)'으로 번역하기를 권하며, '술잔을 맡은 관원장'이라는 뜻을 지닌 '랍사게'의 경우는 다른 용어를 제시하지 않고 여러 번역의 경우를 보여준다(1163면). 그리고 '다르단'을 '군대사령관(the chief of all soldiers)'으로 번역하기를 권한다(1162면). 저자는 이렇게 설명을 하고 나서 열왕기하 18장 17절 전체를 새롭게 번역하여 번역의 모델로 제시할 때는 이상하게도 다른 용어를 사용하여 번역하고 있다. 랍사리스는 정승(chief officer)으로, 랍사게를 야전사령관(field commander)으로, 다르단을 총사령관(supreme commander)으로 변역한다. 또한 19절의 경우 다른 곳에서는 랍사게를 '정승'이라 번역했는데 여기서는 '앗수르 관리 중 한 사람'이라 번역하고 있다. 번역의 일관성이 부족하며, 번역 모델로 제시한 번역이 오히려 본문의 의미를 불분명하게 만들고 있다(1166면).

또한 번역의 모델로 제시한 번역이 종종 아주 파격적일 때가 있다. '세탁자의 밭'(왕하 118:17)이라는 구절을 '의류제조 상점들'이라고 번역하였는데 문제가 되는 것은 이렇게 파격적으로 번역할 수 있는 이유를 밝히지 않고 있다는 점이다(1164면).

번역의 모델로 제시한 번역들은 상당부분 의역이며 의문문을 평서문으로 변경시킨 경우도 있다(왕하 18:20, 27, 31, 34, 35). 특히 직접적인 말을 간접적인 대화로 바꾸었다. 그러나 이렇게 변경할 수 있는 뚜렷한 근거를 제시하지 않았다. 그리고 열왕기하 18장 29-30절의 번역 모델을 제시한 경우는 문장을 축소하고 알아듣기 쉬운 말로 번역할 것을 권한 경우이다(1175면). 물론 이해하기 쉽게 번역할 경우 이러한 번역도 가능하다는 예시로 보여준 것이라고 볼 수 있지만, 해석상의 오류로 인한 오역의 가능성이 많이 있다는 점을 지적할 수 밖에 없다.

VI. 맺음말

본서는 번역자들을 위해 저술된 특수한 해석서 시리즈인 세계성서공회연합회 핸드북 시리즈(UBS Handbook Series) 가운데 열왕기상·하를 해석한 저서로 많은 번역자들이 애용하는 저서이다. 본서는 번역자들이 당면할 수 있는 어려운 점들을 구절 구절마다 여러 번역본들을 비교하면서 해결점을 찾아주는 친절한 해석서라 할 수 있다. 또한 본서는 아프리카 현지 번역자와 공동으로 저술하여 현장의 상황을 감안한 번역 가이드로서의 역할을 충실히 수행하고 있다고 볼 수 있다.

그러나 아쉬운 점들이 또한 발견된다. 여러 학문적인 논쟁점들을 상세히 설명하는 일반적인 해석서로서의 역할을 수행하기는 힘들지만 최소한의 필수불가결한 내용은 포함되어야 할 것이다. 예를 들면 연대기와 달력체계에 대한 설명과 선택이 있어야 한다. 그리고 종합적인 연대기를 제시해 주어야 번역자들이 혼란을 일으키지 않게 될 것이다.

가장 중요한 점은 번역자들이 확신을 가지고 번역을 할 수 있도록 돕는 문제일 것이다. 즉 자신이 번역한 것이 히브리어(아람어) 성경에 충실히 근거하고 있는 번역인지에 대한 확신을 가지고 번역하도록 해야 한다. 경우에 따라서는 본문비평을 통해 본문을 확정하는 내용도 알고 있어야 한다. 그런데 본서의 저자는 번역자들의 히브리어(아람어) 활용능력에 대해 평가절하하면서 이러한 설명에는 인색한 모습을 보여주고 있다. 'Hebrew/RSV'라고 표기하면서 영어번역본, 특히 RSV에 충실한 모습을 보여 주고 있고 여러 번역본들을 대조하면서 선택할 수 있도록 도와주고 있다. 일견 이러한 안내가 번역자들의 번역 시간을 단축시켜주고 번역자들의 짐을 덜어주는 효과가 있다고 보여질 수 있지만, 사실은 더 큰 문제를 불러일으킬 수 있다. 즉 번역자들의 확신을 감소시키고 혼란에 빠뜨릴 수가 있는 것이다. 특히 영어가 모국어가 아닌 번역자들이 많다. 오히려 히브리어를 제시하면 간단히 이해될 것을 영어로 장황하게 설명해야하는 경우도 있다. 따라서 히브리어(아람어)를 적절히 활용하고 본문비평 과정을 간략하게 설명하는 것이 번역본들을 대조시키는 것보다 훨씬 번역자들의 확신을 증진시키고 올바른 선택을 할 수 있도록 돕는 길이 될 것이다.

또한 성경에는 아직도 풀리지 않는 해석상 문제점들이 많이 있다. 이러한 고민을 축소시키지 말고 어느 정도 설명을 해 주면서 번역자 스스로 선택할 수 있도록 열어주는 것도 필요하다. 만일 본서가 포용하기에 너무 내용이 방대하다면 참고자료로 소개시켜 줄 수도 있을 것이다. 번역자들도 컴퓨터와 인터넷을 사용하는 경우가 점점 늘어나고 있기 때문에 번역자들도 다양한 자료에 손쉽게 접근할 수 있다. 본서에 각주가 거의 없다는 점은 참으로 아쉬운 점이다. 해당 논쟁점에 도움을 줄 수 있도록 각주를 달아 다양한 자료들을 소개시켜 주는 것이 바람직할 것이다.

본서에 대한 아쉬운 점이 또 하나 있다. 구절구절 번역 문제에 치중하다보니 각 해석단위별로 흐르는 특수한 흐름을 짚어주지 못하고 있다는 문제다. 물론 간략한 내용 소개는 있지만 해석상의 큰 흐름을 맛보게 해주는 부분이 부족하다. 특히 다른 언어로 번역을 해야 할 경우 해석단위별로 흐르는 특수한 흐름들을 이해하지 못한다면 본문의 의미를 충실히 번역할 수 있을지 의문이 들 수밖에 없다. 간략하게 개별적인 흐름을 요약하면서 안내하는 노력이 첨가된다면 본서는 큰 공헌을 할 수 있을 것이다.

제2장

시편 23편: 하나님과 함께 발을 맞추고 그 가락에 춤추다

구약 가운데서 가장 잘 알려져 있으며 사랑받고 있는 말씀인 시편 23편은 하나님을 신뢰하는 신뢰의 시로 알려져 있다. 이번 기회에 이 시편을 사회과학적 시각에서, 그리고 위치 감각적 시각에서 새롭게 해석하려고 한다.

I. 번역

1. 여호와는 나의 목자시니
   내게 부족함이 없으리라.
2. 그가 나를 푸른 풀밭에 누이시며

쉴 만한 물 가로 인도하신다.
3. 내 영혼을 소생시키시고
자기 이름을 위하여 의의 길로 인도하신다.
4. 제가 사망의 음침한 골짜기로 다닐지라도
해를 두려워하지 않을 것은
주께서 나와 함께 하시며
주의 지팡이와 막대기가
나를 위로하기 때문입니다.
5. 주께서 제 원수의 목전에서
제게 상을 차려 주시고
기름을 제 머리에 부으셨으니
제 잔이 넘칩니다.
6. 참으로 선하심과 인자하심이
내가 사는 모든 날 동안
반드시 나를 추적하리니
내가 여호와의 집에 영원히 살리라.

II. 구조

23편의 구조는 다음과 같이 세 부분으로 구성되어 있다;

I. 나의 선한 목자이신 하나님	1-3절
II. 나와 함께 하시는 하나님	4-5절
III. 결단	6절

내용면에 있어서도 위와 같이 세 부분으로 나눌 수 있지만 또 다른 특색이 있다. 즉 먼저 삼인칭으로 "여호와"라고 부르는 부분이 있고(1-3절), 그 다음 하나님을 "당신(**개역개정**에는 '주님')"으로 부르며 이인칭을 사용하고, 마지막에 다시 삼인칭인 "여호와"로 표현하고 있다. 이러한 구조를 통해 알 수 있는 것은, 하나님을 신뢰하는 가장 핵심부에는 직접 "당신"이라 부르며 하나님께 가까이 나아가고 있는 모습이 있다는 사실이다.

하나님을 "나의 목자"로 부르는 것은 하나님과 가까이 있고 또 더 가까이 있고 싶은 마음에서 부르는 호칭이다(목자와 양의 이미지; 시 80:1, 95:7; 100:3; 사 40:11; 49:9-10; 53:14; 겔 34:10-12; 눅 15:3-7; 요 10:1-18). 동시에 "목자"라는 이름은 고대 중동에서 왕을 가리키는 용어이기도 하다. 따라서 선한 목자이신 하나님을 나의 왕으로 모시는 충성스러운 마음을 피력한 것이라 볼 수도 있다.

"내가 부족함이 없으리로다"(1절)라는 말은, 즉 하나님 한 분이면 충분하다는 말은 현대인에게는 충격이다. 무엇이든 많이 소유하고 어떻게 하든 높이 올라가고 출세하려는 현대인에게는 게으른 자의 말같이 들린다. 그러나 천지를 창조하시고 온 세상의 주인이신 하나님이 나를 사랑하시고 친히 인도해 주시는데 그 보다 더 확실하고 나은 것이 무엇이 있겠는가? "너희는 먼저 그의 나라와 그의 의를 구하라 그리하면 이 모든 것을 너희에게 더하시리라"(마 6:33). 정말 중요한 것을 붙잡는 사람이 바로 성도들이다.

하나님의 무조건적인 한없는 은혜는 "자기 이름을 위하여 의의 길로 인도하시는도다"(3절)에서 찾을 수 있다. 성도들이 어떠한 죄를 짓고 나쁜 길을 걸어간다 하여도 하나님의 자녀이고 하나님의 백성이기 때문에 버리지 아니하시고 "하나님의 명예" 때문이라도 하나님의 자녀를 하나님이 선하게 인도하신다는 기쁜 소식이다. 아무 요구도 하지 아니하시고 퍼부어 주시는 사랑이기에 자칫 값싼 은혜로 여길 수도 있다. 그러나 하나님의 아들이 십자가에서 생명을 내 놓고 구원한 사람들이 바로 우리들임을 명심하고 감격하는 마음으로 우리의 각오를 다시 새롭게 해야 할 것이다.

전통적으로 이 시편은 평화롭고 목가적인 시로 알려져 있다. 그러나 내용을 자세히 들여다 보면 평화만 있는 것이 아니라 원수도 있고 재난도 있고 죽음이 엄습해오는 상황임을 발견할 수 있다. 소름끼치는 죽음의 골짜기가 없어지는 것이 아니라 그러한 골짜기가 있어도 하나님을 신뢰하고 용감하게 그 골짜기를 걸어가겠다는 의지를 밝힌 기도이다. 이 때 중요한 것은 "주께서 나와 함께 하심이라"(4절)이라는 임마누엘의 신앙이다(시 46:7, 11; 73:23).

이 시편에서 특이한 점은 "원수의 목전에서 내게 상을 베푸신다"(5절)는 이미지이다. 어떤 상황을 말하는 것인가? 유목민의 법에 따르면 적군으로부터 쫓기던 사람이 어떤 유목민의 텐트에 들어서서 텐트 주인으로부터 영접을 받고 음식을 대접받게 되면 적군도 더 이상 그 사람을 해칠 수 없고 보호를 받게 된다는 법이 있었다. 따라서 5절의 의미는 하나님의 텐트 즉 성전의 주인이신 하나님의 보호를 확실하게 받는다는 의미로 해석할 수 있다.

이 시편은 개인적인 신뢰의 시로 알려져 있지만 5절의 상황과 "여호와의 집"(6절) 즉 "성전"이라는 단어를 볼 때 성전에서 제사를 드리고 성전을 중심으로 신앙생활을 하고자 하는 마음이 강하다는 것을 알 수 있다. 동시에 성전을 중심으로 하는 신앙 공동체를 염두에 두고 있음을 알 수 있다. 이제는 손님이 아니라 하나님의 집에서 함께 살아가는 하나님 가족의 일원이 되겠다는 것이다. 하나님의 자녀를 추격하는 것은 이제 원수가 아니라 하나님의 선하심과 인자하심이다. 그것도 평생토록 적극적으로 나와 함께 하시는 나의 목자 우리 하나님이시다. 오브리 존슨(Aubrey R. Johnson)은 6절을 다음과 같이 번역하였다;

참으로 내 평생에 날마다

끊임없는 친절이 나를 뒤쫓을 것이니
나는 장구한 세월 동안
여호와의 가족 안에서 집을 찾으리로다.

III. 사회과학적 해석

시편 23편을 사회적 상황과 사회적 관계를 중심으로 다시 살펴보자. "여호와는 나의 목자시니"에서 하나님을 상징하는 목자의 이미지는 통치자, 왕의 이미지로 볼 수 있다. 고대 중동에서는 양떼를 인도하는 '목자'라는 친근한 이미지로 백성을 인도하는 왕을 묘사하였다.

목자의 이미지는 손에 든 지팡이와 막대기의 이미지로 옮겨간다. 양들은 순하기만 하고 방어능력이 없다. 목자는 이들을 이리떼나 사나운 짐승으로부터 보호해야 한다. 그리고 비가 오지 않아 풀포기도 제대로 자라지 못하는 들판을 이리 저리로 다니며 풀을 뜯을 수 있도록 양떼를 데리고 다녀야 한다. 때로는 협곡을 지날 때도 있고 벼랑위로 지날 때도 있다. 어느 곳에나 사나운 짐승들이 양떼를 노리고 있다. 오직 목자의 지팡이와 막대기가 짐승의 공격을 물리치고 양떼를 보호할 수 있다.

그다음 이러한 목자이신 하나님과 이 시인과는 어떠한 관계일까? 우선 집단이 아니라 개인이며 개인이 목자이신 하나님을 향한 고백과 부르짖음이며 신뢰에 찬 찬양이라 볼 수 있다.[286] 그리고 이

286) W. Schottroff, "시편 23편의 사회사적 성경주석," 새로운 성경해석, 김창락 편 (한국신학연구소, 1987) 119-157

시편에는 개인이 평범한 사람이 아니라 지도자라는 점을 발견할 수 있다. "당신께서 기름을 내 머리에 부으셨다"(5절)는 구절로 알 수 있는 것은 이 사람이 지도자라는 것이다. 기름부음 받을 수 있는 사람은 왕이나 예언자나 제사장과 같은 지도자가 받을 수 있는 것이다. 지도자이기에 하나님의 리더쉽을 먼저 살피면서 자신도 그러한 리더쉽을 실행할 수 있도록 각오를 다지는 것으로 이해할 수 있다. 이 시편은 하나님으로부터의 특별한 소명을 받았다는 뜻으로 해석해서 일반 사람들에게도 적용할 수 있지만 특별히 지도자의 사명을 감당하는 사람들을 위한 시편임을 주목해야 한다.

이 구절은 지도자를 가리키는 뜻이지만 이 시편의 핵심적인 구절이기도 하다. 이 시편 가운데 한 단어 외에는 모든 동사가 미완료형이나. 현새와 미래에 이어지는 행동들을 이야기하고 있다. 그 가운데 "(당신께서 기름을 내 머리에) 부으셨다"의 단어는 완료형이다. 이미 미리 과거에 부어주셨다는 뜻이다. 나를 이미 선택해 주시고, 나를 인정하여 지도자로 임명해주시고, 나에게 사명을 맡겨주셨다는 과거의 사건을 회상하는 것이다. 하나님과의 특별한 관계가 이미 형성되어 있다는 뜻이다. 이것이 중요하다. 이것이 핵심이다. 이러한 선택이 있었기에 "하나님의 이름을 위하여"라는 특별한 은혜도 기대할 수 있는 것이다.

평생토록 선함과 인자함이 자기를 추격할 것이라는 확신이 바로 이러한 특별한 관계에서 나올 수 있는 것이다. 하나님의 집에 살겠다는 것도(6절; 시 27:4) 이러한 관계 속에 살겠다는 뜻이다. 이러한 관계 속에서 하나님의 집의 일원으로서 하나님께서 자기를 인도하신 것처럼 자기도 지도자의 사명을 충실히 감당하겠다는 뜻이 들어있다.

처음에는 하나님을 삼인칭으로 "여호와는 나의 목자시라!"(1절)고 부르며 하나님께서 어떻게 자기를 인도하시는지 상세히 묘사하고 있다. 배가 고플 때는 푸른 풀밭으로 인도하여 풀을 뜯게 하시고 목이 마를 때는 물가로 인도하시는 하나님을 찬양하며 결코 부족함이 없을 것이라고 확신한다. 살아가는 데 있어서 가장 중요한 것을 하나님께서 제공하신다는 믿음을 고백한 것이다. 비록 힘이 없어 주저앉아 있지만 하나님께서 나를 다시 소생시키시고 일으켜 세워 주실 것이라 확신한다.

더구나 "자기(하나님의) 이름을 위하여" 나를 의롭게 인도하실 것이라 고백한다. 비록 내가 잘못하는 점이 있다 하더라도 하나님의 명예 때문이라도 나를 버리지 않고 선하게 인도하실 것이라는 믿음을 고백한 것이다. 이 모든 고백은 하나님께서 자신에게 해 주시는 일들을 침착하게 살필 때 발견할 수 있는 것이었다. "주신 복을 헤아려 보아라"는 찬송가 가사처럼 하나님의 은혜를 생각하면서 신학적으로 사고할 때 얻을 수 있는 합리적인 결론을 고백하고 있는 것이다.

이러한 고백을 한 후 용기를 내어 확신에 찬 목소리로 하나님을 향하여 "당신은 나와 함께 하십니다"며 외친다. 임마누엘의 하나님을 큰 소리로 부른 것이다. 그리고는 죽음의 골짜기를 가겠다고 한다. 그가 살아가는 세상은 이처럼 목숨을 걸고 가야하는 상황인 것이다. 그런데 용기가 생겼다. 왜냐하면 자기를 보호해주고 인도해 줄 하나님의 지팡이와 막대기를 보았기 때문이다. "당신의 지팡이와 막대기"라고 하면서 하나님을 향해 직접 이야기하고 있다. 그의 영적인 눈이 열린 것이다.

시 23편은 전원 풍경의 목가적인 분위기를 상상하도록 인도하지 않는다. 하나님을 부르짖는 이 사람에게는 '원수'도 있고 죽음의 위험도 있다. 아마도 '원수'는 그를 추격하며 공격하는 사람들로 보인다. 원수 앞에서 상을 차려주는 행동은 유목민 사회에서 피난처를 제공하고 추적하는 사람들로부터 보호하는 표시로 알려진 행동이다. 텐트에서 음식을 제공한다는 것은 피난한 사람을 보호하겠다는 의지의 표현인 것이다. 특히 "상을 차리다"라는 표현은 주로 왕의 식탁이나(삼상 4:27; 20:29; 삼하 9:13), 성전의 진설상(출 25:23; 민 4:7; 말 1:7, 12)을 차릴 때 사용하는데, 가끔 개인 가정의 식탁을 가리킬 때도 있다(시 128:3). 따라서 원수 앞에서 상을 차려주고 마실 것까지 제공하는 것은 단순히 보호해준다는 의미 이상으로 귀한 사람으로 대접해 준다는 의미가 들어있다.

비록 지도자이지만 이 시인은 힘을 잃고 주저앉아 있고 원수가 쫓아오고 있다. 목숨의 위협을 받고 있으면서도 앞으로 걸어가야 하는 절박한 사람의 고통과 고민이 녹아있는 시다. 허약해있고 두려워하는 지도자의 타는 마음이 녹아 있는 시편이다. 경제적으로도 궁핍하고 그를 착취하고 압제하려는 세력이 그를 추격하고 있고 마음과 몸이 허약한 상태에 있지만 오직 하나님과의 특별한 관계에 의지하여 일어서려는 사람의 노래다. 이러한 상황임에도 불구하고 영의 눈을 떠서 하나님의 자비로운 손길을 발견하고 용기있게 걸어가겠다는 각오를 다지는 시편이다.

그 어느 곳에서도 하나님의 목소리가 들려오지 않지만 주신 복을 헤아려 보고 생각을 정리하면서 하나님과의 특별한 관계를 발견한 사람의 시편이다.

IV. 위치감각언어 중심 해석

이 시편의 구조는 위치 변화와도 관계가 있다. 처음에는 하나님께서 나를 앞에서 목자와 같이 이끌어 주시지만(1-3절, 3인칭), 내가 사망의 음침한 골짜기로 다니면서 죽을 힘을 다해 전투를 할 때는 하나님께서 함께 옆에서 싸워 주신다(4-5절, 2인칭). 이러한 훈련과 단련이 있은 후 내가 성숙해지면 나에게 한 번 하고 싶은 것을 해보라고, 도전하고 모험하라고 격려하시면서 뒤에서 도와주신다(6절, 3인칭). 이러한 상태를 하나님이 제일 흐뭇해 하시고 기뻐하신다.

나를 중심으로 본다면 하나님의 위치가 앞에서, 옆으로, 그리고 뒤로 이동이 계속되고 있음을 볼 수 있다. 이러한 위치 변동은 교육적 상황에서 자연스럽게 일어날 수 있는 현상이다. 스승과 제자가 신뢰에 가득 찬 교육 환경 속에서 성실하게 훈련받으며 마음껏 능력을 발휘하는 단계에까지 이르고 있는 것이다. 탁월한 능력을 소유한 스승이 교육적 전략을 구사하면서 신속하게 이동하는 모습이 눈에 들어온다. 동시에 이러한 스승의 의도를 온 몸으로 받아들이며 온 힘을 다해 성숙하고 성장해 가는 모습도 겹쳐서 눈에 들어온다.

독자들은 첫 번째 장면인 목가적인 장면에 많은 은혜를 받고 한없이 베풀어 주시는 하나님의 사랑에 감동을 받기 쉽다. 그런데 그것은 시작에 불과하다. 중요한 것은 하나님의 위치 변동에 민감하게 반응하며 하나님의 의도에 발맞추어 나의 능력을 신장시키는 일이다. 성장하며 성숙해 가는 모습을 볼 수 있기를 바라며 오늘도 하나님은 우리 주위에서 신속하게 위치를 변동시킨다. 하나님과 함께 발을 맞추고 그 가락에 춤을 출 수 있는 유연함과 강인함이 있어야 할 것이다.

제3장

시편 62편: 신뢰와 희망

I. 번역

지휘자를 따라 여두둔에 맞춘 다윗의 시

1. 오직 내 영혼이 잠잠히 하나님만을 기다림은
   나의 구원이 그로부터만 나오기 때문이다.
2. 오직 그 분만이 나의 반석, 나의 구원이시니
   내가 크게 흔들리지 않을 나의 요새이시라.
3. 너희가 언제까지 사람을 공격하려느냐?
   기울어 가는 담과도 같고
   무너지는 돌담처럼 살해될 것이다.
4. 오직 그들은 그를

그 높은 자리에서 떨어뜨릴 궁리만 하고,
거짓말만 즐겨 한다.
그들이 입으로는 축복하나
속으로는 저주로구나. 셀라

5. 오직 내 영혼이 잠잠히 하나님만을 기다림은
참으로 나의 희망이 그로부터만 나오기 때문이다.

6. 오직 그 분만이 나의 반석, 나의 구원이시니
내가 흔들리지도 않을 나의 요새이시라.

7. 하나님께 내 구원과 영광이 있고
내 힘의 반석과 내 피난처도 하나님 안에 있다.

8. 백성아, 언제나 그분만을 의지하라.
그분 앞에 너희의 마음을 쏟아놓아라.
하나님은 우리의 피난처시다. 셀라

9. 오직 인간은 입김에 지나지 아니하고,
사람들은 거짓되니
그들을 모두 다 저울에 올려놓아도
입김보다 가벼울 것이다.

10. 억압하는 힘을 의지하지 말고,
빼앗아서 무엇을 얻으려는 헛된 희망을 갖지 말며,
재물이 늘어나더라도
거기에 마음을 두지 말아라.

11. 한 번 하나님께서 말씀하셨을 때에,
두 번 내가 이것을 들었다.
"참으로 힘은 하나님의 것이다."라는 것이다.

12. 인애는 주님 당신의 것이오니
참으로 당신께서,
당신은 각 사람에게
그가 행한 대로 갚아 주십니다.

II. 구조

구조를 보여주는 단서가 있는데 '셀라'라는 음악적 지시어가 4절과 8절에 나타나기에 자연스럽게 1-4, 5-8, 9-12절로 나눌 수 있다. 그리고 히브리어 '아크(אך)'는 '참으로' 혹은 '오직'이라 번역되며 감탄을 자아내게 하는 단어인데 62편에 여러 번 반복해서 나타나며 그것도 각 절 서두에 맨 먼저 나타나는 점을 주목할 필요가 있다(1, 2, 4, 5, 6, 9절). 그런데 이 시편에서 하나님이 계속 삼인칭으로 나타나는데 마지막 12절은 하나님을 '당신'이라 부르는 이인칭으로 나타난다. 그리고 11절에는 직접 하나님으로부터 말씀을 들었다고 하였다. 따라서 11-12절을 구분하여 구조를 세분할 필요가 있다. 이 시편은 '신뢰의 시'로 구분할 수는 있는데 마지막 12절에는 신뢰하는 마음을 고백으로 하나님께 드리는 특이한 모습을 보여주고 있다.

1. 확신과 대적을 향한 책망	1-4	(셀라)
2. 확신과 백성을 향한 교훈	5-8	(셀라)
3. 인간의 한계와 백성을 향한 교훈	9-10	
4. 하나님을 향한 신뢰의 고백	11-12	

III. 해석

표제에 나타나는 '여두둔'은 아삽이나 헤만과 더불어 다윗 왕실 음악가들 중 한 사람이다(대상 41). 아마도 여두둔이 이끄는 성가대를 가리키거나 혹은 특정한 곡조를 가리키는 지시어로 짐작된다.

시편 62편의 특징은 하나님을 깊이 신뢰하는 내용으로 구성되어 있는데 간증과 교훈이 포함되어 있다. 그리고 마지막에 가서 하나님을 '당신'이라 부르며 고백하는 모습이 나타난다. 그런데 이렇게 인칭을 변화시키면서 고백하는 모습은 시편 23편에도 찾아 볼 수 있다. 시편 23편은 하나님을 삼인칭으로 부르는 부분(1-3절, 6절) 사이에 하나님을 '당신'이라 부르며 이인칭을 사용하여 고백하는 모습이 나타난다. 그래서 이 시편은 시편 23편과 같이 하나님을 신뢰하는 '신뢰의 시편'에 속한다. 신뢰 시편으로 분류할 수 있는 또 다른 시편들은 4, 16, 23, 27, 91, 121, 131편 등의 시편이다.

이 시편에는 반복되는 구절이 있다. 1-2절과 5-6절인데 핵심은 잠잠히 하나님만 바라고 그 분에게 의지하며 기대하라는 것이다. 왜냐하면 그 분이 산성과 같이 든든하며 피난처가 되실 수 있기 때문이다. 현대인들은 돈을 의지하며 자신의 실력과 건강을 의지한다. 그러면서 불안에 벗어나지 못하고 있다. 그러나 신앙인은 하나님을 먼저 바라보고 하나님과 팀을 이루어 무엇인가를 이루려고 한다.

주목할 만한 습관이 있는데 그것은 하나님께서 한 번 말씀하시는 것을 두 번이나 반복해서 듣는 습관이다(11절). 하나님을 만날 때 내가 말하기보다 들을 수 있는 귀가 있다면 그것도 반복해서 들을 수 있다면 분명 그 사람은 희망 있는 사람이다.

1. 확신과 대적을 향한 책망 1-4 (셀라)

'(나의) 영혼'이라 번역한 '네페쉬'라는 단어는 영혼(soul)만을 이야기하는 것이 아니다. 히브리적 사고는 영혼과 육체를 분리하는 이분법적 사고가 아니라 총체적으로 결합된 전체로 보는 종합적인 사고이다. 따라서 '네페쉬'는 사람의 '전체'를 가리킨다.

1-2절과 5-6절은 거의 동일한데 2절의 '크게'로 번역되는 '랍바(רַבָּה)'라는 단어만 6절에 나타나지 않는다. 이것은 2절보다 6절의 내용이 더 강조되는 효과가 있다. 왜냐하면 '... 아니다'라는 부정의 뜻이 있을 때는 큰 동작보다 작은 동작이 더 부각되고 강조되기 때문이다. 2절에는 요새같은 하나님의 보호하심으로 내가 '크게 흔들리지 않는다'라고 되어 있지만 6절에는 '흔들리지도 않는다'라고 되어 있기 때문이다. 조금은 흔들리는 상태에서 조금도 흔들리지 않는 상태로 더 안정적이라는 것을 보여주는 것이다. 2절에는 약간의 불안한 모습이 보이지만 6절에는 완전히 확신하고 있는 모습이다. 이러한 부정의 뜻이 있을 경우에 나타나는 점층법은 시편 1편 1절에도 나타난다.

또한 1절에는 '나의 구원 (יְשׁוּעָתִי 여슈아티)'인데 비해 5절에는 '나의 희망(תִּקְוָתִי 티크와티)'으로 차이가 난다. 이러한 차이도 하나님을 신뢰하는 정도가 1절보다 5절에 더 강화되었음을 보여준다. 어렵고 힘든 상황에서 하나님으로부터 '구원'을 받았다는 것은 큰 은혜이기는 하지만 나 자신은 수동적으로 그 은혜를 받는 모습이다. 잠잠히 기다릴 때 하나님께서 베풀어 주시는 구원을 감사한 마음으로 누리는 모습이다. 그러나 '희망'이라는 것은 미래에 나 자신이 능동적으로 행동하려는 의지가 담긴 모습이다. 1절보다 5절이 더 능동적이고 더 성숙한 모습을 보여주는 것이다. 이러한 변화는 시편 23편에도 나타나는데 보다 더 능동적으로 행동하려는 의지가 나타나고 결단하는 모습이 나타난다.

3-4절에 나타나는 화자의 상황은 위험한 상황인데 대적자들이 공격하는 상황이고 저주하면서 파멸시키려고 달려드는 상황이다.

크게 흔들리지는 않지만 여전히 흔들리고 있음은 사실이다(2절). 세이볼트(K. Seybold)는 기울어가고 무너지는 담같은 경험을 심각한 질병의 경험이라 보았다.[287] 또한 이러한 상황을 가난하고 약한 사람들에게 덮쳐오는 억울하고 불의한 고통과 어려움이라 해석할 수도 있다. '가데르'를 '울타리'로 번역할 수도 있는데 이러한 번역을 통해서 보호막과 안전장치가 사라진 약자의 참담한 모습을 선명하게 보여줄 수 있다. 대적자들은 겉으로는 축복하는 말을 하지만 속으로는 저주로 가득 차 있다. 대적자들은 한 눈 팔지 않고 집요하게 파멸시키려고, 기어코 죽이려고 달려들고 있는 것이다.

2. 확신과 백성을 향한 교훈 5-8 (셀라)

5-6절은 신뢰가운데 희망을 노래하는 부분이다. 눈을 들어 미래를 바라보며 희망과 용기를 가다듬는다. 요새와 바위 같은 믿음직한 하나님을 바라보면서 꿈을 꾸며 희망의 문을 두드린다.

7절은 확신을 요약하여 보여준다. 하나님께서 나를 구해주시고 나의 반석일 뿐 만 아니라 나의 피난처 되신다는 사실을 다시 한 번 각인시켜 주고 있다. 그리고 '영광'이라는 단어를 통해 하나님의 임재를 강조하고 있다.

8절은 백성들을 가르치는데 하나님 만을 의지하고 언제나 그분 앞에 마음을 쏟아놓으라고 가르친다. 모든 고통과 어려움을 하나

287) K. Seybold, *Das Gebet des Kranken im Alten Testament: Untersuchungen zur Bestimmung und Zuordnung der Krankheits- und Heiligungspsalmen*. BWANT 99 (Stuttgart: Kohlhammer, 1973) 74-75.

님 앞에 쏟아 놓을 때 하나님께서 들으신다는 확신을 전하고 있는 것이다. 물이나 피를 쏟듯이(시 22:14; 왕하 24:4) 하나님 앞에 안심하고 마음의 모든 것을 전부 쏟아 놓으라고 권하고 있다.

비록 이러한 어려움이 닥쳤어도 화자는 하나님의 보호를 확신하며 다른 사람에게 교훈을 전하고 있다. 다른 사람에게 교훈을 말할 정도로 열정이 넘쳐나고 성숙해 있다(8, 10절). 그리고 개인적인 신뢰의 고백을 공동체로 확장시켜 나가고 있는 모습을 볼 수 있다.

3. 인간의 한계와 백성을 향한 교훈 9-10

9절은 인간의 시간적 한계를 '입김(הבל 헤벨)'이라는 단어로 반복하여 강조하고 있다. '헤벨'이라는 단어는 겨울철 입김을 내 뿜을 때 잠깐 보이는 것 같으나 금방 사라지는 수증기 같이 너무나 짧음을 안타까워하는 마음이 담긴 용어다. 인생이 100세를 산다고 하더라도 영원이라는 길이에 비하면 한 순간에 불과할 뿐이다. 이러한 시간적 한계인 짧음을 '헤벨'이라 부른다. 시편 39편에도 '헤벨'을 반복하면서 인생이 얼마나 짧고 한 순간의 삶인지를 보여주고 있다. 그리고 사람이 모아둔 재물을 의지하지 말라고 가르친다. 시편 39편에는 재물을 쌓을 수는 있으나 쌓은 재물을 사용할 수 있을지는 아무도 모른다는 말로 재물 쌓기의 허무함을 깨우쳐 주고 있다. 재물은 활용할 수 있는 자원일 뿐 의지할 대상은 아니라는 사실을 알려주고 있는 것이다. 그리고 억압하는 힘을 의지하지 말고, 힘의 주인이신 하나님을 의지하라고 권면하면서 사람의 힘과 재물의 힘이 헛것임을 보여주었다.

이처럼 인간의 한계를 토로하고 인생의 한계를 절감하면서 그 짧음을 탄식하는 소리는 시편 39편 뿐 만 아니라 시편 90편에서도 들을 수 있다.

〈시 39편〉

5 주께서 나의 날을 한 뼘 길이만큼 되게 하시매 나의 일생이 주 앞에는 없는 것 같사오니 사람은 그가 든든히 서 있는 때에도 진실로 모두 입김일 뿐입니다. (셀라)

6 진실로 각 사람은 그림자 같이 다니고 헛된 일로 소란하며 재물을 쌓으나 누가 거둘는지 알지 못합니다...

11 주께서 죄악을 책망하사 사람을 징계하실 때에 그 영화를 좀먹음 같이 소멸하게 하시니 참으로 인생이란 모두 입김일 뿐입니다.(셀라)

〈시편 90편〉

3 주께서는 사람을 티끌로 돌아가게 하시고
"인생들아, 돌아가라" 하고 말씀하십니다.

4. 주님 앞에서는 천년이 지나간 어제와 같고,
밤의 한 순간과도 같습니다.

5. 주께서 그들이 잘 때 쓸어버리시니
마치 아침에 돋는 한 포기의 풀과 같습니다.

6. 아침에는 잠시 돋아나서 꽃을 피우다가도,
저녁에는 시들어서 말라 버립니다.

7. 참으로 주께서 노하시면 우리 삶이 끝이 나고,
주께서 노하시면 우리는 스러지고 맙니다.

8. 주께서 우리 죄를 주님 앞에 내놓으시니,
우리의 숨은 죄가 주님 앞에 환히 드러납니다.

9. 참으로 주께서 노하시면, 우리의 일생은 사그라지고,
우리의 해들이 탄식으로 끝이 납니다.

10. 우리의 연수가 칠십이요 강건하면 팔십이라도,
그 연수의 자랑은 고생과 죄악이요
참으로 빠르게 지나가니,

마치 날아가는 것 같습니다.

4. 하나님을 향한 신뢰의 고백 11–12

하나님께서 한 번 말씀하시는 것을 두 번 들었다는 것은 말씀을 반추하고 해석했다는 뜻이다. 중요한 것은 신뢰의 시에는 죄에 대한 회개가 없다는 사실이다. 사람을 긍정적으로 보고 사람이 하나님과 연결될 때 무엇인가 선한 것을 할 수 있다고 확신하면서 나아간다. 하나님을 신실하신(헤세드) 분이라, 구원하시는 분이시라 고백하면서 힘이 있는 하나님을 의지하고 그 앞에 마음을 쏟아놓으라고 권면한다. 그리고 12절 마지막 부분은 정의를 강조하고 있다. 하나님이 각 사람의 행위대로 갚아준다는 것은 가장 기본적인 정의를 말하는 것이고 하나님께서 정의를 분명히 세우시는 분이라는 사실을 고백하는 것이다. 하나님의 정의에 대한 믿음과 신뢰는 성경의 다른 부분에서도 확인할 수 있다(시 73편, 합 3:17-19; 단 3:16-18; 마 6:25-30; 25:31, 46; 빌 4:10, 13).

제4장

시편 89편:
다윗 계약이 깨어지다

제왕시로 분류할 수 있는 시편 89편은 다윗 계약의 파기가 담겨져 있고 이를 탄식하는 애가가 포함되어 있는 특이한 제왕시다. 일반적으로 제왕시라면 다윗 계약을 강조하고 하나님을 찬양하는 내용으로 가득 차 있는데 이 시편은 전반부에는 다윗 계약을 강조하지만 후반부에는 그 계약이 파기된 것에 대해 안타까워하고 있는 애가로 구성되어 있다.

시편에서 제왕시의 위치를 점검해보면 전략적으로 배치되어 있는 것을 발견할 수 있다. 시편 2편은 시편 전체의 서두이면서 제왕시의 서두이기도 하다. 2편에는 메시야 등극을 노래하며 왕의 즉위식 광경을 보여주고 있다. 그리고 72편은 제2권의 마지막을 장식하는 시편인데 왕의 도덕성과 정의로운 통치에 대해 노래하고 있다. 그리고 시편 89편도 제3권의 마지막을 장식하는 시편으로 배치되어 있는데 특이한 것은 다윗 계약의 파기가 나타난다는 사실이다.

문제는 다윗 계약의 파기 이후에 나타나는 제왕시는 무엇을 찬양하고 있는가 하는 것이다. 비록 바벨론에 의해 다윗 왕조가 끝이 나고 예루살렘은 무너지고 불타버렸지만 메시아에 대한 새로운 희망을 보여주고 있다. 그래서 여전히 메시아의 승리를 110편에서 노래하고, 메시아의 통치를 132편에서 노래하며, 메시아의 종말론적 전쟁과 축복이 144편에 나타난다. 그리고 이러한 메시아 대망에 대한 성취는 예수 그리스도에 의해 이루어졌다고 볼 수 있다.

한 가지 주목할 점은 제왕시의 서두를 장식하고 있는 시편 2편은 이 모든 제왕시를 연결시키는 역할을 하고 있느냐 하는 것이다. 만약 2편에서 다윗 왕조의 왕만 강조했다면 메시아 대망을 찬양하는 제왕시의 서두는 될 수 없었을 것이다. 그런데 2편을 살펴보면, 먼저 강조하는 것은 '메시아'(기름부음 받은 자)이며 그다음 시온에 세우는 '왕'의 즉위식을 보여 주고 있다. 이러한 면이 있었기에 2편은 시편에 나타나는 제왕시 전체의 서두가 될 수 있었다.

제왕시는 다윗 왕조 중심 신학의 노래 해도 과언이 아니다. 따라서 다윗왕조에 대한 하나님의 약속이 사무엘하 7장에 나타나는데 제왕시는 사무엘하 7장을 재해석한 면이 있다. 특히 시편 89편에서 그러한 면을 찾아 볼 수 있다.

표제는 '에스라인 에단의 마스길' 에단은 여두둔으로 짐작되며 다윗 왕정 당시의 음악인(악사)들 중 하나다. 여두둔과 더불어 아삽과 헤만은 성가대 지휘자로 활동한 것으로 짐작된다(대상 9:16; 16:38, 41; 25:1, 3, 6; 대하 5:12).

I. 구조

89편의 구조를 분석할 때 두 부분으로 나누는 경우에서 여섯 부분으로 나누는 학자에 이르기까지 다양하다. 그 가운데 형식과 내용과 핵심단어를 고려해서 네 부분으로 나누는 구조를 택한다.

1. 창조주와 통치자 되신 야웨 찬양 (1-18절, 찬양시)
    1) 다윗 계약을 회상함 (1-4절, 일인칭)
    2) 우주적 통치자이신 야웨 찬양 (5-18절, 이인칭)
2. 다윗 계약 (19-37절, 제왕시, 일인칭)
3. 다윗 계약 파기에 대한 탄원 (38-51절, 애가, 이인칭)

이러한 구조분석에 있어서 단서가 되는 것은 우선 인칭의 변화인데, 일인칭(1-4, 19-37절)과 이인칭(5-18, 38-51이 번갈아 반복되고 있다. 그리고 아직까지 정확한 의미를 알 수는 없지만 '셀라'의 위치가 구조와 어떤 관련이 있어 보인다. 셀라는 4, 37, 45. 48절에 나타나는데, 이 가운데 4절과 37절에 나타나는 셀라는 단락을 구분하는 단서가 될 가능성이 있다.

구조분석에 있어서 가장 중요한 것은 형식과 내용인데 38-51절은 다윗 계약이 파기된 데 대한 애가가 나타나 뚜렷이 구분이 된다. 그리고 19-37절은 전형적인 제왕시라 할 수 있다. 마지막으로 1-18절은 찬양시이다.

II. 번역과 해석

1. 창조주와 통치자 되신 야웨 찬양 (1–18절, 찬양시)

1-18절은 찬양시인데 1-4절에서는 찬양의 핵심인 다윗 계약이 나타나며 이러한 계약을 선포하시는 하나님을 찬양하고 있다. 그리고 이러한 선포에 응답하여 찬양이 어우러지는데 찬양의 주체가 하늘의 찬양(5-8절)에서 산들의 찬양으로(9-14절) 공명하며 이동한다. 그리고 마지막으로 예배하는 공동체인 이스라엘 백성의 찬양으로 어우러지면서(15-18절) 찬양의 절정을 장식한다.

1) 다윗 계약을 회상함 (1–4절, 일인칭)

1. 내가 야웨의 인애(헤세드)를 영원히 노래하리라.
세대와 세대를 넘어 나의 입술은 당신의 신실하심(에무나)을
알리리라.
2. 참으로 나는 말하리라. "당신의 인애(헤세드)는 영원히 구축되었습니다(바나).
하늘에 당신은 당신의 신실하심(에무나)을 세웠습니다(쿤)."
3. "나는 나의 택한 자 다윗과 계약을 맺었다.
나는 나의 종 다윗에게 맹세하였다.
4. '내가 네 후손을 영원히 세우리라(쿤).
내가 네 보좌를 세대와 세대를 넘어 세우리라(바나)'."

1-4절은 하나님을 찬양하는 찬양시인데 그 가운데 3-4절은 하나님께서 다윗에게 약속하신 말씀이 인용되어 있다. 반복되는 단어들을 보면 강조하고 있는 내용을 알 수 있는데 하나님의 인애(헤세드)와 신실하심(에무나)이 1-2절에 반복되면서 다음에 이어지는

다윗과의 약속이 보장된 것이고 반드시 이행되리라는 것을 확신시켜 준다. 왜냐하면 이 의지는 변화하는 인간의 의지가 아니고 하나님의 의지이기 때문이다. '에무나'는 89편의 핵심 단어인데 1, 2, 5, 8, 24, 33, 49절에 반복해서 나타난다.

그리고 2절에 '참으로'(키)라는 첫 단어는 고조된 감정을 표현하고 있다. 찬양할 내용이 감격적인 것임을 느끼게 해주는 길잡이 단어라 할 수 있다. 또한 2절과 4절에는 '세우다'라는 뜻의 '바나'와 '쿤'이 쌍으로 나타나면서도 교차되어 반복적으로 나타난다. 2절은 인간의 고백인데 약속을 보증할 수 있는 하나님의 '헤세드'와 '에무나'가 하늘에 영원히 세워졌다는 것이다. 2절에 '영원'과 '하늘'은 각각 시간과 공간을 나타내지만 그 차원은 하늘의 차원에 해당하는 단어들이다. 즉 하나님의 의지로 된 것임을 강조하는 단어들이라 할 수 있다. 그리고 4절에서는 하나님의 말씀인데 다윗과의 약속을 하나님께서 세우셨다는 것을 선포하신 것이다. 하나님을 찬양하는 인간의 찬양과 하나님의 약속의 말씀이 서로 공명하여 큰 떨림을 이루고 있는 것을 느낄 수 있다.

2) 우주적 통치자이신 야웨 찬양 (5–18절, 이인칭)

5. 야웨여, 하늘이 당신의 놀라운 일들(펠레)을 찬양하며,
아!(아프) 거룩한 자들의 모임(카할) 안에서 당신의 신실하심(에무나)을 (찬양합니다).
6. 참으로 하늘에서는 누가 야웨와 비기겠으며,
신들(브네 엘림) 중에 누가 야웨와 같겠습니까?
7. 거룩한 자들의 모임(소드)에서 두려움을 안겨주신 신,
주위에 있는(사비브) 모든 신들보다 위대하고 두려운 분,
8 만군의 야웨여,
누가 당신과 같이 능력있습니까?
야웨여! 당신의 신실하심(에무나)이 당신을 두릅니다(사비브).

거룩한 자들의 모임이란 신들의 모임을 가리킨다. 하늘에서 신적인 존재들이 하나님을 찬양하는데 그 이유는 '놀라운 일'을 하신 분이기에, 그리고 '신실하심'(에무나)을 보여주신 분이기에 두려운 마음으로 찬양하는 것이다. '놀라운 일'은 9-14절에 구체적으로 나타나는데 하나님의 창조사역에 관한 것이다. 5-7절의 내용이 8절에 요약되면서 능력있고 신실하신 하나님을 찬양한다. 이 단락에서는 야웨의 우주적 통치권이 강조되어 있다. 특히 이 단락에서 '야웨'가 반복해서 나타나며(6, 8절에 4회) 야웨를 부르면서 찬양하는 모습으로 결론을 맺고 있다.

이 단락에 있는 '주위에 있는 모든 신들보다 위대하고 두려운 분'(7절)이라는 구절을 대하면 다신론이 아닌가 하는 의문이 생긴다. 사실 성경에는 하늘에 신적인 존재가 있다는 것을 인정한다. 예수님 탄생할 때도 "홀연히 수많은 천군이 그 천사들과 함께 하나님을 찬송하여..."(눅 2:13)라고 묘사한 것을 보면 하늘에 신적인 존재를 신구약 모두 인정하고 있음을 알 수 있다.

이처럼 성경은 다른 신들이 있다는 사실을 부정하지는 않지만 하늘이나 땅이나 그 모든 것을 창조하시고 섭리하시는 분은 하나님이라는 사실을 강조한다.

8절에 חֲסִין יָהּ (하신 야흐)를 BHS 비평장치에는 하스느카(당신의 능력)으로 읽도록 제안하지만 그렇게 수정할 근거가 명확하지 않다. 오히려 수정하지 않아도 위에서 번역한 바와 같이 "(누가 당신과 같이) 능력있습니까? 야웨여!"라고 번역할 수 있다.

7절의 '소드'는 서로 만나서 친밀한 관계를 나누며 속내를 터놓는 무리를 가리킨다(시 111:1; 렘 6:11; 15:17; 욥 19:19; 창 49:6).

9. 당신은(아타) 바다의 부풀어 오름을 다스리시며
그 파도가 올라올 때, 당신(아타)은 그것들을 가라앉히십니다.
10. 당신은(아타) 라합을 부서뜨려 시체로 만들어 버렸습니다.

당신의 힘센 팔로 당신은 당신의 적을 흩어버렸습니다.

11. 아!(아프) 하늘들도 당신의 것이요(르카), 땅도 당신의 것입니다(르카).

세계와 그 가운데 충만한 것을 당신(아타)이 건설하셨습니다(야사드).

12. 북쪽(자폰)도 남쪽(야민)도 당신(아타)이 창조하셨습니다(바라).

다볼과 헤르몬이 당신의 이름을 인하여 기뻐 외칩니다.

13. 당신에게는(르카) 강한 팔이 있습니다.

당신의 손은 강하고 당신의 오른 손은 높이 쳐들려 있습니다.

14. 의(체데크)와 공의(미쉬파트)가 당신 보좌(키세)의 기초이며,

인애(헤세드)와 신실하심(에메트)이 당신 앞에 행합니다.

이 단락은 하나님을 '당신'이라 부르며 창조주임을 찬양하는데 '당신'이라는 뜻의 단어 '아타'가 반복해서 나타난다. 특히 9절과 10절에는 맨 첫 단어가 '아타'이다. 히브리어 동사에는 인칭이 포함되어 있기 때문에 굳이 '아타'라는 단어를 사용할 필요가 없다. 따라서 '아타'가 등장한다는 것은 '당신'을 강조하기 위해 나타난 것이다. 그 어떤 신이 아니라 하나님 '당신'이 온 우주를 창조하고 섭리하신다는 점을 강조하는 것이다. 또한 '당신에게'라는 뜻의 '르카'라는 단어가 11절과 13절 첫 단어로 나타나며 '당신'인 하나님을 강조하고 있다.

바다는 혼돈의 상징인데 하나님이 바다를 다스리는 분으로 등장한다. 또한 라합은 혼돈의 괴물 이름으로 고대 시에 자주 등장한다(시 87:4; 사 30:7; 51:9, 10; 욥 9:13; 26;12). 라합을 시체로 만드는 것 역시 혼돈을 조화로운 세계로 만들 수 있는 하나님을 보여주는 것이다(사 51:9; 욥 26:12). 혼돈을 제압하는 하나님은 대적자들을 제압하는 모습으로 자연스럽게 이어진다. 특별히 라합은

강대국 이집트를 가리키기도 하는데, 이집트를 대적하여 제압하는 것으로 노래하고 있다고도 볼 수 있다.

11절에 나타나는 '아프'는 감탄사로서 창조주 하나님을 찬양하는 감격적인 감정을 표현하고 있는데 5절에도 나타난다. 11절과 12절에는 하늘과 땅을 창조하신 창조주 하나님을 감격하며 찬양하는데 다볼 산과 헤르몬 산이 언급되고 있다. 왜 이 산들이 나타난 것일까? 헤르몬 산은 모두가 알고 있는 높은 산인데 이스라엘 북쪽에 있는 산으로 높이는 2,774m이다. 그러나 다볼 산은 562m에 불과하며 이스르엘 골짜기에 있는 산이다. 그래서 높이로 이야기한다면 적어도 다볼 산은 아니다. 그러나 다볼 산은 평지에서 우뚝 솟은 산이며 남북으로 이어지는 국제무역로인 '해안도로(via maris)'와 동서를 잇는 도로를 모두 한 눈에 내려다 볼 수 있는 교통의 요충지이기도 하다. 따라서 다볼 산은 작은 산이지만 중요한 산임에 틀림없다. 다른 이유를 찾는다면 헤르몬 산과 다볼 산에는 고대부터 성소가 있었다는 사실을 들 수 있다. 헤르몬 산 아래에는 단이라는 성소가 있었고, 신명기 33장 19절의 '산'이 다볼 산이라면 고대부터 성소가 있었던 곳이라 할 수 있다. 12절이 강조하고 있는 것은 이스라엘 전체를 하나님께서 창조하셨는데 산들이, 자연만물까지 하나님의 이름만 들어도 기뻐 찬양하게 된다는 사실이다.

9-14절은 혼돈의 세계를 조화롭고 질서있는 세계로 만드는 창조주 찬양에서 온 세상의 통치자이신 하나님을 찬양하는 것으로 이동하고 있다. 마지막 13-14절은 통치자를 찬양하는 것인데 통치의 기초가 의(체데크)와 공의(미쉬파트)이며 실제 통치의 핵심은 인애(헤세드)와 신실하심(에메트)라는 사실을 강조하고 있다. 14절에 '당신의 보좌'라 표현하는 것은 통치자이신 하나님을 왕으로 섬긴다는 뜻이 담겨있다. 그리고 하나님의 '보좌(키세)'는 29절과 36절에 다시 나타나며 89편 전체에서 강조하고자 하는 다윗 왕조의 왕

좌와 연결되고 있다.

15. 복되도다!(아쉬레) 나팔소리를 아는 백성(암)들이여.
야웨여! 당신의 얼굴 빛 안에서 그들이 걸어갑니다.
16. 하루 종일 그들은 당신의 이름으로 인하여 즐거워하며
당신의 의로움으로 인해 그들이 높아집니다.
17. 참으로(키) 당신(아타)은 그들의 영광의 힘이십니다.
당신의 은총 안에서 우리의 뿔이 높아집니다.
18. 참으로(키) 우리의 방패는 야웨께 속하며
우리의 왕(멜렉)은 이스라엘의 거룩한 자에게 속합니다.

'복되도다!(아쉬레)'로 시작되는 15-18절 단락은 찬양시의 절정 부분으로 환호성으로 가득 차 있다. '아쉬레'는 시편과 성문서 전체를 이끄는 시편 1장 1절의 첫 단어이기도 하다. 따라서 1장과 89장의 관련성을 주목해 볼 필요가 있다. '복되도다!(아쉬레)'라고 감격해 하는 사람이 바로 이스라엘 백성이라 확신에 차서 고백하고 있는 것이다. 특히 하나님을 섬기며 하나님이 약속해 주신 왕이 통치하고 있기에 '복되도다'라고 외칠 수 있다는 것이다.

'아쉬레'라는 단어는 시편에 26회 나타나며 시편 서두에 자주 나타나고 연이어서 나타나기도 한다(1:1; 2:12; 32:1, 2; 33:12; 34:9; 40:4; 41:1; 65:4; 84:4, 5, 12; 89:15; 94:12; 106:3; 112:1; 119:1, 2; 127:5; 128:1, 2; 137:8, 9; 144:15[2회]; 146:5). 또한 이 단어는 지혜문학에도 자주 나타난다(욥 5:17; 잠 3:13; 8:32, 34; 14:21; 16:20; 20:7; 28:14; 29:18; 전 10:17). 나머지는 예언서와 다른 책으로 흩어져 있다(신 33:29; 왕상 10:8[2회]; 사 30:18; 32:20; 56:2; 단 12:12; 대하 9:7[2회]). '아쉬레'는 *μακάριος*(마카리오스)로 번역되는데 마태복음의 8복도 동일한 단어인 *Μακάριοι*(마 5:3, '마카리오이')로 시작된다. 따라서 산상수훈의 8복이 시편과 지혜문학의 흐

름에 강하게 이어져 있음을 짐작할 수 있으며 8복을 찬송으로, 혹은 지혜시로도 살펴볼 필요가 있다.

찬양시인 5-18절의 추이를 살펴보면, 하늘의 찬양(5-8절)에서 산들의 찬양으로(9-14절) 공명하던 찬양이 이제는 예배하는 공동체(백성)의 찬양으로 어우러지면서 3중의 합창단이 그 절정을 장식하고 있음을 볼 수 있다. 따라서 '백성과 왕'이 이 단락에서 새롭게 등장하면서 예배 공동체를 보여주고 있다. 그리고 야웨를 '이스라엘의 거룩한 자'라 부르면서 이스라엘 공동체와 연결된 하나님으로 찬양하고 있다.

이 단락에서 특히 강조하고 있는 것은 현재 통치하고 있는 다윗 왕조의 '왕'이다. 왕을 '우리의 뿔'이라고 하고 '우리의 방패'라고도 하면서 승리를 이루어내는 지도자임을 강조하고 있다. 그런데 왕은 철저히 야웨께 속하며 야웨의 은총으로 지도력을 행사할 수 있다고 고백하고 확신하며 찬양한다.

2. 다윗 계약 (19-37절, 제왕시, 일인칭)

19. 그 때에 당신은 환상 중에 당신의 경건한 자들에게 말했습니다.
당신은 말했습니다;
"내가 한 용사에게 도움을 베풀었고
한 택함 받은 자를 백성들 가운데서 높였다.
20. 나는 내 종 다윗을 만나
나의 거룩한 기름을 그에게 부었다.
21. 그래서 나의 손이 그를 견고하게하리라. (쿤)
아!(아프) 나의 팔이 그를 힘있게 하리라.
22. 원수가 그에게서 강탈하지 못할 것이며

악한 자도 그를 괴롭게 하지 못하리라.
23. 나는 그의 대적들을 그 앞에서 부서뜨릴 것이며
그를 미워하는 자들을 내가 치리라.
24. 나의 신실함(에무나)과 나의 인애(헤세드)가 그와 함께 할 것이며
내 이름으로 인해 그의 뿔이 높여지리라.
25. 내가 그의 손을 바다에 놓게 하고
강들에 그의 오른 손을 (놓게 할 것이다).
26. 그는 나에게 말하리라.
'당신(아타)은 나의 아버지, 나의 하나님, 나의 구원의 반석이십니다.'
27. 아!(아프) 나는 그를 맏아들로 삼으리라
지상 왕들 중 지극히 높은 자(엘욘)로.
28. 영원히 나는 내 인애(헤세드)를 그에게 지키며
나의 계약을 신실하게(아만) 그에게 지킬 것이다.
29. 내가 그의 후손(제라)을 영원히 세울 것이며
그의 보좌(키세)를 하늘의 날들처럼 (세울 것이다).
30. 만일(임) 그의 아들들이 나의 토라를 버려
나의 법규(미쉬파트)대로 걸어가지 않으면
31. 만일(임) 그들이 내 규례(후카)들을 욕되게 하고
나의 명령들을 지키지 않으면
32. 내가 막대기로 그들의 죄악을 징계할 것이며
그들의 죄악을 재앙으로 칠 것이다.
33. 그러나 나는 그들로부터 나의 인애(헤세드)를 거두지 않을 것이며
나의 성실함(에무나)을 저버리지 않을 것이다.
34. 나는 나의 언약(브리트)을 욕되게 하지 않으며
내 입술에서 나온 것을 내가 바꾸지 않을 것이다.

35. 한 번 내가 나의 거룩함으로 맹세했으니
다윗에게 내가 거짓말 하지 않을 것이다.
36. 그의 후손(제라)은 영원히 있을 것이며
그의 보좌(키세)는 태양처럼 내 앞에 있으리라.
37. 달처럼 그가 영원히 서 있을 것이며(쿤)
하늘의 신실한(아만) 증인처럼 설 것이다." 셀라

다시 하나님께서 일인칭으로 말씀하시는 목소리가 들린다. 19-37절은 하나님과 다윗이 맺은 다윗 계약을 상기시키고 확신을 심어주는 단락으로 제왕시인 89편의 핵심적인 부분이다. 이 부분에서는 별로 모호한 것이 없다. 다윗에게 기름을 부어 왕으로 삼고 그에게 전쟁에서 승리할 수 있도록 강한 힘을 줄 것이요 때로는 하나님이 직접 그를 미워하는 자를 치겠다고 하셨다. 다윗에게 하나님을 아버지라 부르게 하니 다윗은 하나님의 아들이 된다. 그리고 다윗을 하나님의 맏아들로 삼고 지상 왕들 중에는 최고인 '엘욘'으로 삼겠다고 하셨다. '엘욘'은 하나님의 이름이기도 한데 이러한 표현을 사용한 것은 다윗을 높이 세우겠다는 의도로 해석된다. 하나님이 하신 것처럼 혼돈의 상징인 바다를 제압할 수 있도록 해 주실 것이며 아무도 다윗을 괴롭히지 않도록 막아 주실 것이라 하셨다.

다윗의 후손에 관한 약속도 구체적으로 해 주셨다. 다윗의 후손을 '영원히'(29, 36절) 세울 것이며, 다윗 왕조의 '보좌'(29, 36절)가 태양처럼 영원히 있을 것이라 하였다. 그리고 하나님께서 이러한 약속을 신실하게 지킬 것이라 약속하셨다. 이 계약은 하나님이 지키는 계약이며 무조건적인 계약이기에 다윗의 행동 여하에 따라 파기될 수 있는 계약이 아니다.

중요한 것은 다윗 왕조가 하나님의 토라와 명령들을 어기면 어떻게 되느냐 하는 것이다. 그럴 경우 하나님께서 징계하시겠다고 하셨다. 막대기와 재앙으로 징계하기는 하겠지만 계약은 파기되지 않는다는 점을 분명히 약속하셨다.

'아프'는 '아!'로 번역되는 감탄사인데 시편 가운데 89편에 유독 많이 나타난다(5, 11, 21, 27, 43절). 창조주이시며 우주의 통치자이신 하나님을 찬양하고, 다윗 계약에 대해 이야기할 때 이러한 감탄사가 연발되는 것이다. 그만큼 89편의 시편이 감격적이고 격한 감정으로 불리어졌던 찬송이라는 것을 보여주는 것이다.

3. 다윗 계약 파기에 대한 탄원 (38-51절, 이인칭, 애가)

38. 그러나 당신께서(아타) 버리시고 거절하셨으니
당신은 당신의 기름부음받은 자(마쉬아흐)에게 진노하셨습니다.
39. 당신께서 당신의 종과의 계약(브리트)을 거부하시고
그의 왕관(네제르)을 땅에 던져 욕되게 하셨습니다.
40. 당신께서 그의 모든 울타리들을 파괴하시며
그의 요새들을 폐허로 만드셨습니다.
41. 길로 지나가는 모든 자들이 그를 약탈하여
그의 이웃들의 경멸거리가 되었습니다.
42. 당신께서 그의 대적들의 오른손을 높이시고
그들의 모든 원수들을 기쁘게 하셨습니다.
43. 아! 당신께서 그의 칼날을 돌리게 하셔서
전쟁에서 그가 일어나지 못하게 하셨습니다.
44. 당신께서 그의 영광을 끝나게 하셨으며
그의 보좌(키세)를 땅에 던지셨습니다.
45. 당신께서 그의 젊은 날들을 짧게 하시고
그를 부끄러움으로 두르게 하셨습니다. 셀라

46. 언제까지니이까? 야웨여. 당신께서 영원히 숨으시렵니까?
당신의 진노를 언제까지 불처럼 태우시렵니까?
47. 나의 인생이 얼마나 짧은지 기억하소서
무엇 때문에 당신께서 모든 사람을 헛되이 창조하셨습니까?
48. 강한 남자라도 누가 살아서 죽음을 보지 아니하겠습니까?
누가 자기의 영혼을 스올의 손에서 건지겠습니까? (셀라)
49. 주여 그 전의 당신의 인애(헤세드)가 어디 있습니까?
당신의 성실하심으로 당신께서 다윗에게 맹세하셨습니다.
50. 주여 당신의 종들이 받은 모욕(헤르파)을 기억하소서
많은 민족들이 준 모욕(헤르파)이 제 품에 있습니다.
51. 야웨여 당신의 원수들이 비방했습니다.(하라프)
그들이 당신의 기름 부음 받은 자(마쉬아흐)의 발걸음을 비방했습니다.(하라프)
52. 야웨를 영원히 송축하라. 아멘 아멘

38-52절은 제왕시 가운데서도 특이한 부분이며 형식은 애가다. 다윗 계약이 영원한 것이라 알고 있는데 현재 다윗 왕조가 무너졌다는 것이다. 아마도 바벨론에 의해 예루살렘이 점령당하고 유다가 멸망한 주전 586년의 사건을 이야기하는 것으로 짐작된다. 38-45절에는 현재의 왕조가 무너지고 왕관이 땅에 뒹굴고 성읍이 폐허로 변한 사실을 조목조목 이야기하고 있다. 그다음 46-51절에는 시편기자가 왜 이러한 일이 일어났는지에 대해 항의하면서 탄원하고 있다. 하나님께서 맹세하시고 보증하신 다윗 계약이 어떻게 이렇게 무참히 무너질 수 있느냐고 소리치고 있다.

시편 기자는 19-37절의 약속과 38-51절의 깨어진 약속에 대해 서로 대비시키면서 하나님께 항변하고 있다. 인애(헤세드)와 성실하심(에무나)를 들먹이면서 하나님께서 맹세(니쉐바으)하신 것을 왜 지키지 않느냐고 따지듯이 묻는다(35, 49절). 계약은 34절과

39절에서 대비시키고 있는데 하나님께서 '나의 계약'이라고 하신 것을 왜 거부하시는지 묻고 있다.

다윗 왕으로 하여금 원수와 대적들을 제압하도록 하겠다는 하나님의 말씀이 21-23절에 나타나는데 하나님께서 직접 원수들을 제압하는 모습도 23절에 나타난다. 이러한 하나님의 약속이 있음에도 불구하고 38-51절에는 오히려 원수의 조롱을 받으며 모욕을 당하고 있다고 탄식한다(41-42, 50-51절). 특히 이러한 상황을 만든 것이 바로 하나님임을 거론하면서 전쟁에서 패전하게 만드셨다고 탄식한다(43절).

특이한 것은 인생이 죽을 수밖에 없고 그 삶의 길이가 짧다는 것을 강조한 것이다. 47-48절에서는 그 누구도 죽음을 피할 수 없는 아주 약한 존재라는 사실을 강조하고 있다. 이러한 하루살이 같은 인생에게 왜 하나님께서 그토록 진노하시는지, 왜 숨어계시는지 암담하기만 하다는 마음을 토로하고 있다(46절). 시편 기자의 참담하고도 답답한 마음은 46절의 '언제까지니이까'라는 탄원의 구절에 요약되어 있다고 말할 수 있다.

'기름 부음 받은 자(마쉬아흐)'라는 단어가 처음(38절)과 끝(51절)을 장식하고 있다. 따라서 핵심은 하나님께서 '기름 부음 받은 자(마쉬아흐)'인 다윗 왕조의 왕에게 진노하시고, 그로 인해 왕이 모욕을 당했다는 것임을 알 수 있다. 그런데 이 구절이 19-37절에는 나타나지 않는다. 다만 20절에 풀어서 사용한 적이 있을 뿐이다. 따라서 38-51절 부분에는 '메시아'를 강조하는 기색이 역력함을 알 수 있으며 메시아 대망 신학으로 나아갈 수 있는 발판을 마련하고 있음을 느낄 수 있다. 그리고 마지막에 "야웨를 영원히 송축하라"(52절)는 찬송을 통해 여전히 하나님께 희망을 걸고 기대하는 심정을 보여주고 있다.

III. 결론

나단 신탁에서는 다윗 계약을 선포하였지만 왜 그러한 계약이 영속성을 가지는가에 대한 논의를 하지 않았다. 그러나 89편은 하나님의 지상 대리자가 다윗 왕조임을 밝히면서 하늘에서 하나님이 창조주로서 혼돈의 세력을 평정하듯이 다윗 왕조도 지상에서 혼돈의 세력을 평정한다는 것이다. 즉 전쟁의 승리를 보장해 주는 것이다. 그리고 하나님이 왕으로 보좌에 앉아 통치하시듯이 하나님의 지상대리자인 다윗 왕조도 하나님처럼 영속적으로 통치한다는 것이다. 이런 까닭에 다윗 왕조의 통치권과 영속성이 보장되는 것이다. 다윗 계약 신학의 바탕에는 이처럼 창조신학과 시온 신학이 굳건한 반석처럼 자리를 차지하고 있다.

모세계약은 인간의 도덕적 실천을 요구하며 계약 자체가 인간의 계약 조항 실천 여부에 달려 있다. 따라서 쉽게 파기될 수 있는 약점이 있다. 그러나 다윗 계약은 인간의 실천과 행동 여부에 달려 있는 것이 아니라 하나님의 약속과 의지에 달려 있다. 그래서 다윗 계약은 사람의 약속이 아니라 하나님의 약속에 달려 있기에 하나님처럼 영속성을 가진다.

그런데 문제는 왜 유다가 멸망당하고 다윗 왕조가 끊어졌느냐 하는 것이다. 비록 다윗 계약이 무조건적이며 하나님이 약속하시고 보증하신 계약이기는 하지만 지상의 대리자인 왕은 하나님의 인애와 신실함과 의와 정의를 실천할 책임이 있다(14절). 만일 이러한 하나님의 뜻을 실천하지 않으면 막대기와 재앙으로 징계하실 것임을 분명히 밝혔다(30-32절). 따라서 유다 멸망이라는 사건이 일어날 수가 있는 것이다. 그러나 33-35절에서 약속하셨듯이 다윗 계약 자체를 완전히 파기시키지는 않을 것이라 하셨다.

다윗 왕조가 끊어지고 유다가 멸망당했음을 눈으로 보면서도 탄원의 목소리를 높이는 것은 하나님께서 또 다른 모양으로 다윗 계약을 이어가실 수 있을 것이라는 기대감 때문이다. 그래서 마치 욥이 하나님께 항변하며 소리를 높이고 있다. 그러나 욥처럼 질문하지 않고 통곡하며 애가로 소리를 높인다. 그리고 여전히 "야웨를 영원히 찬송할지어다"(52절)라고 하나님을 신뢰하면서 소리치고 있다.

새로운 기대감을 시편기자는 '메시아'라는 단어에서 어렴풋이 찾고 있는듯하다. 지상 대리자 다윗 왕조의 실패로 인해 계약이 끊어지는 것 같아 보이지만 새로운 형태로 계약이 이어질 수도 있다는 가능성을 타진하고 있는 듯하다. 바로 메시아(38, 51절) 대망이다. 그리고 신약에서 발견할 수 있는 것은 이러한 기대가 다윗의 아들 예수에 의해 이루어진다는 사실이다.

제5장

시편 116편: 개인 감사시

116편은 개인 감사시인데 죽음으로 내려가던 사람이 구원받아 성전에 나아가 하나님께 감사드린다는 내용이다.

I. 구조

감사시는 고난이나 위험에서 혹은 질병으로부터 구원받은 경험을 사람들 앞에서 증언하는 노래다. 감사시의 구조를 보면 모빙켈의 경우 3부분으로 나누는데, 1) '감사하라' 혹은 '찬양하라' 등의 찬사가 있은 후, 2) 구원받은 경험을 증언한다. 3) 감사의 예물을 드리는 것을 언급하는데 때로는 이 부분이 빠져버리

기도 한다.[288]

116편의 구조에 대한 논란은 오래되었는데 바레가 새로운 주장을 하였다. 즉 칠십인역과 불가타에서 116편을 1-9절과 10-19절로 나누어 두 편의 시편으로 번역한 것에서 단서를 찾아 전반부와 후반부를 대칭적으로 파악하였다. 우선 단어 수를 살펴보면 아래와 같다.[289]

1-4절=29개	10-14절=30개
5-9절=34개	15-19절=34개
---------	-----------
합계 63개	합계 64개

116편은 통일성이 있고 운율을 잘 맞춘 정교한 시인데 김형기는 구조를 다음과 같이 제시하였다.[290]

I. 주님의 구원 역사	1-9
1. 서두	1-2
2. 도움의 외침	3-4
3. 신뢰의 동기	5-6
4. 주님의 응답	7-9
II. 신앙인의 응답	10-19
1. 신앙을 나타냄	10a

288) Mowinckel, The Psalms, 33-40.

289) M. L. Barre, "Psalm 116: its structure and its enigmas," *JBL* 109 (1990), 64-65 전체 61-79

290) 김형기 "시편 116편 연구,"「시편 우리 영혼의 해부학」(한들, 2006), 315-316.

2. 시인의 말 10b-12
3. 제의 행위 13
4. 경배 드림 14
5. 신앙을 나타냄 15
6. 시인의 말 16
7. 제의 행위 17
8. 경배드림 18-19

II. 번역과 해석

1 제가 사랑합니다!(아하브).
왜냐하면 야웨 그분께서 내 음성과 내 간구를 들어주시기 때문이다.
2 참으로 그분이 그의 귀를 내게 기울이시니
내 날들에(살아있을 동안에) 내가 부르짖을 것이다.

히브리어 문장에서는 "제가 사랑합니다! 왜냐하면 그분께서 들어 주시기 때문입니다. 야웨여! 내 음성과 내 간구를"이라는 순서로 되어 있다. 따라서 "제가 야웨를 사랑합니다!"라고 소리 높여 외치는 것으로 이 시편이 시작되고 있음을 알 수 있다. 이처럼 하나님을 향하여 직접 사랑을 고백하는 것은 시편 18편 1절에 나타나는데 그리 흔하지 않는 광경이다.

1절의 '간구'라는 뜻의 단어 '타하눈'은 5절은 '은혜'라는 뜻의 단어 '하눈'과 대구를 이룬다. 그리고 이러한 간구를 들어주신다는 것은 듣고 응답해 주신다는 뜻이다. 그래서 살아있을 동안에, 혹은 평생에 줄기차게 하나님께 기도를 드리는 것이다.

2. 도움의 외침 3-4절

3 사망의 줄이 나를 두르고 스올의 고통이 나를 만나고(마차),
내가 고통과 슬픔을 만났을 때에(마차)
4 내가 야웨의 이름으로 '제발 야웨여 제 생명을 구해 주십시오'
하고 부르짖었다.

'스올'은 죽음의 세상이니 '사망'과 동일한 의미를 나타낸다. 고통과 슬픔과 죽음이 나를 덮쳤을 때 하나님께 부르짖었다고 고백한다. 주목할 것은 '야웨의 이름을' 부르는 것이 아니라 '야웨의 이름으로' 부른다는 것이다. 감히 야웨의 이름을 부르지 못하는 것이 이스라엘의 관습이기에 야웨의 이름을 의지하여 부르짖는 것이다.

3. 신뢰의 동기 5-6절

5 야웨는 은혜로우시고(하눈) 의로우시며(차디크)
우리 하나님은 자비로우시도다(레헴)
6 야웨께서는 단순한 자를 지키시며 내가 약하게 되었을 때에
나를 구원하셨다

야웨께서는 약한자를 구원하신다는 점이 강조되어 있다. '레헴'은 주로 '긍휼'로 번역되는데 태아를 향한 어머니의 사랑을 가리킨다. 따라서 무조건적이며 모든 것을 주어도 조금도 아깝지 않는 무한정의 사랑을 가리킨다. '하눈'도 조건을 따지지 않는 '은혜'이며 '차디크'도 억울하고 힘없는 사람을 위한 행동을 가리킨다. 이러한 분이시기에 마음 놓고 하나님을 향하여 부르짖을 수 있는 것이다.

4. 주님의 응답 7-9절

7 내 영혼아 네 평안함(마노아흐)으로 돌아가라. 참으로 야훼께
서 너를 후대하시는구나
8 참으로 당신께서 저를 사망에서,
저의 눈을 눈물에서, 제 발을 넘어짐에서 건지셨습니다.
9 나는 야웨 앞에서 걸어가리라! 생명의 땅에서 (생존 세계에서-
개역)

하나님께서 실제로 구원하신 구체적인 일을 회상하며 감사를 드린다. 죽음의 골짜기에서 벗어나게 해 주시고 슬픔의 눈물을 그치게 하신 일에 대해 감사를 드리는 것이다. 지금은 '평안'한 상태가 되었다고 기뻐하며 감사를 드린다. '평안함(마노아흐)'이란 단어는 시편 23편 2절에 '잔잔한 (물가)'로 번역된 단어이기도 하다. 물결이 잔잔함같은 평온한 상태를 가리킨다.

특히 '발'과 '걷다'를 연결시키며 넘어져 좌절한 인생에게 다시 일어나 힘차게 걸어갈 수 있도록 해주시는 하나님의 적극적인 구원 행동을 보여주고 있다. 동시에 살아있는 동안 올바른 길로 걸어가겠다는 결심과 결단을 보여주면서 하나님의 구원에 응답하는 고백을 하고 있다.

II. 신앙인의 응답 10-19절

10 '내가 크게 고통을 당하였다'고 말할 때에도 나는 믿었다
11 내가, 내가 놀라서 이르기를 '사람은 모두 헛것이로다!' 하였
다
12 내가 야훼께 무엇으로 보답할까!
내게 주신 모든 은총에 대해

13 내가 구원의 잔을 들고
야웨의 이름으로 외치며
14 나는 나의 서원을 야웨께 지킬 것이다
야웨의 모든 백성 앞에서
15 야웨께서 보시기에 귀중한 것이다
그분의 경건한 자들의 죽음은
16 아! 야웨여! 저는 진실로 당신의 종이요 당신의 여종의 아들
곧 당신의 종입니다.
당신께서 나의 결박을 푸셨습니다
17 내가 당신께 감사제를 드릴것입니다.
야웨의 이름으로 제가 부를것입니다.
18 나는 나의 서원을 야웨께 지킬 것이다
야웨의 모든 백성 앞에서
19 야웨의 성전 뜰에서
예루살렘아, 네 한가운데서
할렐루야 (야웨를 찬양하라)

전반부(1-9절)가 하나님의 구원행위에 대해 고백한다면, 후반부(10-19절)는 응답이라 할 수 있다. 이 부분은 10-14절과 15-19절로 나누어 살펴볼 수 있는데 두 부분이 비슷한 내용으로 반복되는 것을 볼 수 있다. 특히 14절과 18절이 동일한 내용으로 반복되는 것을 볼 수 있다. 다만 14절은 단수인데 18절은 복수라는 차이가 있다. 이것은 개인적인 감사에서 공동체적인 감사로 확대된다는 의미를 담고 있다.

응답의 형태는 제사(예배)와 주의 이름을 부르는 찬양의 선포로 나눌 수 있다. 하나님께서 주신 은총에 대해 무엇으로 보답해야 할지를 찾고 있는 모습이 12절에 나타난다. 그리고 감사의 마음을 표현하는 방법으로 구원의 잔을 들고 제사를 드리는 모습이 이어

진다. '구원의 잔'은 감사의 표시로 드리는 예식인데 시편 23편 5절에도 찾아 볼 수 있다.

감사제를 드리는 제사의식은 제물을 잡는 동안 제사를 드리는 사람이 손에 '구원의 잔'을 들고 나타나, 제단에 포도주를 부어 전제를 드린다. 그리고 주의 이름을 부르는데 그 때 제사를 드리는 사람이 감사의 노래를 부르거나 혹은 성전 종사자가 부르는데 주로 성전 종사자가 부른다.[291] 그러나 이러한 기록은 의문스럽다. 제사를 드리는 사람이 제사장을 제외하고 직접 전제를 드린다는 것은 이상하다.

다만 15절의 '경건한 자들의 죽음'을 귀하게 여기신다는 것은 이 시편의 흐름에 잘 맞지 않다. 죽음까지 가까이 갔다고 하나님의 은총으로 다시 일어서는 것에 대해 감사드리고 찬양하는 상황인데 죽음을 귀중히 여긴다는 것은 문맥상 맞지 않다. 아마도 '헤무타'가 아니라 '헤마누타'로 수정해서 읽을 수 있는데 그 뜻은 '신뢰, 믿음, 충실, 성실' 등이다. 따라서 '경건한 자들의 죽음'이 아니라 '경건한 자들의 신뢰'를 귀중히 여긴다는 의미로 볼 수 있다.

291) 김형기 "시편 116편 연구," 「시편 우리 영혼의 해부학」 (한들, 2006), 309

제6장

행동과 삶의 지침인 '하나님의 가르침(토라)'

I. 서론

'율법'이라는 말을 들으면 우선 부정적인 이미지가 떠오르는 경우가 많다. 왜냐하면 조선에서나 일제치하에서 '법'이라는 것은 권력을 가진 사람들의 무기였으며 일반 백성들은 법의 보호를 받기보다 법이라는 명목으로 빼앗기고 상처입은 경험이 많았기 때문이다. 더구나 신약의 바울서신에서 율법과 복음이 대조되면서 율법이 부정적인 이미지로 전달되고 있다. 하지만, "천지가 없어지기 전에는 율법의 일점 일획도 결코 없어지지 아니하고 다 이루리라"(마 5:18)고 하시면서 율법을 귀중히 여기시는 예수님의 음성에 다시 귀를 기울일 필요가 있다.

성경에 나타나는 '율법'이라는 단어는 히브리어 '토라(תּוֹרָה)'를 번역한 것이다. '토라'라는 단어는 '가르치다'라는 히브리어 동사 '야라(יָרָה)'의 명사형인 '가르침'이란 뜻이다. 따라서 '토라'는 일반적인 의미의 '가르침'이라는 뜻이며 특별히 성경에서는 '하나님의 가르침'이라는 뜻으로 널리 사용된 단어이다. 예를 들면 '토라'는 제사장의 '가르침'(학 2:11)을 가리키는 용어이기도 하고 부모의 '가르침'을 '토라'라고 부르기도 하였다(잠 1:8; 3:1). 아버지와 어머니가 아이들을 위험에서 보호하려는 가르침이요 올바른 길로 인도하려는 가르침이 바로 '토라'였다. 마찬가지로 하나님 아버지의 가르침이 또한 토라(율법)인 것이다.

그런데 왜 '가르침'이라 혹은 '훈계'라 번역하지 않고 '율법'이라 번역하였는가? '율법'이라는 이름이 등장한 연유는 헬라어 번역에서 찾을 수 있는데 히브리어 '토라'를 칠십인역(LXX)에서는 '법'이라는 뜻의 단어 '노모스(νόμος)'로 번역했기 때문이다. 이러한 번역의 영향을 받아 영어성경에서는 Law로, 그리고 한글성경에는 '율법'으로 번역되었다. '율법'이라는 번역은 하나님의 가르침이 '법'이라는 다소 딱딱한 이미지로 각인되는데 일조하였다.

'토라(율법)'라는 용어는 오경에 57회, 예언서에 65회, 성문서에 96회 등 구약전체에서 218회 사용되었다.[292] 예언서의 시작(수 1:7)과 끝(말 4:4)에, 그리고 성문서의 시작(시편 1편)에도 나타난다. 이처럼 율법(토라)을 살펴보면 그 의미는 '가르침'이고 구약 전체에 나타남을 알 수 있다. 이 가운데서도 하나님의 가르침으로서의 율법(토라)의 핵심은 오경에 나타난다. 그래서 오경 전체를 율법서(토라)라 부르는 것이다. 이제 오경을 살펴봄으로서 율법(토라)에 더 가까이 다가갈 수 있을 것이다.

292) Gerhard Lisowsky, *Konkordanz zum Hebräischen Alten Testament* (Württembergische Bibelanstalt Stuttgart, 1958) 1514-1515.

II. 하나님과 대화하며 살아가는 인간의 삶의 이야기가 함께 녹아 있는 율법(토라)

'율법'이라는 말을 들으면 우선 엄위하신 '하나님의 명령 혹은 법'이라는 의미가 떠오른다. 그런데 전통적으로 창세기에서 신명기에 이르는 오경을 '토라(율법)'라고 부르는데 오경은 다양한 내용으로 구성되어 있다. 이야기도 있고 법전도 있고 협의의 훈계도 있고 노래도 있고 설교도 있다. 시내산에서 하나님이 모세에게 주신 십계명을 비롯한 하나님의 명령도 들어있지만 아버지를 속이고 형의 복을 가로채는 간사한 동생 야곱의 이야기도 들어있다. 형이 동생을 죽이는 참담한 가인과 아벨의 이야기도 나타나며 믿음의 사람 아브라함이 독자 이삭을 바치는 장면도 들어있다.

실제 하나님과 더불어 살아온 삶의 이야기가 '토라(율법)'이며 이러한 이야기는 등불이 되어 오고오는 세대의 등대역할을 해주고 있는 것이다. 행동하시는 하나님과 이에 발맞추어 가면서 살아가는 사람들의 삶의 이야기가 어우러져 있는 것이다. 천지를 창조하고 인간을 창조하여 에덴동산에서 살게 하시는 하나님의 행동의 이야기와 아담과 하와의 행동과 삶의 이야기가 어우러져 있는 것이다. 노아와 홍수 이야기, 아브라함과 족장들의 이야기가 펼쳐지고 있는 창세기에서 우리는 하나님의 마음을 느끼고 살아 창조하시면서 인도하시는 하나님의 행동의 이야기를 듣게 되는 것이다.

노예로 살았던 이집트를 탈출하여 광야를 통과하여 약속의 땅으로 행군한 선조들의 이야기를 들으면서 자유가 얼마나 소중하며 우리가 발을 딛고 살고 있는 이 땅이 얼마나 귀하고 거룩한지를 깨닫게 되는 것이다. 그리고 그 모든 것이 약속하시고 그 약속을 지키시며 행동으로 함께 하시는 하나님의 손길이 있었음을 깨닫고 하나님께 감사와 찬양을 드리게 되는 것이다.

III. 율법(토라)을 이해하는 열쇠 – 공동체 정신

오경(토라)을 읽어가면서 느낄 수 있는 것은 무엇을 설명하는 것이 아니라 이루어진 것을 묘사하는 내용이 많다는 것이다. 특히 하나님과 사람과의 사이에 무엇이 일어나고 있는지 그 관계에 대해 주목하고 있음을 발견할 수 있다. 또한 사람과 사람 사이에서 무엇이 일어나며 무슨 관계인지에 대해 많은 이야기들이 펼쳐져 있다. 뿐 만 아니라 사람과 자연의 관계 혹은 하나님과 자연과의 관계에 대해서도 이야기하는 부분이 있다. 그런데 중요한 점은 하나님과 사람과 자연이 마치 한 가족처럼 공동체를 형성해 가고 있다는 사실이다. 그 관계를 하나의 그림으로 만들어서 눈으로 보면서 설명하고자 한다.[293]

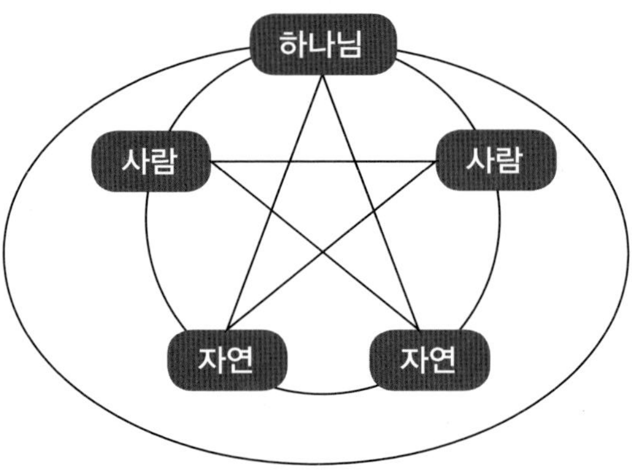

하나님의 공동체

위의 그림에서 맨 바깥 원은 신(神)의 차원과 피조물의 차원을

293) 정중호, 「하나님의 공동체」 (계명대학교출판부, 2012), 24-42.

구분하는 원이다. 하나님은 신의 차원과 피조물의 차원을 넘나들 수 있지만 피조물은 시간과 공간의 제한을 받고 있는 차원에서 살 수 밖에 없다. 그리고 하나님과 사람과 자연이 서로 소통하는 것을 선으로 연결하여 보여 주고 있다.

창조주 신(神)의 차원과 피조물인 사람과 자연의 차원은 분명히 다른데, 그리고 사람은 결코 신(神)이 될 수는 없는데 어떻게 사람이 하나님과 한 가족이 되며 공동체가 될 수 있는가? 토라(율법)에서 보여주는 하나님의 모습은 하나님이 스스로 인간 세상에 오셔서 사람과 대화하며 사람들과 함께 살아가는 모습이다. 예를 들면 회막에 거주하시는 하나님의 모습이다. 이러한 하나님의 파격적인 행보는 놀라운 모습이며 이것을 보면서 사람에 대한 하나님의 사랑을 느낀다. 또한 사람은 하나님을 아버지라 부르고 하나님은 사람을 아들과 딸처럼 대해 주신다. 명실공히 한 가족의 모습을 보여준다. 그래서 사람을 사랑하시는 하나님을 향해 하나님을 사랑하겠다는 다짐을 하는 것이 바로 신앙고백인 쉐마의 핵심인 것이다(신 6:4-9).

분명히 하나님이 주도하시는 하나님의 공동체이지만 이 공동체 안에서 행복과 불행을 만드는 핵심적인 존재는 사람이다. 왜냐하면 사람에게는 선택의 자유를 하나님께서 허락해 주셨기 때문이다. 선과 악을 선택하는 자유, 심지어 하나님의 명령을 거역하는 자유까지 허락하셨다. 따라서 사람이 악을 선택한다면 이 공동체 전체는 심각한 고통 속으로 들어가게 되며 몸살을 앓게 된다. 그러나 사람이 선을 선택한다면 공동체 전체가 행복하게 될 것이다. 사람의 선택이 참으로 중요하다. 사람에게 선택의 자유를 허락하셨다는 것은 사람을 인격적인 대화의 상대자로 인정했다는 것이며 사람에 대한 사랑과 깊은 신뢰가 있다는 것을 뜻한다. 따라서 인격적으로 다가오시는 하나님에 대한 올바른 매너는 책임있는 행동이다.

또 다른 모습은 사람과 자연의 관계, 그리고 하나님과 자연의 관계다. 하나님은 자연 만물을 만드신 후 "보시기에 좋았더라"(창 1:4, 10, 12, 18, 21)고 하시며 자연에 대해 만족해 하셨다. 그리고 하나님의 예상대로 자연은 하나님의 뜻을 충실히 따르는 존재가 되었다. 그런데 이러한 자연을 관리하는 관리자가 필요했고 하나님은 흙으로 만든 사람에게 자연을 관리하도록 맡겨주셨다. 하나님이 만드신 소중한 것을 사람에게 맡겼으니 하나님이 사람을 신뢰했다는 증거라고 볼 수 있다. 기독교인을 가리키며 '믿는 사람들'이라고 말한다. 그것은 하나님을 믿는 사람들이라는 뜻이다. 그런데 사람이 하나님을 믿기 이전에 하나님이 먼저 사람을 믿어주고 신뢰했다는 사실을 눈여겨보아야 한다.

주목할 것은 사람과 자연이 서로 연결되어 있다는 사실이다. 그 증거를 에덴동산 사건에서 살펴볼 수 있다. 최초로 사람이 하나님을 거역하고 금지된 선악과를 먹은 후 하나님으로부터 형벌을 받았는데 사람이 저주받지 않고 땅이 저주받았다. 땅이 저주받았기에 땅은 가시덤불을 내게 되었고 사람은 가시덤불이 덮인 땅을 경작해야 하였기에 땀을 흘리며 중노동할 수 밖에 없었다. 사실 땅이 잘못한 일이 없었다. 다만 사람이 죄를 범하였는데 땅이 저주받은 것이다. 따라서 이 사건을 통해 볼 때 사람과 자연은 서로 뗄 수 없는 깊은 관계임을 발견할 수 있다. 오늘날 환경오염과 생태계 위기와 이에 따르는 기후변화 그리고 자연재해 등을 연결시켜 볼 때 자연은 사람과 분리된 것이 아니라 사람과 연결되어 있다는 점을 직감적으로도 느낄 수 있다.

그러므로 이 세상에 내려오신 하나님과 사람과 자연 모두가 한 가족처럼 연결되어 있고 서로 대화하면서 소통하고 있음을 발견할 수 있다. 이렇게 가족공동체로 연결되어 있는 하나님과 사람과 자연은 하나의 공동체를 이루고 있으며 이것을 이름하여 '하나님의 공동체'라 부른다.

이 공동체는 온 우주적인 공동체이며 결코 우주의 한 부분이 아니다. 예를 들어 교회와 기독교인으로 한정된 공동체가 아니라는 뜻이다. 지구촌 70억 인류 전체가 들어가 있는 공동체이며 지구의 자연 전체가 들어가 있는 공동체이다. "땅과 거기에 충만한 것과 세계와 그 가운데에 사는 자들은 다 여호와의 것이로다"(시편 24:1)라는 시편의 찬양과 같이 이 세상에서 하나님의 손을 벗어난 것은 없으며 이 세상 모든 것이 이 하나님의 공동체 안에 들어 있다.

율법(토라)은 이러한 하나님의 공동체 안에서 하나님께서 주신 가르침이요, 이 공동체가 걸어간 생생한 삶의 이야기인 것이다. 그 '가르침'은 단순한 정보와 교육자료를 넘어서서 마음과 마음이 주고받는 소리없는 대화이고 땀과 눈물과 기쁨이 어우러진 삶의 발자취인 것이다.

IV. 율법(토라)은 행동과 삶의 지침서

율법(토라)은 분명 심오한 사상을 이야기 하고 있으며 '하나님의 가르침'이기에 우리의 생각을 바로잡아 주는 역할을 하고 있지만, 궁극적으로는 이 땅에서 율법의 정신으로 행동하며 살아가도록 가르치는 지침서의 역할을 하고 있다. '가르침'을 배우고 배운데로 실천하고 행동하기를 촉구하는 내용이 바로 율법(토라)인 것이다.

예수님께서 율법의 핵심을 첫째, "네 마음을 다하고 목숨을 다하고 뜻을 다하여 주 너의 하나님을 사랑하라"(신 6:5), 둘째, "네 이웃을 네 자신 같이 사랑하라"(레 19:18)라고 요약해 주셨다(마

22:37-40). 이 모두가 행동하라는 것임을 주목할 필요가 있다.

토라(율법)의 중심이라 불리우는 레위기를 예로 들어보자.[294] 레위기에는 하나님을 만나 예배드리는 제사에 대해 먼저 이야기 하고 있다(레 1-5장). 평생을 통해 수없이 반복해서 드리는 예배의 근본 원리와 절차 그리고 그 내용에 대해 구체적으로 가르쳐 주어 실행할 수 있도록 지도하고 있다.

레위기 11-15장은 정결과 부정에 관해 이야기 하고 있으며 특히 개인의 정결한 삶에 주목하고 있다. 가정에서 먹는 음식에 대해(11장), 아기를 출산하는 일에 대해(12장), 몹쓸 병에 걸렸을 때(13-14장), 신체의 유출에 관해(15장) 관심을 보이고 있다. 개인의 사적인 일이 왜 이렇게 중요하게 취급되고 있는 것일까? 개인의 모든 일이 개인으로만 끝나는 것이 아니라 하나님과 연결되고 공동체와 연결되기 때문에 개인의 정결한 삶이 중요한 것이다.[295]

이러한 공동체의 핵심에는 회막(Tent of meeting)이 있다. 회막 안 지성소에는 하나님이 거주하시고 회막을 중심으로 이스라엘 지파들이 텐트를 치고 함께 거주하는 것이다. 만일 공동체 구성원인 이스라엘 사람이 죄를 범하고 부정하게 되는 일이 일어난다면 그 여파는 성소인 회막에 미치게 되며 하나님이 불편하게 되는 결과를 초래한다. 따라서 신속하게 죄 문제를 해결하고 정결하게 만드는 절차를 밟아 공동체의 정결을 회복하고 하나님께서 평안하게 회막에 거주하실 수 있도록 해야 한다. 회막에 하나님이 계심으로 인해 회막을 중심으로 하는 이스라엘 공통체는 하나님의 보호를 받게 되고 평화(샬롬)와 번영을 이룰 수 있게 되는 것이다.

레위기에는 율법과 선지자의 대강령이라 부르는 '이웃 사랑'

---

294) John H. Hayes, "레위기: 구약의 중심," 1996년 6월 5일 장로회신학대학교에서 강연한 내용.

295) 정중호, 「레위기: 만남과 나눔의 장」 (한들, 1999), 186-264.

이 나타난다. "네 이웃 사랑하기를 네 자신과 같이 사랑하라"(레 19:18)라는 말씀은 이웃 간의 갈등을 해결할 때 복수나 미움으로 하지 않고 사랑으로 해결하라는 문맥에서 강조되어 있다. 특히 이웃이 잘못을 저지를 때 방관하지 말고 충고해 주고 잘못을 시정할 수 있도록 도와주라는 뜻도 포함되어 있다. 이 경우 어려운 이웃을 외면하는 것도 죄로 여겨지게 된다.[296] 이러한 이웃 사랑은 바로 공동체 정신과도 맥을 같이 하며, 이웃을 타인으로 대하지 않고 한 가족처럼 대하라는 뜻이 담겨 있다. 또 한 가지 중요한 것은 이웃 사랑이 감정 뿐 만 아니라 실제로 이웃에 유익한 사람이 되고 이웃을 도와주며 봉사하는 실질적인 행동을 통해서 나타나야 한다는 사실이다.

이웃 사랑에 대한 명령은 율법(토라)의 절정을 장식하고 있으며 이 명령은 더욱 발전 확대되어 이주자 사랑으로 이어지고 있다; "너는 그(이주자)를 네 몸과 같이 사랑하여야 한다"(레 19:34). 외부에서 온 사람들이 어떤 지역에 들어와서 이스라엘 사람들 틈에서 살아갈 때 그들을 적대시하지 말고 보호해 주며 적극적으로 돌보라는 말씀이다.[297] 왜냐하면 당시의 나그네(이주자)는 쉽게 착취당할 수 있고 신변보호를 받지 못하는 취약한 상태에 있었기 때문이

---

296) 만일 레위기 19장 16b절을 "너희는 네 이웃의 피 옆에 (초연히) 서 있지 말아라"고 번역한다면 이것은 위험에 처한 이웃 앞에서 "침묵하고 외면하는 것"을 죄라고 간주하는 것이 된다. 정중호, "제사장의 파격, 제사장의 개혁," 장로회신학대학 주최 제6회 종교개혁기념학술강좌 (2008. 10. 23), 8; J. Milgrom, *Leviticus 17-22*. Anchor Bible vol. 3 (New York: Doubleday, 2000), 1410-1412.

297) Abraham Malamat는 "사랑하라"는 동사 다음에 "...을 위하여"라는 전치사가 나타나는 점을 주목하면서 (레 19:18, 34 왕상 5:15; 대하 19:2) 후기 제사장신학이 실천적인 윤리를 강하게 강조하였다고 하였다. Abraham Malamat, "Love Your Neighbor as Yourself: What It Really Means," *BAR* 16 (1990), 50-51; J. Milgrom, *Leviticus: A Book of Ritual and Ethics* (Minneapolis: Fortress Press, 2004), 218.

다.

신명기 21장에는 들판에서 살인 사건이 일어났는데 살해자를 알지 못할 때 가장 가까운 마을 사람들이 책임을 져야 한다는 내용이 기록되어 있다. 즉 범죄가 일어났는데 가해자를 알지 못할 경우 그 공동체 전체가 책임을 져야한다는 것이 율법(토라)의 정신이다. 특히 이주자(나그네)와 과부와 고아와 같이 가난하고 약한 사람들을 돌보고 보호할 책임이 있다는 정신이다.

율법(토라)을 살펴보면 여러 곳에서 경제 문제가 거론되는 것을 발견할 수 있다. 고대 사회에서 생활의 바탕이 되는 것은 땅이기에 율법(토라)을 통해 각 가정에 고루 땅을 분배하는 것을 볼 수 있다. 그리고 땅의 주인은 하나님이요 모든 이스라엘 사람들은 하나님이 주신 땅을 사용할 수 있는 권한만 배분되도록 규정되어 있다. 따라서 임의로 땅을 사고 팔수 없도록 규정하였다(레 25:23). 그러나 시간이 흐르고 경제가 구조적으로 왜곡되는 일이 일어나면서 빈부격차가 생기며 땅을 잃어버리는 가정이 나타날 수 있다. 이러한 왜곡된 경제 상황을 바로잡기 위해 50년마다 희년을 선포하고 희년에는 각 가정에 분배된 땅으로 돌아갈 수 있도록 하였다.[298]

또한 율법(토라)에는 다문화 사회를 어떻게 새롭고 아름다운 공동체로 만들 수 있는지 그 실천방안이 포함되어 있다. 이스라엘은 지정학적 위치로 볼 때 수많은 이주민이 들어올 수 있는 지역이었기에 실제 이스라엘은 많은 이주민으로 구성되어 있었다. 이러한 다문화적 사회 속에서 본토인이 기득권을 유지하려는 정책을 펼치는 것이 아니라 이주민을 껴안고 함께 어울려 사회 통합을 이루는 방향으로 나아갈 수 있도록 율법(토라)이 방향을 제시하였다.

---

298) 레위기 25장을 세밀하게 살펴보면 땅을 되찾아오는 것이 아니라 땅에 유리된 사람이 다시 돌아오는 것으로 표현되어 있다(레 25:10, 13). 정중호, 「레위기: 만남과 나눔의 장」, 393-406.

즉 조상을 이야기할 때 "내 조상은 방랑하는 아람 사람"(신 26:5)이라 하나님 앞에서 고백하도록 하였다. 이러한 고백은 외국인이며 이주자가 바로 우리 모두의 조상임을 고백한 것이다. 그리고 "너희는 나그네(이주자)를 사랑하라 전에 너희도 애굽 땅에서 나그네(이주자) 되었음이니라"(신 10:19)고 하시면서 이주자의 정체성을 가지도록 가르치셨다. 또한 '하나님 앞의 이주자'라는 신학적인 정체성을 강조하면서 이주자를 포함한 이스라엘 백성 전체가 사회통합을 이룩할 수 있도록 하나님은 율법(토라)을 통해 가르쳐 주셨다.

거룩한 공동체를 이루고자하는 율법(토라)의 정신은 단순한 희망사항이 아니라 실제로 이 땅에서 성취되어야 하는 구체적이며 실천할 정신이다. 이 정신은 죽음의 땅 광야 한 복판에서도 구체화될 수 있는 신학이며 21세기 대도시 한 복판에도 성취될 수 있는 신학이다. 동시에 율법(토라)이 강조하는 바는 하나님의 백성 한 사람 한 사람의 정결한 삶과 나눔의 삶을 결단하며 실천하는 일이 무엇보다 중요하다는 점이다.

V. 결론

율법(토라)은 '하나님의 가르침'이며 하나님과 사람과 자연이 어우러져 거룩한 공동체를 이루기 위한 실제적인 지침서이다. 사람을 향한 하나님의 신뢰와 사랑이 먼저 있었고 이에 화답하는 하나님을 향한 사람의 사랑과 찬양이 이어져야함을 가르치고 있다. 그리고 하나님이 맡겨주신 자연을 사람이 성실히 관리하며 자연과 더불어 아름다운 세상을 만들어야 할 것도 가르치고 있다. 이처럼 사랑으로 연결되고 소통하는 하나님과 사람과 자연은 거룩한 하나님의 공동체를 만들어 갈 것인데, 이 공동체는 하나님께서 창조하신 공동체이며 하나님께서 인도하시는 공동체이기 때문에 반드시 완성될 것이다.

이 공동체에서 사람이 담당해야 할 역할이 무엇보다 중요하다. 사람에게는 선택의 자유가 주어졌기에 선과 악을 택할 수 있다. 악을 선택하여 사람과 하나님과 자연에게 고통을 주지 말고 선을 택하여 사람과 하나님과 자연을 모두 행복하게 만드는 책임이 사람에게 달려 있으며 바로 우리에게 달려있다. 우리가 죄를 범하지 말고 선한 행동을 해야 하는 이유가 바로 여기에 있다. 삶의 모든 순간에, 삶의 모든 분야에서 행동으로 우리의 선택을 보여 주어야 하는 이유가 바로 여기에 있다.

그리고 이 공동체는 '하나님의 나라'로 이어진다. 예수님께서 말씀하신 바와 같이 하나님의 나라는 이미 시작되었고 지금도 계속되고 있으며 장래에 완성될 것이다. 그리고 예수님은 "하늘에서 이루어진 것같이 땅에서도 이루어지이다"(마태복음 6:10)라고 기도하라고 가르쳐 주셨다. 이렇게 기도하면서 함께 참여하고 행동과 삶으로 살아가야하는 사람들이 바로 '하나님의 가르침(율법)'을 받는 우리들인 것이다.

결론

Conclusion

결론

성경의 배경이 되는 고대 이스라엘 사회 가운데서도 잘 이해가 되지 않고 의문이 풀리지 않는 사회와 시대가 있다. 그 가운데 첫 번째가 므낫세 시대다. 분명 왕들 가운데서도 가장 장기간 통치한 왕이었고 다소 평화로운 시대가 지속되었는데도 가장 악한 왕으로 평가되고 있는 이유가 무엇인가?

이러한 질문에 대답하기 위해서는 경제를 살펴볼 필요가 있다. 성경의 배경이 되는 역사를 연구하면서 우리는 왕과 지도자들의 행적을 추적하는 일에 몰두하는 경우가 많다. 왜냐하면 이들이 남긴 문헌이나 유물들이 남아 있기 때문에 그러한 것들을 근거로 학문 활동을 할 수 있기 때문이다. 그러나 역사는 지도자들에 의해서만 움직여지는 것이 아니다. 오히려 드러나지 않는 수많은 일반백성들이 역사를 만들어간다는 사실을 주목해야 한다. 이러한 흔적을 밝혀내기 위해서는 먹고사는 문제인 경제의 흐름을 살펴볼 필요가 있다.

"주전 7세기 블레셋과 유다의 광역 경제권"을 연구한 장에서 블레셋과 유다가 비교적 평온한 관계를 유지했던 주전 7세기에 앗수르 제국의 국제무역망의 한 부분으로서 광역 경제권을 형성하고 있었다는 사실을 확인할 수 있었다. 지정학적 위치를 볼 때 유다는 블레셋 항구도시들의 배후지역으로서 특별한 역할을 감당하였던 것이다.

주전 7세기 유다에 있어서 특별한 상황은 네게브 지역이 개간되고 인구가 증가하면서 동시에 이 지역 행정력도 강화되었다는 사실이다. 그리고 네게브 지역을 통과하는 '향료길(incense road)'이 유다에게 새로운 활로는 열어줄 수 있었다는 사실이다. 그리고 이러한 개간과 무역이 블레셋과 긴밀히 연결되어 있었다는 사실이다. 이러한 모든 요인들이 어우러져서 므낫세 왕으로 하여금 장기간 유다를 통치할 수 있게 만들었다는 사실도 눈여겨 보아야 한다.

므낫세 시대인 주전 7세기에 앗수르 제국의 무역망 속에서 유다와 블레셋이 광역경제권을 형성하면서 경제를 만들어왔다는 연구를 하면서, 국제적인 경제질서와 이웃나라와의 관계를 다시 살펴보게 된다. 한국은 지하자원이 빈곤함에도 무역을 통해 경제를 부흥시켜 왔으며 국제무역에 의존하는 의존도가 높은 나라다. 따라서 국제무역환경과 세계경제의 흐름에 민감하게 반응할 수밖에 없는 구조를 가지고 있는 나라가 바로 한국이다. 이러한 나라의 특징은 세계경제가 요동을 칠 때 급격하게 경제부흥이 되기도 하고 급속히 내리막기를 걷기도 한다는 점이다. 이로 인해서 민감하게 반응하지 못하는 계층은 쉽게 빈곤으로 내몰리고 새로운 기회를 신속하게 활용하는 계층은 급속히 부자가 되는 현상이 일어나게 되는 것이다. 말하자면 쉽게 빈부격차가 일어날 수 있는 사회인 것이다.

국제적인 무역이 왕성했던 주전 7세기 므낫세 시대가 왜 질타의 대상이 되는 것인가? 그것은 빈부격차가 심했고 약한자들이 억울한 일을 많이 당했던 시대였기 때문이다. 급속한 경제성장을 이룩한 한국 사회에 빨간 불이 켜져있다. 2016년 국감자료에 의하면 상위 10%가 대표적인 불로소득인 배당소득의 93.7%를 가져간다. 근로소득에서도 상위 10%가 소득의 75.4%를 가져가고 있다.[299] 결국 90%의 국민이 25%도 되지 않는 소득을 나누어 가져야 한다는 것이다. 부와 소득의 편중 현상이 도를 넘었다고 할 정도로 심하다. 이러한 격차는 공동체 의식을 무너뜨리고 국민의 분노를 일으킨다.

성경의 배경 가운데 의문이 풀리지 않는 또 다른 시대가 있었는데 그 시대가 바로 바벨론 포로 시대이다. 유대인들이 바벨론에서 어떻게 살았을까? 포로로 잡혀갔으니 노예같은 생활을 했을 것이라 상상하지만 사실은 다르다. 유대인 가운데 일부분은 처벌의 대상이 되었지만, 대부분의 유대인들은 바벨론의 강제이주 정책으로 다른 지역에 정착해 살았다. 마치 다른 지역 사람들이 사마리아에 강제이주 당해서 정착한 예와 같은 것이다. 바벨론에 간 유대인들은 소수민족이었지만 함께 마을에 이루며 살았고 마을의 자치권도 가지고 있었다. 그들에게는 장로, 제사장, 선지자, 심지어 그들의 왕인 여호야긴 같은 지도자들도 있었다.

바벨론에는 성전 기물을 복제할 수있는 성전 장인들이 있었다. 그리고 바벨론에 있는 유대인 성전에서 훈련된 2세대와 3세대의 성전 인원이 또한 있었다. 야웨께서 바벨론에 있는 그발 강 가에서 제사장이요 선지자인 에스겔에게 나타나셨기 때문에(겔 1:1) 그들은 합법적인 성전을 가질 권리가 있었다. 또한 그들은 종교적 억압이나 박해를 당하지 않았다. 그들에게 정말 자신들 만의 성전이 있었을까? 가장 중요한 단서는 에스겔이 바벨론에 있는 유대인 성소

299) "2016 국감: 상위 10%, 이자-배당소득 90% 이상 싹쓸이," 미디어펜 http://www.mediapen.com/news/view/196799(2017. 3. 11 확인)

에 대 기술할 때 구체적으로 야웨 성소를 가리키는 'miqeddash'라는 전문용어를 사용했다는 점이다. 아마도 레위인들의 마을이 있었던 카스피아에는 유대인 성소가 있었을 것이고(에스라 8:17), 시날에는 또 다른 유대인 성전이 있었을 것이다(슥 5:5-11).

이러한 상황이었기에 구약성경의 상당 부분이 저술된 역사가 이 때 일어났던 것이다. 고대 사회에서 어떤 문헌이 작성되었다는 것은 거대한 사업인데 성경이 이 때 저술되었다는 것을 주장하면서도 그들의 살았던 경제적, 사회적 삶에 대해서는 열악했다고 이야기하는 것은 앞뒤가 맞지 않는 말이다. 유대인들은 바벨론 시대 이전에도 각 국에 흩어져 왕성하게 무역하면서 외국에 성공적으로 정착하는 일이 있었다.

바벨론이 멸망하고 페르시아 제국이 등장했을 때도 유대인들은 나라를 복구하지 못했다. 비록 고국으로 돌아갈 수는 있었지만 독립국가를 일으켜 세우지 못했고 페르시아 제국의 통치 하에 있었다. 이러한 상황에서 하나님의 말씀인 성경을 저술하고 신앙적으로 다시 일어서는 공동체를 세우려고 했던 것이다. 비록 독립국가를 이루지는 못해도 하나님의 말씀을 중심으로 야웨 하나님의 통치가 이루어지는 구별된 공동체를 일으켜 세우는 일은 결코 쉬운 일이 아니었다. 그러한 고민과 열정이 담겨진 책이 바로 성경인 것이다.

고대 이스라엘 사회를 이해하는데 있어서 당혹하게 하는 면이 있다. 과연 이스라엘은 혈연적인 공동체였을까 아니면 다양한 종족들의 집합체였을까? 이스라엘은 아브라함을 조상으로 하는 혈연적인 사회로 알려져 있지만 성경을 자세히 읽어보면 수많은 이민족이 함께 살고 있는 모습을 볼 수 있다. 특히 이스라엘이 자리 잡고 있는 팔레스타인 지역은 사람과 물자가 통과하는 사통오달의 지역이었으며 이주자가 쉽게 몰려들 수 있는 위치에 있었다. 결국 이스라엘 사회는 이주자로 이루어진 다문화 사회가 되었다.

이러한 다문화사회를 통합하고 선도하는 신학의 핵심에 이주민과 함께 이동하시는 하나님의 자유로운 이동성이 자리 잡고 있다. 하나님의 이동성을 강조하는 모습은 회막과 성전건축에서 찾아볼 수 있으며, 다윗 왕조의 영속성을 강조하는 나단 신탁에도 나타나 있다.

한국의 기독교는 경제성장과 더불어 급속히 교세가 확장된 면이 있다. 그리고 화려하고 웅장한 교회건축이 확산되었으며 대교회를 선망하는 성장 중심의 신학이 한국의 주류 신학으로 자리매김하게 되었다. 그 결과 기독교의 외모는 튼튼해 보이지만 내부를 살펴보면 하나님을 건물 안에 한정시키는 모습이 보이고 시스템 속에 들어있는 기독교를 볼 수 있게 되었다. 따라서 기독교는 역동성과 활력을 점차 잃어버리는 모습을 보이고 있다. 자유롭게 이동하시는 신선하고 활기찬 하나님의 모습을 닮은 교회를 발견하기 힘들어졌다.

한국의 개신교의 역사는 불과 100년을 겨우 넘길 정도인데도 벌써 굳어진 전통의 껍질이 만들어져서 행동이 무뎌지고 답답한 모습을 보이고 있다. 이제는 광야를 바라볼 때다. 광야에서 이동하는 회막, 그 가운데 계시는 하나님을 바라볼 때다. 그룹을 타고 날으시는 하나님을 상상할 때다. 다양한 문화와 다양한 언어와 다양한 민족이 실시간으로 서로 교류하면서 새로운 세상을 만들어가는 21세기에 필요한 태도는 자유롭게 이동하며 대화하며 소통하는 태도이다. 세대 간의 담도 훌쩍 뛰어 넘나드는 소통의 기술이 필요하다. 이러한 시대에 먼저 바라 볼 것은 자유롭게 이동하시는 하나님이다. 이러한 하나님을 닮아가며 막힘없이 소통하는 모습을 보일 때 당면한 문제를 해결할 수 있을 뿐 만 아니라 새로운 세계를 창조해가는 역량을 유감없이 발휘할 수 있을 것이다.

고대 이스라엘 사회와 성경을 이해하기 위해서는 한국의 사회와 비교해서 살펴볼 때 보다 더 피부에 와 닿는 해석을 할 수 있는 경우가 있다. 그래서 한국적 해석을 시도하는 것이다. "고대 이스라엘의 도피성과 고대 한국의 별읍(別邑)과 소도(蘇塗)"를 연구한 장에서, 구약에 나타나는 6성읍의 도피성과 마한의 별읍과 소도를 비교하여 그 유사점과 차이를 발견할 수 있었다. 도피성의 가장 중요한 역할은 우발적으로 살인한 살인자를 보호하는 피난처의 역할이다. 그리고 소도와 도피성이 정치권력보다 종교권력이 우위에 있었던 시대에 운영되었다는 점을 확인할 수 있었다.

도피성이나 소도라는 제도는 왕정이 확립되면서 사라졌지만 중요한 것은 오늘날에도 여전히 도피성과 소도의 정신이 필요하다는 사실이다. 21세기에도 억울한 사람이 있고 보호가 필요한 사람들이 있는 것이다. 사회의 법과 제도가 이러한 사람들을 보호하지 못할 때 종교적 논리가 마지막 보루일 수가 있다. 그런데 기독교는, 특히 개신교는 이러한 기능을 하고 있는가? 군사독재 시절에 데모하던 학생들이 피난을 갔던 마지막 장소는 명동성당이었다. 그 때 개신교 지도자들도 군사독재에 항거하기는 하였지만 교회가 피난처를 제공하지 못하였다. 마지막 피난처 기능을 하지 못하는 종교는 무엇인가 문제가 있다고 볼 수 있다. 성경에서 이야기하는 피난처의 기능을 왜 오늘날 교회가 하지 못하고 있는가? 교회에서 이야기하는 특별한 것이 실제로 있는 것인가? 세상의 법을 넘어서는 종교만이 할 수 있는 특별한 것이 무엇인가?

사회에서 버림을 받아도 교회는 받아 줄 수 있는 특별한 것이 있을 것으로 생각하는데 그것이 바로 피난처요 도피성이요 소도다. 왕정이 들어서면서 도피성 제도는 사라졌지만 그 정신은 계승되어야 하는 것이다. 세상의 권력을 넘어서는 하나님의 능력을 신뢰한다면, 하나님의 법을 우선으로 여긴다면 피난처를 제공하는 일은 계속되어야 하는 것이다. 중독이 되어 자신도 어떻게 하지를 못하는 사람들, 법이 있어도 돈이 없어서 자기를 보호하지 못하는 사람들, 관습에 얽매여 행동이 억압당하는 사람들, 자본주의의 무한경쟁 속에서 경쟁력을 갖추지 못해서 낙오하는 사람들, 늙고 가난하고 병든 사람들 등 현대 사회가 감당하려고 하지 않는 이들을 위한 피난처가 필요하다. 그리고 이러한 피난처를 제공할 수 있는 논리와 근거를 제공하고 행동할 수 있는 종교가 바로 진실된 종교라는 사실이다.

지혜문학 가운데서 잘 이해가 되지 않는 부분이 있다. 바로 잠언 31:10-31에 나타나는 여성의 활동에 대한 것이다. 언뜻 보기에는 여인으로서 너무 중노동하는 것같고 여인을 학대하는 것이 아니냐는 느낌이 드는 광경이 나타난다. 과연 그러한 여인상을 제시한 것일까? 그런데 자세히 살펴보면 잠언에 나타나는 이 여인은 누가 시켜서 억지로 하는 것이 아니고 주도적으로 자신의 일을 수행해 가는 인물임을 발견하게 된다. 이러한 여인상은 고려시대에도 발견할 수 있는데 여성의 역할이 부직(婦職)으로 인정받았으며, 사회적으로도 여성의 활동이 인정받는 분위기였다. 고려의 여인들도 과도한 노동을 하고 있는 것 같다. 그렇지만 길쌈과 인력관리와 가정과 관련되는 경제활동을 주도하고, 자선과 이웃관계를 지혜롭게 관리하는 모습을 볼 수 있다. 이러한 활동을 통해서 남편이 공직생활에 전념할 수 있도록 뒷받침을 해주었던 것이다.

성경의 배경이 되는 고대 이스라엘 사회는 가부장적인 사회였다. 그럼에도 불구하고 성경에는 위대한 여인상이 나타나고 있으며 여성의 역할을 높이 평가하는 이야기들이 등장한다. 이 가운데 '에쉐트-하일' 즉 '능력있는 여인' 혹은 '위대한 여인'으로 번역할 수 있는 여인이 나타나는데 룻기와 잠언에 나타나는 여인이다(잠 12:4; 31:10; 룻 3:11). 특히 잠언 31장에 나타나는 '능력있는 여인'은 지혜의 표상으로 나타나며 가정 경제를 이끄는 책임자이고 지혜롭게 가정과 관련되는 모든 임무를 수행하는 인물로 묘사되어 있다.

4차 산업혁명이 일어나는 시대에는 그 어느 시대보다 지혜로움이 필요한 시대이며 여성의 활동이 기대되는 시대다. 근육을 자랑하며 싸우고 소유하려는 행동을 자랑하기보다 대화하고 소통하며 합의를 이끌어내는 지혜로운 리더십을 발휘하는 모습이 필요하다. 현실의 세상과 사이버 세상을 넘나들며 소통하는 지혜, 사람과 인공지능(기계)와의 소통의 문제를 해결하는 지혜, 기존의 일자리가 사라지고 새로운 일자리를 창출하는 문제를 해결하는 지혜, 유전자 가위로 인간을 편집하고 인간복제를 시도할 때 일어나는 윤리적 문제를 해결하는 지혜, 그리고 우주적인 시각으로 지구상에 일어나는 다양성을 이해하고 서로 소통하며 합의를 이끌어내어야 하는 과제를 해결하는 지혜가 필요하다. 이제는 잠언 31장의 '능력있는 여인'을 넘어서는 새로운 지혜로운 인간상을 만들어갈 필요가 있다. 고대 사회에서 혁명적인 여인상을 제시하면서 '이것이 지혜로운 인간상이다'라고 보여주었듯이 21세기에는 하나님을 닮은 또 다른 지혜로운 인간상을 제시할 수 있어야 할 것이다.

제3부에는 성경 번역과 시편 해석에 대한 글이 이어진다. 아직도 우리가 살고 있는 지구상에는 성경이 번역되지 않아 성경을 읽을 수 없는 수많은 종족과 지역이 있다. 소수의 사람들이지만 소외된 이들을 위해 성경번역전문선교사들이 헌신적으로 활동하고 있다. 문제는 이들 가운데는 성경번역을 위한 전문적인 교육을 받지 못한 사람들이 많다는 현실이다. 이 문제를 해결하기 위해 세계성서공회연합회에서는 번역자들을 위한 핸드북 시리즈(UBS Handbook Series)를 출판하여 번역자들을 돕고 있다.

이 시리즈 가운데 '열왕기상·하' 부분을 분석하여 과연 번역자들을 잘 돕고 있는지 살펴보았다. 그 결과 현장의 상황을 감안한 번역 가이드로서의 역할을 충실히 수행하고 있다고 볼 수 있지만 몇 가지 보완해야할 점도 발견되었다. 예를 들면 다양한 연대기와 달력체계 가운데 왜 이러한 것들을 선택했는지에 대한 설명과 설득 과정이 있어야 한다. 그리고 히브리어(아람어)를 적절히 활용하고 본문비평 과정을 간략하게 설명하는 것이 번역본들을 대조시키는 것보다 훨씬 번역자들의 확신을 증진시키고 올바른 선택을 할 수 있도록 돕는 길이 될 수도 있음을 지적할 수밖에 없다. 또한 너무 영어 번역본 위주의 가이드와 해석이 문제가 될 수도 있다. 특히 현대는 번역자들도 컴퓨터와 인터넷을 사용하는 경우가 점점 늘어나고 있기 때문에 번역자들도 다양한 자료에 손쉽게 접근할 수 있다. 따라서 필요한 참고자료에 대한 상세한 안내가 필요하다.

한국의 기독교는 선교사가 들어오기 전에 이미 한문이나 한글로 번역된 성경을 읽고 기독교를 받아들인 역사를 경험하였다. 이처럼 번역을 통한 문서선교는 참으로 귀중하며 우선적으로 시행해야 하는 사항이다. 특히 인터넷이 발달하면서 문서와 영상으로 선교하는 것도 중요한 방법이 되었다. 그리고 번역은 해석이 동반되어야 하며 해석을 위해서는 그 지역과 사람들의 전통과 영성과 문화를 알고 이해해야 한다. 이러한 번역과 해석활동은 역으로 다른 지역의 기독교인들에 새로운 메시지를 전해 줄 수도 있다. 이러한 활동을 통해 신앙과 신학의 상호 교류가 더 왕성해지고 새로운 시대를 위한 창의적인 신학이 나올 수도 있을 것이다.

한국의 성경번역은 아직도 미완성이다. 그리고 한국 땅에서 한국인이 한국인의 영성으로 성경을 해석하는 일도 미개척 분야이다. 더구나 영상 시대와 가상현실 시대를 맞이하여 영상으로 가상현실로 성경을 번역해야 하는 일이 발등에 떨어진 불이다.

시편 해석을 위해 새롭게 시도된 방법론은 위치감각언어 중심 해석이다. 시편 23편의 경우 하나님과 우리가 만날 때 하나님의 위치가 어디 있는지 살피면서 해석을 진행하였다. 그 결과 처음에는 하나님께서 나를 앞에서 목자와 같이 이끌어 주시지만, 내가 사망의 음침한 골짜기로 다니면서 죽을 힘을 다해 전투를 할 때는 하나님께서 함께 옆에서 싸워 주시고, 이러한 훈련과 단련이 있은 후 내가 성숙해지면 나에게 한 번 하고 싶은 것을 해보라고 격려하시면서 뒤에서 도와주신다는 사실을 발견할 수 있었다.

이처럼 하나님의 위치, 나의 위치, 내 이웃의 위치 등을 주목하면서 해석을 할 때 새로운 사실을 발견할 수 있다. 또 다른 예로 솔로몬 성전 봉헌의 경우를 들 수 있다(왕상 8:22-53). 성전 봉헌을 한 후 솔로몬이 어디를 향해서 기도를 하는 가도 중요하다. 지성소를 향하지 않고 번제단을 향해 기도를 하는 것은 지성소에 계신 하나님보다 하늘에 계신 하나님, 자유롭게 이동하시는 하나님을 향해 기도한다는 의미가 있다. 성전을 건축할 때 하나님의 자유로운 이동성을 건물에 한정시키려 하지 않는 그 태도가 중요한 것이다.

시편 해석에 있어서 중요한 주제는 다윗 계약이며 이러한 주제는 제왕시에 잘 나타나 있다. 그런데 다윗 왕조가 몰락하고 유다가 멸망한 후에도 다윗 계약은 유효한가라는 질문을 할 수밖에 없다. 이 시대에 유대인들은 시편을 어떻게 노래할 수 있었는지 궁금하기도 하다.

다윗 왕조가 끊어지고 유다가 멸망한 후에는 탄원의 목소리가 높아져 갔다. 그 결과 새로운 형태로 계약이 이어질 수도 있다는 가능성을 보여준다. 그것이 바로 메시아 대망이다. 그리고 신약에서 발견할 수 있는 것은 이러한 기대가 다윗의 아들 예수에 의해 이루어진다는 사실이다. 이처럼 성경에서 보여주는 희망은 지상의 제도와 권력의 변천에 의해 무너지지 않는다. 창조주 하나님, 날마다 전혀 새로운 것을 창조하실 수 있는 하나님의 손에 의해 새로운 것이 창조되며 그러한 하나님으로 인해 날마다 새로운 소망을 가질 수 있게 되는 것이다.

또한 시편을 살펴보면, 시편은 인간을 정지된 상태의 인간으로 보지 않고 움직이며 성장하며 변화하는 인간으로 보고 있음을 발견하게 된다. 인간은 하나님을 신뢰할 수 있고 하나님을 사랑하며 하나님 앞에서 형제들과 공동체를 이루며 행복을 가꾸면서 살아갈 수가 있다. 그리고 이 공동체는 '하나님의 나라'로 이어진다. 예수님께서 말씀하신 바와 같이 하나님의 나라는 이미 시작되었고 지금도 계속되고 있으며 장래에 완성될 것이다. 그리고 예수님은 "하늘에서 이루어진 것같이 땅에서도 이루어지이다"(마태복음 6:10)라고 기도하라고 가르쳐 주셨다. 이렇게 기도하면서 함께 참여하고 행동과 삶으로 살아가야하는 사람들이 바로 '하나님의 가르침(토라, 율법)'을 받는 우리들인 것이다.

본 저서에서는 풀리지 않는 의문을 품고 있는 고대 이스라엘 사회를 분석해보았고, 한국과 비교하면서 이스라엘 사회와 성경을 이해해 보려는 노력도 기울여보았다. 그리고 성경 번역 문제를 짚어보면서 시편을 새롭게 해석하려는 시도도 해 보았다. 구약성경과 배경이 되는 이스라엘 사회를 이해하려는 노력은 계속되어야 한다. 그리고 새로운 시대에는 성경이 새롭게 해석되면서 성경의 생명력과 능력을 체험하는 순간이 계속되어야 한다.

Reference

참고문헌

강성열, "구약성서의 이주민 신학과 한국사회의 다문화 가정,"「한국기독교신학논총」62 (2009. 4), 5-34.

권순형, "고려시대 여성의 규범과 삶,"「儒教思想研究」第14輯 (2000), 59-83.

김현라, "고려 충렬왕비 齊國大長公主의 위상과 역할,"「지역과 역사」제23호(2008) 71-99.

김덕중, "구약 성경의 도피성 제도에 관한 비교연구,"「국제신학」8 (2006), 397-422.

김영진, "고려시대 여성의 토지 소유형태,"「釜山女大史學」제12호(1994), 289-321.

김용선 편저,「高麗墓誌銘集成」한림대학교출판부, 1993.

김정배, "삼한사회의 '국'의 해석문제,"「한국사연구」26호 (1979) 1-15.

________, "소도의 정치사적 의미,"「역사학보」79집 (1978), 1-27.

김지은, "유다와 베냐민의 대적(스 4:1)에 관한 연구,"「구약논단」 10집

(2001), 85-101.
김지찬, “한국 교회: 폭력의 원천인가, 도피성인가?”「구약논단」 27집 (2008), 51-69.
김태곤, “소도의 종교민속학적 조명,”「마한·백제문화」 12집 (1990), 157-184.
민족문화추진회편,「高麗史節要」 전5권, 경인문화사, 1977.
_______,「동문선」 전12권, 경인문화사, 1977.
박희현, “한국 고인돌문화에 대한 한 고찰 - 그 상한 연대를 중심으로,”「한국사연구」 46집 (1984), 1-24쪽.
서영대, “韓國 古代 神 觀念의 社會的 意味,” (서울대 박사학위논문, 1991).
손진태, “소도고,”「조선민족문화의 연구」 (을유문화사, 1947). 182-223.
송화섭, “마한 소도의 구조와 기능,”「한국종교」 제17집(1992), 7~92.
_______, “마한 소도의 성립과 역사적 의의,”「한국고대사연구」 7집 (1994), 241-274.
왕대일, “나그네(게르) - 구약신학적 이해,”「신학사상」 113 (2001 여름), 101-121.
이강한, “1270년대-1330년대 외국인들의 고려 방문 - 13-14세기 동-서 교역에서의 한반도의 위치,”「한국중세사연구」 제30호(2011), 416-467.
이두현,「한국연극사」 (민중서관, 1973)
이사야, “구약의 나그네 살이에 나타나는 화해와 상생의 윤리: 아브라함 내러티브의 윤리적 읽기,”「기독교사회윤리」 Vol.22 (2011), 185-212.
이순구, “조선시대 여성의 일과 생활,”「우리 여성의 역사」 (청년사, 1999), 192-224.
이혜옥, “고려시대 여성의 경제관념과 富의 추구,”「東洋古典硏究」 第23輯 (2005), 121-161.

이현혜, 「삼한사회 형성 과정 연구」 (일조각, 1984).

_____, "삼한의 국읍과 그 성장에 대하여," 「역사학보」 69권 (1976), 1-39쪽.

이희학, "이스라엘 왕국 초기에 일어난 반왕권적 저항들 - 압살롬과 세바의 반란이 갖는 역사신학적 의의," 「구약논단」 10집 (2001), 43-64.

임봉대, "구약성서에 나오는 환대(Hospitality)에 관한 소고(小考): 다문화 사회에서의 성경이해," 「구약논단」 Vol.18 No.3 (2012), 34-59.

정인지 외, 「高麗史」북한사회과학원, 1998.

정중호, "고대 이스라엘 사회의 게르에 관한 연구," 「사회과학논총」 제23권 1호(2004), 511-525.

_____, "고대 이스라엘의 국제무역에 관한 연구," 「구약논단」 제5집 (1998), 25-50.

_____, "'귀환이주'가 구약에서 강조된 이유," 「구약논단」 통권 39집 (2011), 134-154.

_____, 「민수기 II」 (프리칭아카데미, 2008).

_____, "산헤립의 팔레스틴 원정과 히스기야," 「신학사상」 21(1993 봄), 7-20.

_____, 「새로운 성경해석 한국적 성경해석서론」 계명대학교출판부, 2010.

_____, "예레미야 MT의 기원에 관한 연구," 「계명신학」 제6집 (1991), 53-74.

_____, 「이스라엘 역사」 서울: 대한기독교서회, 1994.

정중호/최기수, "앗수르와 이집트 관계에 관한 역사적 연구," 「구약논단」 제4집(1998) 189-213.

조 법종, "신라사원노비의 기원문제에 관한 일고찰," 「史叢」32집 (1987), 1~31.

_______, “한국 고대 노비의 발생 및 존재양태에 대한 고찰,” 「백제문화」 22권 (1992), 5-48.

中村元, 「원시불교 그 사상과 생활」 동문선, 1993.

최 몽룡, 「한국사연구입문」 (지식산업사, 1981)

최재석, “한국고대가족에 있어서의 모계 부계의 문제,” 「한국사회학」제4집(1969), 121-161.

하경택, “구약성서의 관점에서 본다문화 사회와 대응방안-〈노크리〉와 〈게르〉에 대한이해를 중심으로,” 「장신논단」 39집 (2010), 61-88.

한동구, “아브라함의 후손 : 아브라함 전승의 다문화적 해석,” 「구약논단」 Vol.15 No.1 (2009), 10-31.

허 회숙, “소도에 관한 연구,” 「경희사학」 3집 (1972), 1-19.

황혜숙, “여성신학: 성(gender)의 관점에서 본 한국역사와 종교(1)-고려와 조선초기의 한국 여성들,” 「세계의신학」 제52호, (2001), 175-208.

Ackroyd, P. R. *Continuity: a study of the Old Testament religious tradition*. London: Oxford University Press, 1961

______, *Israel under Babylon and Persia*. London: Oxford University Press, 1970.

______, "The Temple Vessels — A Continuity Theme," *In Studies in the Religion of Ancient Israel*, G. W. Anderson et al. eds. VTSup. 23 (Leiden: E. J. Brill, 1972), 166-181.

Ahlström, G. W. "Der Prophet Nathan und der Templebau," *VT* 11(1961), 114-121.

______, “The Origin of Israel in Palestine,” *SJOT* 2(1991), 19-34.

______, *Who were the Israelites?* Winona Lake: Eisenbraun, 1986.

Aubet, M. E., *The Phoenicians and the West: Politics, Colonies and Trade*. Trans. M. Turton, (Cambridge: Cambridge Univ.,

1993).

Auld G. and Steiner, M. *Jerusalem I: From the Bronze Age to the Maccabees*. (Cambridge: Lutterworth, 1996).

Baker, P. T. and Sanders, W. T., "Demographic Studies in Anthropology," *Annual Review of Anthropology* 1 (1972), 151-178.

Barmash, Pamela., *Homicide in the Biblical World* (Cambridge: Cambridge University Press, 2005).

Barnett, R. D., "The Siege of Lachish," *IEJ* 8 (1958), 161-164.

Bonora, Antonio."La donna eccellente, la sapienza, il sapiente(Pr.31, 10-31)," *Rivista Biblica* 36 (1988).

Begg, C. "The Reading šbty(km) in Deut 29:9 and 2 Sam 7:7," *ETL* 58(1982), 87-105.

Browne, L. E. "A Jewish Sanctuary in Babylonia," *JTS* 17(1916) 400-401.

Calmet, A. *Commentaire litteral: Commenataire sur les deux premiers livres des Rois.* Paris, 1720.

Camp, Claudia V. *Wisdom and the feminine in the Book of Proverbs*, Almond, 1985.

Carroll R, M. Daniel, "Welcoming the stranger: toward a theology of immigration in Deuteronomy," in *For our good always: studies on the message and influence of Deuteronomy in honor of Daniel I. Block*, Jason S. DeRouchie, Jason Gile, and Kenneth J. Turner eds. Winona Lake, Indiana: Eisenbrauns, 2013, 441-461.

Claire, Gottlieb. "The words of the exceedingly wise : Proverbs 30-31," in Younger, K Lawson, Jr, Hallo, William W. and Batto, Bernard F. eds., *Biblical canon in comparative perspectives* (Lewiston, NY : Edwin Mellen, 1991), 277-298.

Clifford, R. J. *Proverbs: A Commentary*, OTL; Louisville: Westminster John Knox, 1999.

Cogan, M. and H. Tadmor, *II Kings*. AB 11; Garden City, NY: Doubleday & Co. Inc., 1988.

Coote, Robert B. *Early Israel: A New Horizon*. Minneapolis: Fortress Press, 1990.

de Vaux, Roland, *Ancient Israel* (New York: McGraw-Hill, 1961), 162-163.

Dothan, T. and Gitin, S., "Ekron," *ABD*, vol. 2, 415-422.

Driver, S. R. *Notes on the Hebrew Text and the Topography of the Books of Samuel*. Oxford, 1913, 274.

Eitam, D. and Shomroni, A., "Research on the Oil Industry during the Iron Age at Tel Miqne: A Preliminary Report," in M. Heltzer and D. Eitam ed., *Olive Oil in Antiquity* (Heifa: University of Haifa, 1987), 37-56.

Elat, Moshe, "The Economic Relations of the Neo-Assyrian Empire with Egypt," *JAOS* 98 (1978), 20-34.

______, "The Monarchy and the Development of Trade in Ancient Israel," in Edward Lipinski ed., *State and Temple Economy in the Ancient Near East*, (Louvain: Departement Oriëntalistiek, 1979), 526-546.

Elephantine Papyrus B 41 (420 B.C.E.), in Portne, B. eds., *The Elephantine Papyry in Elglish*, Leiden, 1996.

Eph'al, I., *Ancient Arabs: Nomads on the Borders of the Fertile Crescent 9th-5th Centuries B.C.* (Jerusalem: The Magnes Press, 1982).

Fantalkin, A., "Re-discovering the Iron Age Fortress at Tell Qudadi in the Context of Neo-Assyrian Imperialistic Policies," *PEQ* 141, no. 3 (2009), 188-206쪽.

Faust, A., "Settlement on the Western Slopes of Samaria," in Z. H. Ehrlich and Y. Eshel eds., *Judea and Samaria Research Studies: Proceedings of the Fourth Annual Meeting, 1994*, (Kedumim-Ariel: Eretz, 1995), 23-31쪽.

Faust, Avraham and Wiess, Ehud, "Judah, Philistia, and the Mediterranean World: Reconstructing the Economic System of the Seventh Century B.C.E.," *BASOR* 338 (2005), 71-92.

Fensham, F. C., "An Ancient Tradition of the Fertility of Palestine," *PEQ* 98 (1966), 166-168.

Finkelstein, I., "The Archaeology of the Days of Manasseh," in M. D. Coogan, J. C. Exum and L. E. Stager eds., *Scripture and Other Artifacts*, (Louisville; Westminster John Knox Press, 1994), 169-187.

Gese, H."Wisdom Literature in the Persian Period," in *The Cambridge History of Judaism*, vol 1, Introduction, The Persian Period, 1984.

Geus, C. H. J. De., "The Material Culture of Phoenicia and Israel," *Phoenicia and The Bible* (Leuven: Uitgeverij Peeters, 1991), 11-16쪽.

Gitin, S., "Tel Miqne-Ekron: A Type Site for the Inner Coastal Plain in the Iron Age II Period," in S. Gitin and W. G. Dever eds., *Recent Excavations in Israel: Studies in Iron Age Archaeology* (Annual of the American Schools of Oriental Research 49, 1989), 23-58.

______, "The Neo-Assyrian Empire and Its Western Periphery: The Levant, with a Focus on Philistine Ekron," in S. Parpola and R. M. Whiting eds., *Assyria 1995: Proceedings of the 10th Anniversary Symposium of the Neo-Assyrian Text Corpus Project, September 7–11, 1995*, (Helsinki: University of Helsinki. 1997), 77-103.

Gitin, S., Dothan,T. and Naveh, J., "A Royal Dedicatory Inscription from Ekron," *IEJ* 47 (1997), 1-16.

Grayson, A. K. *Assyrian and Babylonian Chronicles*. Locust Valley, NY: J. J. Augustin, 1975.

Haak, Robert. D., "The Philistines in the Prophetic Texts," in E. S. Frerichs, Jodi Magness and S. Gitin eds., *Hesed ve-emet: Studies in Honor of Ernest S. Freichs*, (Atlanta : Scholars, 1998), 37-51.

Hamlin, E. J., *Joshua: Inheriting the land* (ITC; Grand Rapids: Eerdmans, 1983).

Haran, Menahem, "Studies in the account of the levitical cities: I. Preliminary Considerations," *JBL* 80 (1961) 45-54.

Herzog, Z., "The Beer-Sheba Valley: From Nomadism to Monarchy," in N. Na'aman and I. Finkelstein eds., *From Nomadism to Monarchy: Archaeological and Historical Aspects of Early Israel*, (Jerusalem: Israel Exploration Society, 1994), 122-149.

Hutter, M. "Überlegungen zu Sanheribs Palästina feldzug im Jahre 701 v. chr," *BN* 19(1982) 24-30.

Jacob, I. and Jacob, W. "Flora," *ABD* 2:815.

Kelly, B. H. "Septuagint Translators of I and II Samuel 1:1-11:1," Diss.

King, P. J. and Stager, L. E., *Life in Biblical Israel* (Louisville: Westminster John Knox, 2001).

Lang, Bernhard. "Women's work, household and property in two Mediterranean societies: A comparative essay on proverbs XXXI 10-31," *VT* 54(2004), 188-207.

Lelièvre, Andre. and Maillot, Alphonse. *Commentaire des Proverbes, Tome II: Chapitres 19-31*, Paris: Les Editions du Cerf, 1996.

Lernau, H. and Lernau, O., "Fish Remains," in A. de Groot and D. T. Ariel eds., *Excavations at the City of David 1978-1985*, Vol. 3: Stratigraphical, *Environmental, and Other Reports,* Qedem 33, (Institute of Archaeology, the Hebrew University of Jerusalem, 1992), 131-148.

Lichtenstein, Murray H. "Chiasm and symmetry in Proverbs 31," *CBQ* 44 (1982), 202-211.

Liphschitz, N. and Biger, G., "Cedar of Lebanon (*Cedrus Libani*) in Israel during Antiquity," *Israel Exploration Journal* 41 (1991), 167-175쪽. Princeton Theological Seminary, 1948.

Luckenbill, Daniel D. Ancient Records of Assyria and Babylonia. Volume 1. Chicago: University of Chicago Press, 1926.

Maier, C. Die "fremde Frau" in Proverbien 1-9: *Eine exegetische und sozialgeschichtliche Studie*, OBO 144; GÖttingen: Vandenhieck & Ruprecht, 1995.

Maryse, Waegeman. "The perfect wife of Proverbia, 10-31," in Schunck, K. D. and Augustin, M. eds., *Goldene Äpfel in silbernen Schalen. Collected Communications to the XIIIth Congress of the I.O.S.O.T.*, (Frankfurt am Main: Peter Lang, 1992), 101-107.

Masenya, Madipoane J. "Proverbs 31:10-31 in a South African Context : A Reading for the Liberation of African (Northern Sotho) Women," *Semeia* 78 (1997), 55-68.

Master, Daniel M., "Trade and politics: Ashkelon's balancing act in the seventh century B.C.E.," *BASOR* 330 (2003), 47-64.

McKeating, Henry, "The Development of the Law on Homicide in Ancient Israel." *VT* 25 (1975), 46-68.

Mckenzie, J. L. "The Dynastic Oracle: II Sam 7," *TS* 8(1947), 187-218.

McNutt, P. M. *The Forging of Israel*. JSOTS 108; Sheffield Academic Press, 1990.

Metlitzki, Dorothee. "'A Woman of Virtue'- A Note on Eshet Hayil," *Orim* 1(1986),

Mienis, H. K., "Molluscs," in A. de Groot and D. T. Ariel eds. *Excavations at the City of David 1978-1985, Vol. 3: Stratigraphical, Environmental, and Other Reports*, Qedem 33, (Institute of Archaeology, the Hebrew University of Jerusalem, 1992), 131-148

Miller, J. M. *The Old Testament and the Historian*. Philadelphia: Fortress Press, 1967.

Miller, J. Maxwell and Hayes, John H. *A History of Ancient Israel and Judah*. Louisville/London: Westminster John Knox Press, 1986.

Milgrom, Jacob., *Numbers. The JPS Torah Commentary* (Philadelphia: The Jewish Publication Society, 1989).

_____, "The Alien in Your Midst," *Bible Review* (1995/12) 18, 48.

_____, "The Most Basic law in the Bible," *Bible Review* (1995/8) 17, 48.

Murray, D. F. "Once Again 't' hd sbty ysr'l in II Samuel 7:7," *RB* 94(1987), 389-396.

Na'aman, Nadab, "Sennacherib's 'Letter to God' on His Campaign to Judah," *BASOR* 214 (1974), 25-39.

_____, "The Brook of Egypt and Assyrian Policy on the Board of Egypt," *Tel Aviv* 6 (1979), 68-90.

_____, "When and How Did Jerusalem Become a Great City? The Rise of Jerusalem as Judah's Premier City in the Eighth-Seventh Centuries B.C.E.," *BASOR* 347 (2007), 21-56.

Nelson, R. D., *Joshua*, OTL (Louisville: Westminster, 1997),

Nicolsky, N. M., "Das Asylrecht in Israel." *ZAW* 48 (1930), 146-175.

Otzen, B., "Israel under the Assyrians," in M. T. Larsen ed., *Power and Propaganda: A Symposium on Ancient Empires* (Copenhagen: Akademisk Forlag, 1979), 251-261.

Perdue, L. G. *Proverbs*, IBC; Louisville: Westminster John Knox, 2000.

Plöger, O. *Sprüche Salomos (Proverbia)* BKAT XVII: Neukirchen: Neukirchener Verlag, 1984.

Pritchard, J. B. ed. *Ancient Near Eastern Texts Relating to the Old Testament*. 3rd ed.; Princeton: Princeton University Press, 1969.

Rendtorff, Rolf, "The ge¯r in the Priestly laws of the Pentateuch," *Ethnicity and the Bible*, Leiden: E. J. Brill, 1996, 77-87.

Saggs, H. W., "The Nimrud Letters, 1952-Part II: Relations with the West," *Iraq* 17 (1955), 126-160.

Sawyer, John F. A., "Blessed be my people Egypt (Isaiah 19.25): the context and meaning of a remarkable passage," *A Word in Season: Essays in Honour of William McKane*.

J. D. Martin and P. R. Davies eds., Sheffield: JSOT Press, 1986.

Seow, C. L. "Ark of the covenant," *ADB*. vol.1, 386-393.

Shanks, Hershel, "과연 무엇이 문제인가? 현재까지 알려진 사실들," Hershel Shanks 등 편집, 「고대 이스라엘의 기원」 강승일 옮김. 서울: 한국신학연구소, 2008, 1-48.

Shaper, J. "The Jerusalem Temple as an instrument of the Achaemenid fiscal administration," *VT* 45(1995) 528-539.

Skehan, P. *Studies in Ancient Israelite Poetry and wisdom*, CBQMS 1; Wadshington, DC: Catholic Biblical Association, 1971.

Smith, M. *Palestinian Parties and Politics the Shaped the Old Testament*. New york: Columbia University Press, 1971.

Sommer, B. "Conflicting Construction of Divine Presence in The Priestly Tabernacle," *BI* 9(2001), 41-63.

Spina, F. A. "Israelites as gerim 'Sojourners', in Social and Historical Context," In *The Word of the Lord Shall Go Forth*, edited by Carol L. Meyers and M. O'Connor. Philadelphia: ASOR, 1983, 323-335.

Stager, L. E., "Ashkelon and the Archaeology of Destruction: Kislev 604 BCE," *Eretz-Israel* 25 (1996), 61-74.

_____, "Farming in the Judean Desert during the Iron Age," *BASOR* 221 (1976), 145-158.

Stackert, Jeffrey., "Why does Deuteronomy Legislate Cities of Refuge? Asylum in the Covenant Collection (Exdus 21:12-14) and Deuteronomy (19:1-13)," *JBL* 125 (2006), 23-49.

Stern, E., *Archaeology of the Land of the Bible*, Vol. 2: *The Assyrian, Babylonian, and Persian Periods (732-332 b.c.e.)*. (New York: Doubleday, 2001).

Strange, John, "The idea of afterlife in Ancient Israel: Some remarks on the iconography in Solomon's temple," *PEQ* 117(1985), 35-40.

Szlos, MaryBeth Bruskewicz. "Metaphor in Proverbs 31:10—31: A cognitive approach" Ph.D., Union Theological Seminary, 2001.

Tadmor, H., "Philistia Under Assyrian Rule," *BA* 29 (1966), 86-102.

Turner, V. "The Center out There: The Pilgrim Goal," *History of Religions* 12(1973), 191-230.

Torrey, C. C. *Ezra Studies*. Chicago: Chicago University Press, 1906.

Van Leeuwen, Raymond C. "The Book of Proverbs," in Leander Keck eds. *New Interpreter's Bible*, vol. 5, (Nashville: Abingdon Press, 1997), 19-264.

Waterhouse, S. D., "The Land of Milk and Honey," *Andrews University Seminary Studies* 1 (1963) 161-166.

Weinfeld, Moshe., *Social Justice in Ancient Israel and in the Ancient Near East* (2nd ed.; Jerusalem: Magnes; Minneapolis: Fortress, 2000).

Weiss, Ehud and Kislev, Mordechai E., "Plant remains as indicators for economic activity: a case study from Iron Age Ashkelon," *Journal of Archaeological Science* 31 (2004) 1-13.

Wellhausen, Julius., *Prolegomena to the History of Israel* (preface by W. Robertson Smith, with a foreword by Douglas A. Knight. 1885. Reprint, Atlanta; Scholars Press, 1994).

Wellhausen, J. L. *Der Text der Bücher Samuelis*. Göttingen: Vandenhoeck und Ruprecht's Verlag, 1871.

Wiseman, D. J., "A Fragmentary Inscription of Tiglath-pileser III from Nimrud," *Iraq* 18 (1956). 117-129.

Wolters, Al. "Proverbs 31:10-31 as heroic hymn : a form-critical analysis," *VT* 38 (1988), 446-457.

______. "Sopiyya(Prov 31:27) as Hymnic Participle and Play on Sophia," *JBL* 104(1985), 577-587.

Woudstra, M. H., *The Book of Joshua* (Grand Rapids: Eerdmans, 1981).

Wünch, Hans-Georg, "The stranger in God's land -foreigner, stranger, guest: what can we learn from Israel's attitude towards strangers?" *Old Testament Essays* 27 no 3 (2014), 1129-1154.

Yoder, Christine Roy. "The Woman of Substance(אֵשֶׁת־חַיִל) A Socioeconomic Reading of Proverbs 31:10-31,"*JBL* 122(2003), 427-447.